经典与解释(65)

奥古斯丁与罗马帝国

中国人民大学文学院古典文明研究中心 编
主编 刘小枫　执行主编 娄林

华夏出版社
HUAXIA PUBLISHING HOUSE

目　录

论题　奥古斯丁与罗马帝国

2　奥古斯丁对传统罗马国家-历史观的转变 ………… 珀尔曼
20　柏拉图主义者与《上帝之城》第八至十卷 ………… 富勒
42　奥古斯丁、"混合生活"和古典政治哲学 ………… 哈格蒂
59　基督徒与公民 ……………………………………… 多尔蒂
86　罪恶之城：奥古斯丁与马基雅维利的罗马再造
　　　…………………………………………… 华纳　斯科特

古典作品研究

125　索福克勒斯《菲罗克忒忒斯》中的理性主义与虔敬
　　　………………………………………………………… 陈驰
145　论《阿卡奈人》………………………………… 巴特莱特
169　迈蒙尼德《迷途指津》里的柏拉图 ……………… 张缨

思想史发微

204　抒情诗中的交流观念：品达与策兰 ……………… 佩恩

旧文新刊

227 齊詩鈐 ································· 邵瑞彭

253 毛詩大序疏證 ························ 邵瑞彭

评论

259 演说术：雅典民主的桥梁 ············ 李贺

273 如何恰当地阅读奥古斯丁 ············ 福廷

299 评卢斯的两部《马太福音》注疏 ······ 哈格纳

313 评卢斯的《〈马太福音〉的神学》······ 卡特

（助理编辑：柯常咏）

# 论题　奥古斯丁与罗马帝国

奥古斯丁对传统罗马国家-历史观的转变

珀尔曼(Karla Pollmann) 撰
宗晓兰 译 郑家琛 林凡 校

鉴于奥古斯丁的《上帝之城》(De civitate dei)具有清晰的宏观结构,因此,我们可以清楚界定第一至五卷的地位。第一部分(卷一至卷十)这个否定部分,[①]其各卷内容旨在证明:传统的罗马神祇崇拜与罗马崛起成为世界强权之间没有关系;与此相应,鉴于公元410年西哥特人(Westgoten)占领罗马是帝国普遍衰败的标志,故

[①] 不止如此,因为在第一至十卷中已经直接描述过基督教立场和基督教的优越性(如:卷一,10-14;卷二,19.23-29;卷三,31;卷四,33以下;卷五,16-26),这些描述当然是在直接为第二部分(卷十一至卷二十二),即为基督教辩护积极做准备,参J. van Oort, *Jerusalem and Babylon. A Study into Augustine's City of God*, Leiden: E. J. Brill,1991, pp.75-77; G. J. P. O'Daly, "Art. De civitate dei," in: *Augustinus-Lexikon*, Bd. 1, 1994, pp.969-1010, pp.979-982。

而新引入的基督教上帝不能对此衰败负责。

罗马的传统观念认为，正确遵循宗教典章（religio，pietas）与由此得到保障的罗马政治或军事成功之间存在关联，为了驳斥这一看法，奥古斯丁整合了不同的论证内容：

首先，指出罗马历史上有不幸事件发生在基督诞生之前，即基督徒出现之前；

其次，建构他的双城学说（Zwei-Reiche-Lehre），即区分上帝之城和地上之城；

再次，好人与坏人可能同等程度地遭遇祸福的神正论（Theodizee）思想。

因此，奥古斯丁对罗马国家的批评与判断就显得非常复杂，甚至最近的研究也很难准确判定奥古斯丁的见解。[①] 奥古斯丁也将有些悬而未决的问题遗留给了中世纪。[②]

针对奥古斯丁在处理（形诸文字的）异教罗马传统或者传统罗马的思想过程中所运用的技巧，可以作如下区分：

首先，消极的异教与积极的基督教之间存在根本而又不可调和的对立，就此而言，异教常常因其内部矛盾而被证明是骗人的或是错误的；

其次，异教徒的批判之声和反对通过这种声音自我批判的异教，二者的对立作为罗马衰亡的内在证据，在基督教存在之前就已经潜伏了很长时间；

再次，原则上承认异教积极的典范、价值和行为方式，然而这

[①] J. van Oort, *Jerusalem and Babylon*, pp.152–163.

[②] U. Duchrow, "Ergebnisse und offene Fragen zur „Civitas" -Lehre Augustins," in: C. Andresen (Hg.), *Zum Augustin-Gespräch der Gegenwart II*, Darmstadt, 1981, pp.205–226.

些积极成分通过内在于基督教的全面救赎史（heilsgeschichtlich）的框架之中而被超越，并趋于圆满。随之而来的是将异教传统整合并吸纳进基督教的世界观。

我们将借助第一至五卷中的典型例证，更为详尽地阐明奥古斯丁如何运用这些方法，以帮助形成一种对奥古斯丁国家观的不同以往的解释。

一 德行（virtus/pietas）与荣耀（gloria）

按照罗马人的流行观点，历史撰述的责任在于叙述性地追忆过去的著名人物，突出他们的善行与恶行，从而为读者自己的生活提供道德标准和行为准则。通过呈现这些堪当生活导师的典范（exempla），历史撰述产生面向读者当下的道德–教化作用。

奥古斯丁着手研究了刻画这种典范的技巧，并从他的角度（不仅仅是论战性的）出发分析了罗马道德的传统典型。三个精选的事例可以清楚说明这一点。

在第一卷第16–27章，奥古斯丁就女基督徒被强暴的问题表达了看法。公元410年，罗马被占领，一些女基督徒，特别是那些把自己的贞操献与上帝的基督徒妇女被强暴。她们中有些人因绝望而自杀。在第一卷第18章，奥古斯丁解释道，这些妇女应该没有罪责，因为她们保持了内在的真正贞洁，因此没有必要通过自杀来赎罪。与此相关，随后的第19章举了一个有名的异教类似案例：一个出身高贵的已婚罗马妇女卢克蕾提亚（Lucretia）被末代罗马国王塔克文（Lucius Tarquinius Superbus）之子塞克图斯·塔克文（Sextus Tarquinius）强暴（Livius，1，58）。尽管她的家庭尽力为她开脱，但卢克蕾提亚认为，她必须通过自杀证明自己的无辜，这样，就没有人能够指控她默许了强暴，也不能以通奸的罪名对她进行指控。

从法理、道德、心理等方面考虑出发，奥古斯丁重新评价了这种传统罗马式贞洁的典型，① 剖析卢克蕾提亚充满矛盾的行为：要么她是无辜的，并拥有纯洁的良心，那她通过自杀杀害一个无辜者便是所为不当；要么她有罪，因为她自愿被强暴，那么她的自杀是一个公正的惩罚，她也因通奸而不复贞洁。奥古斯丁希望说明，卢克蕾提亚不是出于贞节之爱而是出于脆弱的羞耻感自杀的。她所认同的外部价值标准使她陷入了这种道德困境。奥古斯丁认为，基督徒妇女在心理上不受这种强迫左右，因为她们内在的立场——上帝是唯一相关的标准——众所周知："因为她们拥有内在的（innerlich）贞洁的荣耀，纯洁的良知可以作证。"（《上帝之城》，1.19）异教的道德困境的根源在于，依其观念，人的荣耀以他人的评价为依据，而奥古斯丁则把荣耀的标准转移到人的内心。② 奥古斯丁通过揭露卢克蕾提亚作为依据的道德思想的虚假，否定了她的道德品行。这一点非常重要，因为卢克蕾提亚的受辱之耻导致塔克文被逐和公元前510年罗马共和国的确立。因此，奥古斯丁抨击了一种与古罗马的城

---

① Livius 1.57.10, castitas; 1.58.5(7), pudicitia; vgl. auch Cicero, *De re publica* 2.25(46).

② Hand 在他的著作（V. Hand, *Augustin und das klassische römische Selbstverständnis. Eine Untersuchung über die Begriffe „gloria", „virtus", „iustitia" und „res publica" in „De civitate Dei"*, Hamburg, 1970, pp.16–27）中没有足够清楚说明这一点。Vermeulen 虽然在其作品（A. J. Vermeulen, "Art. Gloria," in: *Reallexikon für Antike und Christentum* 11, 1981, pp.196–225, pp.211–212）中强调，对于基督徒而言，只有上帝才是荣耀的标准，但是没有探讨人内在心理上的变化后果。

邦理解密切相关的罗马原初美德（Urtugend）。①

罗马建城后（传说在公元前753年），第一代罗马人对萨宾妇女（Sabinerinnen）的劫掠也与此相似。此事件与罗马最杰出的奠基者有因果关联，因为他们只有如此做，才能确保年轻的城邦继续存在。单身罗马男子请求与周边民族的女子通婚，要求遭拒后，他们就利用诡计，邀请邻近民族参加一个庆典，趁机劫持了受邀者们的女儿。李维（1.9.13［15］）也不得不承认，罗马人的不义损害了神圣的好客之道（Gastrecht）。然后他列举（1.9.14–15）了两种能代表罗马人的自我理解的观点作为辩护：其一，罗马人的这种不义行为，皆因周边民族之前同样不义地拒绝他们的请求而起；其二，这种侵害只是一次性的行为，未曾重复，被劫掠者也没有被当作毫无权利的牺牲品对待——这样会导致罗马人一方的不义事实——相反，她们作为罗马的完全公民（römische Vollbürgerinnen），在最高层次上融合进了重新生效的法律架构之内。

奥古斯丁在《上帝之城》第二卷第17章中也证实，这种恶行的榜样并无后继者。但是，他指出了早期罗马人一再重复的矛盾行为。根据他们自己的价值标准，他们不应该也没有必要损害好客之道，因为宣战是一种更加正义的方式，一旦战争获胜，根据相应有效的战争法，他们就可以合法地娶战败者的女儿为妻。

在此，奥古斯丁追溯传统的、罗马法律理解中的正义战争（bellum iustum）的奠基性概念，以便论据充分地针对异教反对者。一场正义的战争必须明确界定其理由，比如，之前遭受不义、保卫

---

① Hand, *Augustin und das klassische römische Selbstverständnis. Eine Untersuchung über die Begriffe „gloria", „virtus", „iustitia" und „res publica" in „De civitate Dei"*, pp.16–17; Vermeulen, "Art. Gloria," pp.200–201.

被攻击的盟国、驱逐侵略者或重新赢得失去的财物、必须向敌人正式宣战。① 如果人们如李维那样，把邻国拒绝罗马人求婚的态度视为对罗马人的不义，那么，在罗马法律理解的范围内，就具备了正义战争的合法理由，这场战争是由罗马人引起但并不是针对萨宾人。奥古斯丁敏锐地揭示了异教在论据方面的矛盾，这令他成功解释了萨宾妇女被劫其实是违背传统的范例。奥古斯丁在显著位置（《上帝之城》，2.17）直言不讳，赋予这一事实以特殊的意义，因为在第二卷第3-16章详细论述了异教诸神的不道德行为之后，他又开始引入罗马的不道德行为部分（《上帝之城》，2.17-22）。总之，人们还不能从这里明确得出结论，即奥古斯丁承认战争是"政治借助其他手段的延续"，但从他的其他文章中可以清楚地发现，他赞同一种特定的基督教关联中的"正义战争"。②

在第三卷第13章，奥古斯丁又一次谈到萨宾妇女。根据李维（1.10-13）的叙述，罗马人与周边诸民族之间的战争是劫掠萨宾妇女的后果。这场罗马人与萨宾人之间的冲突因萨宾妇女的勇敢干预而告终（Livius 1.13）。她们提醒冲突双方，他们作为岳父和女婿不应血亲为仇，否则她们将成为孤儿寡母。奥古斯丁用"绥靖"（appeasement）论说明这场战争的怪诞和极具肃剧性的情势——它把萨宾妇女推向毫无出路的冲突之中。罗马人在战争中反对岳父，这

---

① 参西塞罗，《论义务》，1, 11, 36，《论共和国》，2, 23, 35; 3, 23, 34，《上帝之城》卷三，章10；参 H. A. Deane, *The Political and Social Ideas of St. Augustine*, New York, 1963, pp.154-171; F. H. Russell, *The Just War in the Middle Ages*, Cambridge, 1975, pp.4-6。

② Russell, *The Just War in the Middle Ages*, 前揭，页16-18; D. A. Lenihan, "The just war theory in the work of St. Augustine", in *Augustinian Studies* 19, 1988, pp.37-70。

违犯了传统所尊崇的家族关系权利,意味着违背了虔敬(pietas)的原则。罗马人的核心价值是虔敬,不过,这么说既不够充分,也容易引起误解,因为依照罗马人的观念,虔敬意味着根据既定秩序体系,对诸神和他人的正确的、尽职尽责的行为方式。[①]这涉及人的品行,要求人们以其实践行为确保正义的存在。

因此,奥古斯丁通过事例说明,罗马人的传统价值观诸如正义战争、虔敬等,与罗马人的城邦价值观密切相关,[②]在基督诞生之前的漫长的古罗马时代已非素来有效。为了支持自己的论证,奥古斯丁利用了他从操练雄辩术中熟练掌握的方法,即在一种模拟的辩护中分析虚构的法律案件或神话的、历史的叙述,以便对有罪之人作出判决。奥古斯丁利用这样的处理方法,从一个陌生的,甚至令人惊讶的视野出发,审视一件被人们当作寻常的事件,并通过重新强调和重新评价摧毁了对方自我辩解的基础。他也希望借助异教历史间接地证明基督教信仰的真理。[③]

奥古斯丁使用罗马的事例,一方面是为了揭露出它们与传统解释的对立,但另一方面,他也承认罗马人毕竟是德性(virtus)的典范——在这里指的是此后的整个传统,特别是他在第一卷第15章对勒古鲁斯(Regulus)的处理更直接表明了这一点。这位罗马将军在

[①] C. Mayer, ‚Pietas' und ‚vera pietas quae caritas est.' Zwei Kernfragen der Auseinandersetzung Augustins mit der heidnischen Antike, in: den Boeft, J./ van Oort, J. (Hrsg.): *Augustiniana Traiectina*, Paris, 1988,pp.119–136, p.120.

[②] 参西塞罗《论共和国》,6, 15, 15。"扶持正义与唤起虔诚(pietas),如果这对于父母和亲戚是重要的,那么,对于祖国(Vaterland)则最重要。"类似内容参Cicero, inv. 1, 11, 65。

[③] G. A. Press, *The Development of the Idea of History in Antiquity*, Kingston/Montreal,1982,pp.130–134.

第一次布匿战争（公元前264—前241年）中被迦太基人俘虏，随后又作为和平调解人被解往罗马。他在罗马奉劝罗马人不要缔结和约，然后由于信守对迦太基人的承诺又返回迦太基，传说被他们残酷折磨致死。奥古斯丁没有质疑这位罗马人典范的勇敢和虔敬的行为品质，[①] 而是将其与异教徒直接对立，用以支持基督徒：要么诸神因人们的善举而保证他们的现世幸福，如此，勒古鲁斯就因为这样的幸福而被异教诸神欺骗了；要么其善举所期盼的是永恒的、彼岸的福祉，那么在基督教时代，罗马（以及勒古鲁斯）暂时的不幸也就可以接受了。

在《上帝之城》第一卷第24章，奥古斯丁再次指出，勒古鲁斯是基督徒完全值得效仿的榜样，因为他出于对祖国的热爱，既没有在幸运时堕落，也没有在不幸时被击垮。依照从弱到强（a minore ad fortiorem）的推理，这对于基督徒而言也是合适的，更确切地说，在更高的层次上，因为基督徒与勒古鲁斯相反，即他们敬拜真神，渴慕不朽坏的天国（unzerstoerbaren himmlischen Vaterland），所以，他们也是美德的真正代表。这是因为

> 真正的美德只有一种，就是把胜于其他一切的善（Gut）视为孜孜以求的目标。（《上帝之城》，5.12）

在这种幸福论式的美德定义的框架之下，[②] 如果把至善定义为基督徒的上帝，那么，只有那些努力追求上帝的人，才是真正的美

[①] z. B. Cicero, off. 1,13; Horaz, carm. 3,5; Livius, epit. 16; Silius Italicus 6, 346–528 und Gellius 6,4.

[②] J. Wetzel, *Augustine and the Limits of Virtue*, Cambridge, 1992, pp. 45–68.

德代表。①

关于虔敬的传统品质,奥古斯丁也以完全相似的方式探讨。真正的虔敬(vera pietas)是与异教观念完全不同的真正基督徒的品质,是在人类身上一再显露的上帝禀性的反映。② 另一方面,真正的虔敬意味着对真神即基督徒的上帝的敬拜(《上帝之城》,5.19),这种敬拜原则上为上帝之城的任何一个公民所同等享有(同上,页129-131),但在理想情况下由基督教君主行使。

奥古斯丁明确否定传统上积极评价的榜样(如卢克蕾提亚),并揭露基督诞生前罗马道德的矛盾(如劫掠萨宾妇女),此外,他也承认罗马过去好的一面,但后者随即被纳入置于其上的基督教神学框架,基督教被理解为对异教积极方面的持续性提升和完善。

二 罗马的国家宗教

在西塞罗的《论神的本性》(De natura deorum, 3.1.5)中,科塔(Cotta)在所谓的科塔论式(Cotta-Formel)中,表达了宗教具有维持国家之用的罗马传统观点:传统的权威对于国家宗教来说至关重要,因此流传下来的罗马宗教礼仪和信仰观念应该原封不动地保留。这是因为,罗马的伟大在于罗马人的虔敬,即对宗教观念的完全遵从。③

---

① Hand, *Augustin und das klassische römische Selbstverständnis*, pp.27–41.
② C. Mayer, ‚Pietas' und ‚vera pietas quae caritas est.' , pp.123–125.
③ C. Kerenyi, *The religion of the Greeks and Romans*, London, 1962, pp.154–162. 奥古斯丁在《上帝之城》第四卷第9章也曾探讨这个问题。在从珀律比俄斯(Polybios)到西马库斯(Symmachus)的文献里,我们都能看到罗马宗教稳定城邦的作用,参 J. Ferguson, *Greek and Roman Religion. A source book*, New Jersey: Park Ridge, 1980, pp.74–89。

奥古斯丁抨击这种宗教（religio）时，主要不是运用西塞罗的《论神的本性》，而是运用瓦罗（Varro）的《古代人神事迹考》(*Antiquitates rerum humanarum et divinarum*)，① 以到达自己的分析目的。他的目标很清楚，挑明基督教一神论与异教多神论之间的对立，不允许调解或调整。他将证明多神论内在的矛盾（《上帝之城》，4.8-23）和虚假（4.27-30），以及促进国家富强发明的无效（4.22-34）。奥古斯丁在第四卷第31章结尾详细解释说，就论证关系而言，引用异教的例证，仅仅是为了否定的目的，即驳倒异教的立场。奥古斯丁对多神教的批判大多利用了传统论据，它们主要出自廊下派哲学，或在他之前为人所知的基督教护教思想。②

与许多其他有教养的同时代人一样，③ 奥古斯丁也特别看重瓦罗，因为瓦罗不仅博学多才，关于他的研究材料也很丰富。奥古斯丁此处援引瓦罗，是因为瓦罗在古典古代及其晚期享有最高的权威。奥古斯丁不仅要恰切地批评同时代的异教崇拜活动的表面现象，更要阐明隐藏在背后的根本态度。如果奥古斯丁有理有据地驳倒瓦罗这位古典的百科全书式的传统异教形象的化身，那么他就击中了异教自我理解的核心。这样，哈根达尔（Hagendahl）所谓奥古斯丁式的论据不合乎时代的谴责便不成立了。④

---

① H. Hagendahl, *Augustine and the Latin Classics*, Göteborg, 1967, pp.517–522，pp.601–617.

② Hagendahl, *Augustine and the Latin Classics*, p.605; Tertullian, adv. nat. 2, 9–15; B. Cardauns, *M. Terentius Varro, Antiquitates Rerum Divinarum*, Wiesbaden, 1976, p.127, p.186.

③ J. Flamant, *Macrobe et le Néo-Platonisme Latin à la fin du IVe siècle*, Leiden, 1977. pp.63–64.

④ Hagendahl, *Augustine and the Latin Classics*, pp.607–608；Cardauns, *M. Terentius Varro, Antiquitates Rerum Divinarum*, p.129.

为了达到这个目的，奥古斯丁利用异教内部的批评，抨击了罗马国家祭仪的核心。国家祭仪只是一种欺骗，因为有教养的知识人常常不相信所祭奠的神明，却希望以此迷惑民众，《上帝之城》第四卷第27章所引对大祭司斯凯夫拉（Pontifex Mucius Scaevola，公元前95年任罗马执政官）的批评可以作为证据。奥古斯丁此处甚至还可以列举其他有关国家祭仪矛盾性的标志：比如西塞罗或恺撒等人虽然担任神职，从内心信念看却都是无神论者。[①] 奥古斯丁在第四卷第30章引用了巴尔布斯（Balbus）对异教神明拟人化观念的批评，[②] 不过，奥古斯丁还没有走到这个地步。

在一定程度上，奥古斯丁抨击了较早的异教试图抵御异教批评的努力。在《上帝之城》第四卷第24章，他提到他的对立者在抨击多神论方面的申辩意图（可追溯到瓦罗[③]），他们曾论及具体的神比如财神（Pecunia）或德性女神（Virtus）不能与金钱或德性本身的秉性（Gaben）混淆，神之为神，是作为抽象的给予者（Geber）。在第四卷第25章，奥古斯丁认为，这种态度之所以荒谬，是因为作为至高馈赠的幸福并非罗马人的至高神朱庇特所给予。

总之，奥古斯丁在摧毁多神论的哲学和宗教基础时遵循的目标，是揭示多神论作为国家宗教的荒谬和不当之处。这样，他就可以有

[①] Ferguson, *Greek and Roman Religion. A source book*, p.77.

[②] 出自西塞罗，《论神的本性》，2.28.70；类似的表达也见于西塞罗《论共和国》，1.21.61; Hagendahl, *Augustine and the Latin Classics*, 前揭，页613; Kerenyi, *The religion of the Greeks and Romans*, pp.156f.。

[③] 奥古斯丁仅谈到复数的无名反对者，是为了更强调他们立场的基本原则；就此问题的一般讨论参Hagendahl, *Augustine and the Latin Classics*, p.698。Hagendahl没有深究这一点。瓦罗在其《古代人神事迹考》第十四卷中对这种立场进行了分类，frg. 91 Agahd = frg.189 Cardauns（及其评注，*M. Terentius Varro, Antiquitates Rerum Divinarum*, p.216f.）。

理有据地削弱罗马国家理解中的另一个重要的思想观念支柱。

三 罗马的历史发展过程（historia）

最晚在西塞罗的《论共和国》（1.37-38以及2.1-2）中我们就会发现一种观点，即罗马国家像人一样在其历史过程中成长起来，这是一直保持到古代晚期的观念。[①] 罗马的本质和历史使命是赢得对世界其他民族的统治，以建立和维护有序的关系与世界和平。这种思想与罗马人道德伦理的优越性相结合，也保障其政治统治权并为之辩护。所以，政治、历史和道德的价值观彼此紧密相联，前文已有论述。

维吉尔《埃涅阿斯纪》第八卷著名的第851-853行精辟地表述了这种思想：

> 罗马人，你当记住，用自己的权威统治万民，
> 你的特长在于：以和睦方式移风易俗，
> 怀柔臣服者，用战争征服不服从者。（6.847-853）[②]

尤其是第853行堪称罗马人外交政策的"大宪章"（Magna Charta），因此奥古斯丁在《上帝之城》的开头两次引用它，并且总是运用我们已经多次见到的技巧来削弱这种表述。在《上帝之城》的前言（Praefatio）中，奥古斯丁运用出自《雅各书》（4：6）

[①] Symmachus, rel. 3, 10, 5.6; Prudentius, c. Symm. 2, 653-660.
[②] ［校按］《埃涅阿斯纪》中译参杨周翰先生译本，北京：人民文学出版社，2000。

的圣经诗句"上帝阻挡骄傲的人,赐恩给谦卑的人"与维吉尔的诗行作对比。属人的权柄不应攫取那独属于上帝的权柄,这种对人的界限的错误认识和对诸神权力的狂傲,意味着缺乏谦卑和过度的统治贪欲。维吉尔诗中所定义的罗马国家表现出膨胀的自爱(Selbstliebe),它属于以自负(Eigenliebe)为特征的地上之城,这里缺乏对真神的敬畏。奥古斯丁在此对比圣经诗篇和维吉尔诗篇,意图在文学层面上提纲挈领地以一种基督教式的构想揭示异教的国家方案的缺陷。《上帝之城》第一卷第6章再次谈到维吉尔《埃涅阿斯纪》第六卷第853行,并且提到前基督教的罗马史的两个事例,以表明罗马人在胜利占领一座城市之后绝不会一直卵翼臣服于它的战败者。奥古斯丁从异教文献李维史书中(Livius, 25.24 f. bzw. 27.15 f.)选取了第二次布匿战争(前218—前201)中的两个事件,又一次运用前面所提到的方式证明异教徒说一套做一套,从而削弱了这种统治资格。

在很久以前就有强烈的反对异教的声音,他们以其实际道德的堕落驳斥理论上的、积极的罗马国家的进步目的论:如李维《罗马史》的前言和撒路斯提乌斯(Sallust)的作品。[①]两位历史学家希望以谴责他们同时代人的堕落来唤醒人们保守的政治生活价值观念。

奥古斯丁之前的基督教学者用两种观点看待罗马国家和罗马历史的作用,因为这两种观点都与相应的圣经表述相协调。一种观点是,依据《启示录》第13章,国家被视为巨兽,所有与世上国家权

---

① K. Heldmann, *Sallust über die römische Weltherrschaft*, Stuttgart.1993, p.117; 撒路斯提乌斯《卡提林纳阴谋》(前言;5. 9;《历史》, frg. 1, 11 Maurenbrecher(= frg.110 McGushin), P. McGushin, *Sallust. The Histories*. Translated with introduction and commentary, Bd. 1, Oxford, 1992。

力相关的,都被视为与真正的基督教不相容而受到谴责;① 另一种观点则依据《罗马书》第13章,认为应顺服尘世的掌权者,这样,在国家神学中的罗马观念就被基督教化了:罗马使世界和平安宁,为基督教准备了最好的传播路径,这同时也意味着罗马真正实现了它的历史任务(尤见尤瑟比乌斯[Eusebius]的作品)。奥古斯丁对这两种观点都不赞同,他再次运用读者并不陌生的技巧,辩证地克服了这些观点:《上帝之城》第三卷第10-19章彻底、公开谴责罗马人扩张战争中的残暴行为是坏的和不义的行为,反驳了撒路斯提乌斯关于战争的传统辩护,② 在后者看来,[罗马人的]战争是正义战争概念下的自我防御(《卡提林纳阴谋》,6.3f.)或同盟战争(《卡提林纳阴谋》,6.5)。在大多数情况下,奥古斯丁对撒路斯提乌斯没有采取完全拒绝的态度,相反,他经常从异教见证人撒路斯提乌斯的视角出发,反对当代的基督教反对者,因为前者证明了罗马习俗的堕落发生于基督诞生前很长时间,所以,后者没有权利把当时邪恶的社会情况归罪于基督-上帝(《上帝之城》,2.18)。

此后,奥古斯丁还采取与撒路斯提乌斯对立的立场,以便削弱罗马人理想的国家观念。撒路斯提乌斯曾经宣称,③ 罗马的社会状况由好往坏的变化发生于公元前146年之后,因为这一年第三次布匿战争结束,最终摧毁了此前迫使罗马巩固其国内政策的外交政策反对者迦太基。但撒路斯提乌斯的说法并不可信,因为他曾经提到过

---

① 比如Hippolytos,参R. A. Markus, *Saeculum: History and Society in the Theology of St. Augustine*, Cambridge, 1988, pp. 46–51.

② 西塞罗《论义务》(2.26)有关;参Heldmann, *Sallust über die römische Weltherrschaft*, pp.98 ff.。

③ *Cat.* 5.9, *hist. frg.* I16M (= frg.1,13McGushin).

这种不公正行为在罗马共和国时期已经开始，①《上帝之城》第三卷第16-20章对此有更加细致的分析。在第二卷第18章中，奥古斯丁依据撒路斯提乌斯的解释强化了这一点，在撒路斯提乌斯看来（同上），即使在他所谓值得称颂的好时期，即第二次和第三次布匿战争期间，社会状况也只是相对较好。奥古斯丁也可以根据罗马历史本身来证实这一点，因为他在第三卷第21章重新明确提及撒路斯提乌斯（同上），并且指出，在罗马最公正、最可称颂的第二次到第三次布匿战争期间，也曾经发生过对斯基皮奥（Scipio Africanus）的不义指控，后者此前曾因在扎玛（Zama）（公元前202年）战胜汉尼拔而被视为祖国的救星。于是，斯基皮奥必须被流放，再也不能指望与他的忘恩负义的祖国有任何联系（Livius 39.6.7）。

奥古斯丁在第五卷第12章以后的几章中，非常彻底地分析了撒路斯提乌斯的历史观。首先，他在这一章引用了撒路斯提乌斯《卡提林纳阴谋》（7.3）的内容以反对异教的宗教意识形态：实际上，罗马国家所吹嘘的不是异教诸神，而是追求荣耀（gloriae cupido），也就是一种属人的本性。②但与撒路斯提乌斯相反，奥古斯丁认为这不是美德，而是恶行（《上帝之城》，5.13）。其次，他依据撒路斯提乌斯的看法（《朱古达战争》，1.5），把追求荣耀解释为：人们通过追求尘世的不朽荣誉以克服自身的终有一死（《上帝之城》，5.14）。但是，奥古斯丁补充并重估了这种内在于世的异教观念：他认可一定程度的对尘世成功的荣誉追求，③但它在更为全面且具有超越性

---

① hist 1, 11M. (=frg, 1, 10 McGushin).

② Heldmann, *Sallust über die römische Weltherrschaft*, pp.99–101.

③ 卷五，章 12.15；参 G. Bonner, "Perceperunt mercedem suam. Antecedentes e implicaciones teológicas del *De civitate dei* 5,15," in: *Augustinus* 31, 1986, pp. 9–14。

的基督教观念面前暴露出局限性,在基督教看来,真正的荣耀仅能在彼岸获得(5.16-19)。因此,奥古斯丁跟随撒路斯提乌斯的看法,完全承认在追求荣耀中的历史原动力,但又将其与自己的双城学说联系起来:追求在上帝面前的荣耀是永恒的上帝之城的特征,相反,在地上之城,内在于此世的贪欲令人追求自我荣耀。

奥古斯丁把大部分精力集中于撒路斯提乌斯的《罗马共和纪事》(*Historiae*)是可以理解的,原因如下。比起他的专题著作《卡提林纳阴谋》(*Catilina*)和《朱古达战争》(*Bellum Iugurthinum*),关于基督诞生前罗马国家的衰败,撒路斯提乌斯在这本书中表达的观点本质上更为消极,[1] 这当然是一个非常便于奥古斯丁使用的文献来源。另一方面,值得注意的是,奥古斯丁没有利用李维(39.6-7)所代表的编年史传统,根据这一传统,罗马的衰败甚至早于第三次布匿战争的结束(前146年),始自公元前187年乌尔索(Manlius Vulso)率军从亚洲返回之时(同上,页79)。奥古斯丁更愿意选择撒路斯提乌斯的一个理由可能也是基于传统,因为后者关于公元前146年的这个界定在传统上已被接受。[2] 再者,撒路斯提乌斯以原则为导向的史观与奥古斯丁的关切更加契合。撒路斯提乌斯强调的罗马历史的基本机制是,它的和睦与纷争取决于对外部政治敌人的惧怕程度,且他把罗马人的行为归因于贪求荣誉的根本动机,凡此种种为奥古斯丁强烈的伦理性诘难提供了一个值得称谢的攻击面。另外,从撒路斯提乌斯的《罗马共和纪事》残卷中可得出这样的结论:在晚期史撰和历史观方面,撒路斯提乌斯走得更远,甚至于认为,

---

[1] P. McGushin, *Sallust. The Histories*,p.78.

[2] Plinius, *nat. hist.* 33, 150; Velleius Paterculus 2,1,1; Florus 1,33,1, Orosius 5,8,2.

罗马帝国的危机从一开始就已现端倪，只不过在公元前146年之后强烈地加剧了，①这又一次迎合了奥古斯丁的论证意图，即罗马消极的社会状况在基督诞生前就已存在。

结　语

我们通过研究已经发现，奥古斯丁并没有对异教传统采取全然拒斥的、不妥协的态度。②他通过利用某些异教论据，使其对立于异教中反基督教的论据，从而消解他们对基督教地位的说服力；另一方面，奥古斯丁接受了某些异教传统并将其进一步统一在基督教末世论框架内，这样，他就既能避免那种突然的、未经调和的、彻底拒斥的态度，又能避免基督教在适应过程中的身份模糊。因此，奥古斯丁形成了一种辩证的调和，能够协调两极化的基督教立场和异教立场、我们的语境和异教徒的语境、身份创建的价值观和异教徒的历史理解。

这种奥古斯丁式做法还有下一个结果：通过部分地适应异教哲学思想，他把内在于世的异教历史观纳入基督教末世论的历史观之中，暗中消解了异教历史观解释世界的权利（Welterklärungsanspruch），消解了其创造认同及证明正义的能力，同时也松动了罗马传统的国家、历史与道德宗教价值之间的联系。从思想史和理论上可以看出，异教主张已经失去了在未来几个世纪维持国家的作用。奥古斯丁对内在于世的、历史的或国家政治的行动－境况之间关系的否认，一方

---

① P. McGushin, *Sallust. The Histories*，p.83.

② Goar把奥古斯丁对罗马成就的立场说成是普遍的否认或拒绝，那就太片面了，参R. J. Goar, "Reflections on some anti-Roman elements in *De civitate dei* 1–5," in: *Augustinian Studies* 19, 1988，pp.71–84.

面导致以基督教为基础的、从内在于世的毁灭恐惧中的解放,另一方面则清除了某种政治-社会的同一性和辩护机制。因此,奥古斯丁一方面预判了西罗马帝国精神上的没落,但另一方面也构想出一个在思想上消除这种没落的历史哲学方案。

柏拉图主义者与《上帝之城》第八至十卷

富勒（Therese Fuhrer） 撰
宗晓兰 译 胡艾忻 郑家琛 校

奥古斯丁在米兰城皈依之前就了解柏拉图哲学，并以当时既有的基督教传统为出发点，试图调和柏拉图学说和基督教的理论。从那时起，柏拉图主义对奥古斯丁来说就是一种可能的体系，能为他提供理性地澄清基督宗教的特定问题：纯粹精神性的上帝观念、非质料性世界的观念、在内部区分了经验和思维两个认识领域的认识论——按照这种认识论，仅仅转向思维领域就可以达到对上帝的认识。

但从其早期著作开始，奥古斯丁也一直强调柏拉图和基督教学说之间的根本区别，主要是关于道成肉身的思想。他许多著作的论证都包含了对柏拉图哲学和柏拉图主义者的这一重要批评，这当然也见于《上帝之城》，基督宗教与异教崇拜的分野决定了第一至十卷的论证。在第八至十卷中，奥古斯丁首先调和了柏拉图神学与他的"双城"构想，然后比较了柏拉图神学与基督教得救之道（Heilsweg）和进入天国（Aufnahme ins Reich Gottes）的概念，并最终拒绝了柏拉图神学。奥古斯丁的这部分著述不仅包括对柏拉图学说的赞许——因为它是唯一正确地证明上帝之城的异教哲学——还包括对柏拉图主义者的谴责，他们不仅没有为民众指明进入上帝之城的道路，也应承担自身无缘得入上帝之城的责任。然而，若没有对柏拉图主义者的成就和错误的准确阐述，奥古斯丁就无法对他们做出这种评判。

一 关于第八至十卷的内容

奥古斯丁在第八至十卷与柏拉图哲学之间的辩论，构成了反对异教崇拜维护者的第一个主要部分（第一至十卷）的最后环节；在这一辩驳（Refutatio）中，该部分从属于——也涉及其形成期（公元417年）——对这类人的分析研究："他们相信，为了将来死后的幸福生活，应该保持对诸神的祭礼敬拜。"（第六至十卷）第二至五卷表明，自从奥古斯丁抛弃尘世目标及利益以后，罗马的国家命运就不再是他关注的焦点；现在很清楚，罗马城与上帝之城不能相提并论，即不能与那些（属灵的）"公民团契"同等视之，这种公民团契不仅包括天使，也包括那些由于上帝恩典而被拣选的人，他们或者羁旅于尘世（peregrinantes in terra），或者居于天国。他们在上帝之城的公民资格，不是也不可能通过竭力追求"人类事务之功业"（prosperitas rerum humanurum）而获得。

在辩驳的第二部分即第六至十卷，奥古斯丁主要研究的问题是：那些为了追求世界之外的beatitudo［福祉］而笃信宗教的人，是否或能否成为上帝之城的成员。尽管第二部分的辩论者已受到比第二至五卷中主要倾向于尘世福祉的对手更高的尊重，但在第八至十卷，奥古斯丁将更多注意力放在与哲人的辩论上。与瓦罗式的神学三分（theologia triperitita）范畴模式相适应，哲人是自然神学（theologia naturalis）的代表（"物理神论"或"自然神论"）：哲人研究自然科学、逻辑学和伦理学，因此位置在国家宗教和神话（theologia civilis 或 fabulosa）的代表之上——奥古斯丁在第六至七卷驳斥了这些代表，否认了他们成为上帝之城子民的资格。而哲人不仅像诗人那样研究在剧院中上演的神话，或者不仅像公民（cives）和祭司（sacerdotes）那样探讨城邦祭仪，更研究整个世界。

对于柏拉图学说的赞许（8.1–2）

第八至十卷所分析的反对者不全是自然神学的支持者，换言之，不全是哲人，奥古斯丁还集中精力与柏拉图主义者进行辩论：

1. 他们承认神，并且他们有关神的观念与基督教非常接近：神是无形且不变的，是世界和世界灵魂的创造者和指挥者，是每个灵魂的主宰，光照人的灵魂并引领他们臻于福祉（beatitudo）。尽管柏拉图主义者主张多神论，但是同那些只有唯物论神明观的哲人（如廊下派和伊壁鸠鲁派）相比，与瓦罗（Varro）这样把（世界）灵魂当作唯一神去崇拜的哲人相比，他们还是获得了更高的评价。

2. 他们认为人的最高目标（即福祉）是在享有（deo frui）神明中实现的，这同圣经所描述的最高目标是追随上帝（deo adhaehere，《诗篇》73：28）非常接近（《上帝之城》，8.8）。[①]

3. 他们"或许"会因为柏拉图哲学的三个部分而认识三位一体

---

① ［校按］据思高本、和合本均为73：28而非72：28，原文或有误。

的神（8.4）。

在哲人，即"爱智慧者"[amatores sapientiae]中间，他们最多属于"爱真智慧者"[amatores verae sapientiae]，因为根据等式"真正的智慧=上帝"(vera sapientia=deus)，他们也是"爱上帝者"(amatores dei)。[①] 柏拉图主义者比其他一切反对者，特别是奥古斯丁在第一至七卷中与之辩论的那些人站得更高一些：

a. 因为他们把福祉确定于彼岸（明确了其与第一至五卷的对手之间的界线，将其局限于神学方面）；

b. 因为他们的学说包含了整个宇宙（明确了其与在第六至七卷中的对手之间的界线，将其局限于自然神学方面）；

c. 因为他们的神的观念为"真"（明确了与其他哲学家的界线，将其局限于"爱真智慧者"方面）。

以上所论，乃基于一个哲学史概括，在这一概括中，奥古斯丁的柏拉图研究达到了顶点（《上帝之城》，8.4）。奥古斯丁首先将柏拉图的学说追溯到毕达哥拉斯的意大利学派，而自身不可能有智慧的人作为"爱智慧者"（philo-sophus）的概念就根源于此学派；[②] 其次，柏拉图的学说基于爱奥尼亚式（ionisch）的自然哲学；最后，则是基于柏拉图的老师苏格拉底的伦理哲学，苏格拉底主要关注人的道德的"净化"。奥古斯丁在此着重强调的是，没有别的哲学比

[①] 奥古斯丁借助等式 sapientia = deus bzw. philosophia = amor dei [智慧=上帝或哲学=上帝之爱] 解释了著名的译自柏拉图的希腊概念 philosophia（援引柏拉图的爱若斯隐喻）；参 F. Regen, "Zu Augustins Darstellung des Platonismus am Anfang des 8. Buches der Civitas Dei," in: H.-D. Blume/F. Mann (Hgg.), *Platonismus und Christentum. Festschrift für Heinrich Dörrie*, Jahrbuch für Antike und Christentum, Erg. bd. 10, 1983, pp.208–227, pp.211–212。

[②] 《斐德若》，278d（只有神是 sophos [智慧者]，相反人只可能是 philosophos [爱智者]）。毕达哥拉斯被认为是 philosophia 概念的发明者。

柏拉图哲学更接近基督教学说了。柏拉图主义者在"许多事情上"与基督徒一致(《上帝之城》,1.36,页52,23-24:nobiscum multa sentiunt)。

因此,第八卷第一部分(章1-11)的读者几乎会认为,柏拉图主义同基督教理论之间——除了柏拉图没有经历过耶稣诞生这一历史事件,因而不会在他的学说中考虑此事件之外——几乎没有什么区别。柏拉图是否听说过先知耶利米或是否阅读过旧约众先知的著作(8.11)?对这个著名问题的讨论更加强化了人们的上述印象。奥古斯丁虽然对这个问题作了否定回答,但他并未排除柏拉图通过口传接触过旧约内容的可能性。[①] 奥古斯丁一再强调两种学说的相似性,并称赞柏拉图是除《出埃及记》(3:14)的摩西之外,唯一从存在论(ontologisch)上正确领会上帝本质的人。

奥古斯丁与柏拉图主义者刚刚展开辩论时,就强调了基督教理论与柏拉图学说之间的重大区别:与其他异教神学那样,柏拉图神学不是局限于对"一个不变的神"(unus incommutabilis deus)的崇拜,还主张多神论(《上帝之城》,8.1)。如果读者在第八卷没有注意到这一情形,那么,最晚在第12章就会重新回到第六卷的出发点——"为了将来死后的幸福,人们是应该只崇拜一个上帝,还是祭祀众神"(6.12),它决定了随后对柏拉图神学的讨论。从第4章站在柏拉图一边的哲学史上的柏拉图学派,到第12章的柏拉图追随者,直到最有名的"新"学园的代表柏拉图主义者普罗提诺(Plotin)、扬布利柯(Iamblich)、波斐利(Porphyrious)和阿普列乌斯(Apuleius)等人,他们作为柏拉图主义者都采取了与基督教一神论明显对立的立场:"他们所有的人,无论柏拉图本人还是其学说的

---

① 不同于《基督教教义》(II. 28, 43)。

其他代表，都相信人们必须崇拜多神"。（8.12）[1]

确定柏拉图主义者所敬拜的诸神的本质（8.13-27）

在随后的论述中，奥古斯丁首先提出一个问题：依据柏拉图神学，人们是应该只崇拜"好神"或"坏神"，还是崇拜所有的神。他以柏拉图的观点，即诸神皆善作为整个论证的根据。随后，他提到了古代基督教文献中的普遍观点：那些要求以表演的形式被崇拜的神，那些柏拉图在其理想国中因其有失体统的习俗而被禁绝的所谓神明，都不是什么神明，而是精灵（Dämonen）。[2] 根据中期柏拉图主义者阿普列乌斯的论述，这些神都是坏神（参本节第三部分）。精灵虽然占据一个不死的身体，但人在许多方面比他们占优势，特别是他们展露的特性和所做出的行为也为柏拉图主义者本身所反对（他们屈服于情感并且是各种巫术活动的帮凶），因此，他们不应该得到任何祭拜。精灵只不过是被上天所驱逐的东西（即堕落的天使；参本节第三部分）。

尽管如此，精灵还是受到祭拜，因为按照柏拉图理论，诸神不能和有死之人接触，精灵于是在神与人之间起到中介的功能。这引起了人们对柏拉图神的观念的批评，因为这里的诸神一方面应当与邪恶精灵来往，另一方面又不能和好人，甚至不能和"好的"柏拉

---

[1] 奥古斯丁没有区分柏拉图和柏拉图主义者的"祭拜"概念；Kobusch 指明了柏拉图主义内部祭拜思想的区别。参阅 T. Kobusch, "Das Christentum als die Religion der Wahrheit. Überlegungen zu Augustins Begriff des Kultus," in: *Revue des Etudes Augustiniennes* 29, 1983, pp.97-128, pp.107-114。

[2] 奥古斯丁对于柏拉图精灵学说的详细论述，参 P. G. van der Nat, "Geister (Dämonen): C. III. Apologeten," in *Reallexikon für Antike und Christentum* 9, 1976, pp.715-761, p.718; G. Rémy, *Le Christ médiateur dans l'oeuvre de saint Augustin*, 2 Bde., Lille/Paris. 1979, pp.180-272。

图接触。但是，这种观念本来就很荒谬，因为（坏的）精灵和（好的）诸神是敌对的，精灵不能在诸神与人之间作为中介起作用。在祭礼中敬拜精灵不能使人们达到所追求的目标，到达彼岸的福地。

另一方面，好的诸神不过是"好的""圣洁的"天使，他们不要求任何敬拜。确切地说，天使因其福乐的存在是追求其共融的人们的榜样（参本节第四部分）。与此相应，基督教的殉道者也不应被祭拜。

依据第八卷第13-27章的详细论述，奥古斯丁得出如下结论：为了将来死后的福祉，坏精灵不应该得到任何祭拜（《上帝之城》，8.27）。

作为神人中介的精灵（第九卷）

是否也有好的精灵，可以作为人与诸神之间的中介，并且能够引领人到达彼岸的福地，因而实际上是值得敬奉的？[①] 这个新问题是第九卷论述的基础。但是，阿普列乌斯描述的精灵通常是被情绪控制的东西，他们的灵魂卑劣于人；虽然他们有一个不灭的身体，[②] 然而根据柏拉图神学观点，肉体的价值低于灵魂的价值。精灵虽然处在人与诸神之间，但是如诸神般肉身不朽的他们与此世无缘"福

[①] 这个问题的提出与异教哲学的传统相关，它与基督教传统相对立（参第九卷第19章），不区分精灵的好坏；参 van der Nat, "Geister (Dämonen)", 前揭，页716-717。坏精灵的思想是在柏拉图哲学之后出现的（参 J. ter Vrugt-Lentz, "Geister [Dämonen]: B. II. Vorhellenistisches Griechenland," in *Reallexikon für Antike und Christentum* 9, 1976, pp.598-615, p.614）。

[②] 关于阿普列乌斯的精灵学，参 W. Bernard, "Zur Dämonologie des Apuleius von Madaura," in *Rheinisches Museum* 137, 1994, pp.358-373。精灵的无肉身问题对于奥古斯丁来说也算个麻烦（参《上帝之城》，15，23，21.10），参 van der Nat, "Geister (Dämonen)," pp.730-732, p.759。

祉"的人,都处于共同的"无福"状态(miseria)之中。

因此,奥古斯丁不仅否定了有好(即"福乐的")精灵的可能性,而且拒斥了精灵可能是人神之间"好的"中介的观点。即使精灵是中介,他们也因其本身的无福而具备了错误的前提;他们更多的是阻止而不是指引人们步入福地(参见本文下节内容第一部分)。"好的"、"真实的"、能够把人们从"死亡的不幸"(der mortalis miseria)中拯救出来并引领人们达到不朽"福地"(zur beata inmortalitas)的神与人之间的中介,必须具备这样的本质:他是有朽的,同时又是圣洁的,他既是人,也是神。

什么样的本质能满足这些条件?那些好的诸神或天使不能做这样的中保,因为他们圣洁而不朽。只有唯一的耶稣基督完全满足这样的条件:他作为降生成人的上帝,作为beatus[圣洁]和作为mortalis[不朽]战胜了死亡(mortalitate transacta),并且能够把人们引向福祉和不朽。

柏拉图主义者认为,降生成人的神的观念与他们的基本假设"神不与人相接触"(nullus deus miscetur homini)矛盾。针对这一点,奥古斯丁从他的角度,运用柏拉图哲学观念提出了反驳:精灵在与人交往时受到"玷污",继而与诸神交往,这也同样与上述基本假设不相符合。"好的中介"(mediator bonus)在与肉身的接触中不仅不会受玷污反而能"洁净"(reinigt)人。精灵不仅不能洁净人,相反,还会使那些接触他们的人更远离上帝。精灵及其首领实际上等同于那些堕落的天使及其首领撒但。[1]

---

[1] 关于基督教传统中精灵与堕落天使的等同性,参 van der Nat, "Geister (Dämonen)",前揭,页724–726; J. Michl, "Engel IV (christlich)," in: *Reallexikon für Antike und Christentum* 5, 1962, pp.109–200, pp.132–133, p.198。

第九卷的结论与第八卷类似：由于精灵在它作为中介的功能中不能引人达到福祉，所以不应该得到任何的宗教祭拜（9.23）。

"更好的"柏拉图主义者和基督徒在"好的诸神"（=好的天使）和"坏的"精灵（=堕落的天使们，部分是非柏拉图派的异教神祇）的观念上是一致的（9.23），正如奥古斯丁在好的修辞学和护教学传统方面所强调的——尽管专门的表达词汇不同，但谈论了同一个事物或本质。然而，柏拉图主义者代表了一种错误的学说，他们听任精灵独自充当人与神的中介，在所谓"神不与人接触"的基础上，他们也没有让好的诸神或好天使充当中介，更谈不上承认耶稣基督是人与神之间真实的中保了。

真实中保的能力：对人的洁净与解脱（第十卷）

奥古斯丁在第九卷结束时的责备，正是第十卷应该首先讨论的问题：人们是否应该相信诸神或好天使要求人们向他们献上宗教崇拜和奉献祭品（9.23）。按照基督教传统观点，这个问题立刻会被否定：只能崇拜至高的上帝。柏拉图主义者也应该承认这一点，因为他们承认神并且持有正确的神的观念；但是正因为如此，他们高傲自大，把人引向歧途，没有阻止人们错误地崇拜诸神和精灵（10.1，10.3）。

在简短的离题话（10.1-6）中，奥古斯丁首先澄清了宗教崇拜的意义和适宜的形式：为了达到所追求的目标，即与上帝共融（deo adhaerere），人们必须在基督司祭职的情形下，以自身作为神庙，把他的谦卑或者他的灵魂或者他自己作为祭品献给上帝。这种只对于至高上帝的崇拜已由天使向人们宣示，并通过奇迹清楚地表明出来。

奥古斯丁在描述完旧约时代祭献时发生的奇迹之后，在下文谈论到占卜与巫术问题。现在，新柏拉图主义者波斐利成为参照对象，波斐利在他的许多著作中讨论了占卜与巫术的作用和实践，与阿普列乌斯相反，波斐利承认人们有可能成功影响精灵。但是他本人对于这种实践——正如他对群精灵的总体判断——持批评态度（巫术最多只能"洁净"灵魂的低级部分，而不能使人们获得最高的认识）；不过，他毕竟不持反对的态度。奥古斯丁也没有否认占卜、巫术的作用，但是对它们评判得很清楚，他从上帝和从好天使所传递给人们的奇迹出发反对占卜和巫术；① 他对比了精灵和基督教的殉道者，这些殉道者将在上帝和耶稣基督的帮助下战胜精灵（奥古斯丁在努力调和不同信仰的过程中，也对比了这些殉道者与异教英雄）（18.50）。

奥古斯丁清楚地表示，人能够独自在上帝的帮助下洗净罪恶；而自身污秽不堪的精灵对这种洁净不能起到任何作用。波斐利也认为，这种洁净的力量不是来自精灵，而是来自"存在的根源"（principia），奥古斯丁把这种根源与圣父、圣子等同视之。况且波斐利自己也谈到能够独自根除人之愚昧的"父亲式的精神"（paterna mens、patrikos nous）。② 但是，他没有认识到这种与"父亲式的精

---

① 因此，看来应该反驳那些把旧约奇迹和新约耶稣基督所行奇迹同精灵的魔术作用间接等同的看法。同样，精灵迷惑人的预言同圣经中先知的预言也是对立的（参《上帝之城》，10.31，p.458，6ff.）。此论证可参阅基督教古典文献：van der Nat, "Geister (Dämonen)," pp.745–749.

② 按照奥古斯丁在第十卷第23章的论述，波斐利的理论中没有考虑圣灵，除非他辨明他的"圣父""圣子"之间的"中保"的思想；在这个关系中，波斐利比普罗提诺更占优势，他把三种不同的存在等级分配到三种不同的体现形式中，并且促进了相互从属的三位一体理论。很明显，奥古斯丁还不十分清楚波斐利关于三位一体的阐发性思想。参 Rémy, *Le Christ médiateur dans l'oeuvre de saint Augustin*, pp.110–114; E. TeSelle, "Porphyry and Augustine," in: *Augustinian Studies* 5, 1974，pp.113–147, pp.125–126.

神"相适应的"存在的根源"即耶稣基督,反而公开地反对耶稣基督这位能够洁净罪人的中保。①

因此,从第十卷和对柏拉图神学的整体辩驳中,我们得出下面的结论:虽然柏拉图主义者因其正确的神的观念看到了应该达到的目标,但是,他们由于骄傲,不愿意承认耶稣基督是通往目标的道路,也不愿走这条道路;他们拒绝基督教的核心观念——②诸如道成肉身、十字架之死、肉身复活等,他们认为这些观念有悖于柏拉图主义原则,即"应当逃离所有的有形之物"(omne corpus est fugiendum)。所以,柏拉图主义者自己切断了"解放灵魂的普遍道路"(animae liberandae universalis via),只有这条道路能够把所有人从死亡的不幸引向福祉。波斐利也承认,没有任何哲学,包括他自己的哲学,堪当给人指明得救道路的权威;所以他自己否认因其真实的神的观念而本来适合他们的"最真的哲学"(verissima philosophia)的称号(10.32)。

---

① 就"洁净"观而言,柏拉图主义者与基督教之间对立的学术观点如下:从基督教的观点看,净化是从罪恶尤其原罪(《上帝之城》,8.23)中释放出来,而柏拉图主义者则认为,灵魂因居于肉身中而被污染。参 W. Pannenberg, "Christentum und Platonismus. Die kritische Platonrezeption Augustins in ihrer Bedeutung für das gegenwärtige christliche Denken," in: *Zeitschrift für Kirchengeschichte* 96, 1985, pp.147–161, pp.154–157。

② 永恒不变的 nous[精神]进入一个暂时的、可变的人体中的观念,同新柏拉图派的灵魂上升至"太一"(Einen)的思想恰好完全对立;参 C. Zintzen, "Die Wertung von Mystik und Magie in der neuplatonischen Philosophie," in: *Rheinisches Museum* 108, 1965, pp.71–100 (= ders. [Hg.], *Die Philosophie des Neuplatonismus*, Darmstadt, 1977, pp.391–426), p.85, 88。奥古斯丁只是猜测,这可能是柏拉图主义者拒绝基督教理论的一个理由;参 Pannenberg, *Christentum und Platonismus*, p.153。

二 第八至十卷的论述意图

不但在第八卷论述的开始,而且《上帝之城》第八至十卷整个部分的基本思想都在于:精灵是恶的,他们不能协助人们达到彼岸福祉,他们不应得到只有上帝才能得到的祭拜,这种被柏拉图主义者归于精灵的作为司祭的中保之职,只有耶稣基督才能承担。奥古斯丁在整个三卷内容中以不同的侧重点,采取同样的或相似的观点,多次反对柏拉图主义者的多神论和精灵学说。他的反驳以各种有所调整的问题形成某种结构,分布于每卷的开始或结尾部分:哪些神祇应该得到崇拜(好的还是坏的)(《上帝之城》,8.13)?有(好的)值得祭拜的精灵吗(9.1)?人们应该祭拜天使吗(10.1)?奥古斯丁以鲜明的立场和反问的语气提出这些问题,频繁引用波斐利和阿普列乌斯的著作,从而关联起对柏拉图哲学命题的不同讨论和驳斥。

第八至十卷的文献引用吸引了大批研究者的主要兴趣,他们出于对文献来源的兴趣而致力研究奥古斯丁对柏拉图的批评。与此同时,柏拉图主义者的反驳作为驳议中最后的、公开的最重要部分,在整本著作中也起到一定作用,但这种状况却经常被忽视。同时存在的问题是:第八至十卷的阐述对于整部《上帝之城》的目标发挥了怎样的作用?也就是说,柏拉图神学在何种程度上对于奥古斯丁的双城构想起着重要作用?又在何种程度上为第八至十卷中引人注目的探讨辩护?

柏拉图和基督教概念的兼容性

在开始第八至十卷的讨论之前,奥古斯丁称赞了柏拉图其人和学说,认为他的神的观念是正确的(柏拉图主义者已经"认识上帝")。从这个意义上讲,柏拉图哲学也是唯一的、本应适合于获得

"真"称号的哲学,因为它不同于唯物论学说,而是把握到了真实的存在者。① 奥古斯丁成功区分了保罗-基督教传统中关于哲学的批判式评价,并且把柏拉图主义者排除在这种广泛的批判之外。② 因此,我们首先可以看出,柏拉图主义与基督教理论的唯一不同在于,柏拉图认为,为了达致彼岸的福祉,一种多神祭拜是必要的。

此后,奥古斯丁不再反对柏拉图本人,而是引用另外两位哲人即阿普列乌斯和第十卷的波斐利,他们在自己的著作中详细陈述了精灵学说和占卜与巫术。为了激发讨论的兴趣,奥古斯丁提出了这样的问题:应当怎样以及通过哪种神祇崇拜才能达到彼岸的福祉?奥古斯丁也以此作为他第二部分(第九至十卷)辩驳的基础。奥古斯丁的主要关注是神、精灵以及与之相关的祭仪的中期柏拉图主义和新柏拉图主义思想。奥古斯丁首先反对精灵祭拜,并且根据他们自己的论点来反驳柏拉图主义者,认为那些公开屈服于情感、自身"愁苦不堪"且"坏"的精灵不配得到任何祭拜。

---

① 相对于其他学术派别及其代表,对"真哲学"(hê alêthês/alêthinê philosophia)及"真哲学家"(hoi philosophountes orthôs)的区分源于柏拉图(参P. Courcelle, "Verissima philosophia," in: J. Fontaine/C. Kannengiesser [Hgg.], *Epektasis. Mélanges patristiques en l'honneur du Card. Daniélou*, Paris,1974, pp.653–59., mit Anm. 14。

② 奥古斯丁在其早期著作《论秩序》(I. 11.32)中,已经依托《约翰福音》(18:36)来重释《歌罗西书》(2:8)经文,以此从保罗式的哲学批判中剔除了柏拉图学说:"如果存在另一个让我们看得出神的世界,这世上便只有少数几个'健康的'人能以精神之眼窥见它;耶稣基督已经清楚表明,他不曾说'我的国不在世上',而是说'我的国不在此世'。"借助这种文本引证的推论,他把柏拉图哲学解释为一种研究本体论领域的学说,这个领域与上帝之国同一;这种哲学不像其他哲学那样研究"此世的元素"。参U. Duchrow, *Christenheit und Weltverantwortung. Traditionsgeschichte und systematische Struktur der Zweireichelehre*, Stuttgart,1970, pp.186–188, pp.101–102。

另一方面，奥古斯丁也努力把柏拉图的哲学思想，如将精灵、神祇以及最高的造物主存在的观念同基督教的世界观联系起来，并进一步协调两者。他特别强调，两者的区别首先是一个术语问题，也就是说，当柏拉图主义者谈到精灵时，必须指堕落的天使；当谈到诸神时，应该与圣洁的天使对应。因为依照柏拉图的观点，诸神在所有方面都是好的。这样，问题的焦点现在就非常清晰：祭拜堕落的天使是荒唐的，因为他们本身不属于天上之城（civitas caelestis），亦即上帝之城，他们也不能使人达到只有在"上帝的子民"（Bürgerschaft Gottes）的国度里才能达到的福祉。同样，对于诸神或好天使的宗教祭礼也没有意义，因为他们自己无意于此，而是要求人们敬拜至高的上帝。

奥古斯丁以柏拉图哲学和基督教思想之间的兼容性为前提，进而证实柏拉图哲学的多神论或祭拜精灵和诸神是错误的：祭礼中被呼求的对象若是精灵，则不能成就所求之事；若是好天使，他们则被错误地估计或判断了。但是柏拉图主义者接受祭拜精灵，并且允许通过祭礼中的祈祷而让精灵起到中介的作用。然而，精灵既不能引领人们达到福祉，也不能获得所渴求的上帝之城的子民身份（既不在此世，不在羁旅于此世之中的上帝之城的时间中，也不在彼岸）：因为精灵由于自身的丑恶而属于civitas diaboli［精灵之城］，他们及其"首领"通过伪装成真正的神圣，引诱人们进入他们的阵营，竭力阻止人们在上帝之城与天使们的共融。

一方面是柏拉图派的诸神和精灵学说，另一方面是基督教的天使理论，奥古斯丁在确定两者的兼容性时，以基督教中早已明确的、尤其是保罗神学的传统为基础，在这个传统中，（坏）精灵或堕落天使竭力使人们远离上帝且使人们败坏不堪。奥古斯丁称精灵和崇拜精灵的人为"地上之城"即精灵之城的子民，从而将关于精灵本质的传统界定同他的双城构想联系起来。同时，奥古斯丁把柏拉图哲学对福祉的追求，与上帝之城的子民和好天使共融的追求等同视之，在基督教的意义上把前者解释为与上帝共融。奥古斯丁也认为，柏拉图哲学与基督教进而在宇宙观念和上帝之国的观念上的解释是相同的。这种等同性得以建立的基础有两点，一是认知者在纯粹精神领域上升到对理念静观（Ideenschau）和真理的认识，另一点则是可理知领域（intellegibilia）与可见以及可感知领域（sensibilia）的区别，即理知世界（mundus intellegibilis）与感性世界（mundus sensibilis）的区别：认识者把目光从经验世界里挪开，而转向那个被普罗提诺和波斐利称为"祖国"的理念世界。上帝，这一在最高知识中被静观的对象，对普罗提诺来说，已然就是柏拉图的"父神"，[①] 波斐利的说法则是"父亲式的精神"，人们通过它才能获得知（参上一节第4部分）。此时，奥古斯丁说柏拉图主义者已经认识了那使灵魂想要返回的patria［父］（10.32），这其实就是把他们的理知世界同上帝之国——奥古斯丁常常称之为至高者（superna）、居于天上者（caelestis）或者永恒的父（aeterna patria）——等同视之。[②] 柏

---

① v. a. Platin Enn. I 6 [1] 8,21f.；奥古斯丁对在《上帝之城》（9.17, p.392, 12-13）中这样解释普罗提诺的部分："于是逃往至爱天父之家，父在那里，每个人皆在那里。"参Plat. Tim. 28c；Porph. ad Marc. 6。

② 出处参A. P. Orbán, "Ursprung und Inhalt der Zwei-Staaten-Lehre in Augustins ‚De Civitate Dei '," in: *Archiv für Begriffsgeschichte* 24, 1980. pp.171-194, pp.180-181；K. Thraede, "Art. Gottesstaat (Civitas Dei)," in: *Reallexikon für Antike und Christentum*, Bd. XII, 1983, pp.58-81, p.68；E. A. Schmidt, *Zeit und Geschichte bei Augustin*, Sitzungsberichte der Heidelberger Akademie der Wissenschaften (Philosophisch-historische Klasse), Bericht 3.1985, pp.85-88。这种对柏拉图式的和基督教式的patria［父］的分辨并不表明地上之城等同于感性世界，因为对奥古斯丁而言，他的双城不像柏拉图两个世界学说的情况，是依据其完善性而区分为两个不同等级的国家；参J. van Oort, *Jerusalem and Babylon. A Study into Augustine's City of God*, Leiden: E. J. Brill.,1991, pp.247-254。

拉图的父神即基督教的（形而上学的）父，这个同一性论题，奥古斯丁在他悔改之后就已经表达过了（参 Anm. 1），但是，后来他在其《修正》(*Retractationes*, I.3.2) 中批评说：

> 我不满意的是，我不是以柏拉图而是以我的名义表达了两个世界的观念——一是可感知领域，一是可理知领域（《论秩序》[*De ordine*] I 11, 32），正如我主也同样指明这种观念，因为他没有说"我的国不在世上"，而是说"我的国不在此（dieser）世"……如果人们撇开那些教会语言所不习用的和只用来研究事物本身的术语，柏拉图并没有搞错他所讲授的可理知的世界的存在。他因此称这种可理知的世界为永恒不变的理智本身，上帝正是凭着它创造了世界……如果我们当时接受了圣经学问方面的相应训练，那么就不会[在《论秩序》里]使用这些概念了。

正如在这个自我批评中所直言不讳的，奥古斯丁并非不满于"理知世界"和"上帝之国"在概念上的等同，而是不满于自己对所引《约翰福音》(18:36) 文本"我的国不在世上"的解释。以前，他是从柏拉图哲学的两个世界学说的意义上指明所谓"国"（"我的国"="理知世界"，"此世"="感性世界"；参前文注释14）。现在，他在《上帝之城》中——正如他在《修正》中的批评——采取了完全相反的处理方式：他从教会语用习惯（ecclesiastica consuetudo）的抽象性出发，并使柏拉图的构想与之适应；同样如他在自我批评中所指出的，现在基督教那些有力的构想，此前的柏拉图至少正确地领悟了（nec...erravit），尽管他没有运用圣经的专门词汇。

柏拉图主义者和基督徒的目标设想颇为一致：在基督教的意义上，这个目标在于上帝之国，即与天使共在的上帝之城（在天上的祖国中）；在柏拉图的意义上，它则在于灵魂返回其根源，即回归于神"父"和"祖国"（即理知世界）。因此，柏拉图主义者赞成敬拜精灵即那些精灵之城的成员，不但十分荒谬，也与人们对天国福祉的追求完全对立。

柏拉图主义者与民众的关系

奥古斯丁依据阿普列乌斯和波斐利的观点批评精灵祭拜、占卜和巫术，他们不仅排斥巫术，也不承认巫术所规定的礼仪行为有如下作用——人们凭借这些行为就能够满足自己的愿望。柏拉图主义者已经不再举行这样的活动，但是，他们却默许这种活动存在。奥古斯丁认为其中原因是：他们担心一旦公开反对这样的活动，可能会引起人民的恼怒（《上帝之城》，8.12），因为这关系到一个使民间信仰牢固统一的要素。所以，他们更愿意人民保持这种祭礼崇拜（10.1, 3）。[①]

奥古斯丁在其早期著作中就已经强调了柏拉图哲学与"人民"（Volk, Populus）或"民众"（Menge, mulititudo）的关系所涉及的主题的重要性，这个主题就是：柏拉图主义者代表了能够被视作"真哲学"的理论，毕竟他们具有正确的神的观念和本体论；虽然如此，由于他们过于崇尚纯粹精神世界，贬低经验世界、感官感觉和以此世为

[①] 奥古斯丁声称，担心巫师恼怒也是柏拉图主义者的动机之一（10.26f.）。在第十卷第11章（在致祭司阿尼波[Anebo]的信的短评）中，据猜测奥古斯丁原谅了波斐利对精灵学说的态度，他不愿意侮辱阿尼波，尽管在这封信中也包含隐藏的批评。Kobusch把这种状况解释为柏拉图主义学说已经固化的"理论与实践的彼此分裂"，参 T. Kobusch, *Das Christentum als die Religion der Wahrheit*, pp.99–100。

取向的价值观念，容易导致人们"逃离所有的有形之物"，所以他们的哲学无法成为"民众的"（populär）。在糟糕的情形下，这种哲学必然导致的结果是大众接受唯物论，而在好的情形下，则让他们转向基督教信仰（10.27）。这就导致了奥古斯丁在其他地方提到的中期柏拉图主义论点，即柏拉图主义者屈服于廊下派和伊壁鸠鲁派的成功，只是秘密地主张自己的理论，以保护其免遭亵渎；他们不是用自己的学说，而是用怀疑论来对抗来自外部的危险的唯物论学说。①

奥古斯丁认为，民众只能接受神话式的、平民的神学，而哲人则能接受自然神学，这样，他就赋予哲学同样的精英主义色彩（6.5）。②只有为数不多的"少数人"才有资格研究哲学（10.27，对比柏拉图《王制》，494a4）。但是，即使这些人再有智慧，根据柏拉图的理论，他们也只能凭最高的精神努力偶然一瞥神明（9.16）。哲学，即使是柏拉图哲学，也只能使很少一部分人获得最高的知识和对"天国"的体验——柏拉图主义者实际上已经认识到这是他们的目标。但是，这样的知识之路——也就是对基督教教义权威的信仰之路——却向没有受过柏拉图理论训练的基督徒敞开（10.10）。与此同时，对于异教民众而言，这种知识从一开始就被禁止。波斐利也否认人们普遍"得救"的可能性（10.32）。

奥古斯丁认为，正是因为柏拉图哲学的排他性（Exklusivität，在这个词的确切意义上），也就是把大部分人排除在关于神的知识之

---

① *Contra Academicos vel De Academicis*，III 17,38–18,41; ep. CXVIII 3,16–20.

② 奥古斯丁也批判这种把民众排除于哲学之外的态度（6.5–6）。参《上帝之城》，7.5，页280, 8f.，在对内行保留 dei veri［真神］观念或立场的同时，诸神形象被解释为对民众的让步；但诸神形象却由精灵赋予灵魂（8.26）。参 van der Nat,"Geister (Dämonen),"p.740。

外，才促使柏拉图主义者同大众的民众信仰妥协：取代对哲学或对最高知识的智性努力的，是承认占卜、巫术以及精灵作为中介司祭等是大众达到福祉的辅助工具（10.27）。但这并不是通往福祉的路，所以，柏拉图哲学像所有其他异教理论或其他异教祭祀一样，不可能引导人类追求目标。奥古斯丁谴责柏拉图主义者，他们因其精灵学说而应对民众的错误负责（10.3，页405，23：他们是 populorum erroribus auctores ［误导大众的始作俑者］），也就是说，他们使人们远离上帝之城而与精灵之城联系更加紧密。他们如同那些坏的当权者，犯有欺骗人民的罪过，他们通过鼓励人们祭拜精灵而使之更加顺服精灵（4.32）。[①] 尽管柏拉图主义者看到了在上帝之中充满福乐的目标，也认识到神本身，但相比之下，这种误导民众走上邪路的行为更加恶劣，也就是说，这不是通往那一个王国的王者之路（regalis via, quae una ducit ad regnum，10.32）。他们的错误在于不愿承认耶稣基督是"真正的"中保，不愿意看到基督已经战胜了人与神之间的本体性对立，并给全人类指明了通往福祉的道路。所以，柏拉图主义者本来有机会给人们指明得救道路（10.27），[②] 尤其是他们（如

[①] 奥古斯丁在这里没有探讨在基督徒中蔓延的巫术、天使崇拜等问题，参Michl, Engel IV (christlich), p.200。另参R. Russell, "The Role of Neoplatonism in St. Augustine's *De Civitate Dei*," in: H. J. Blumenthal/R. A. Markus (Hgg.), *Neoplatonism and Early Christian Thought, Essays in Honour of A. H. Armstrong*, London, 1981, pp.160–170，p.168。作者注意到，奥古斯丁在《上帝之城》中不仅"努力战胜异教知识分子"，而且也努力"防止对基督教的背叛"，因为"当时许多基督徒仍然本能地被背教活动吸引"。

[②] 奥古斯丁经常强调，道成肉身的历史事件的存在足以给人们指明正确的道路。参van Oort, *Jerusalem and Babylon*, pp.100f.；Schmidt, *Zeit und Geschichte bei Augustin*，pp.104–107。奥古斯丁认为，如果柏拉图本人生活在耶稣诞生之后，体会了耶稣对于人类的作用，他一定会承认耶稣是人与神之间真实的中保（*De vera religione*，3–5）。

波斐利）已经认识到全面中介者的必要性；他们尽管认识到精灵的丑恶与无能，但还是不愿意按照耶稣基督普遍之路（via universalis）的福音来修正其理论。因此，他们更使得异教民众被排除在上帝之城外。

三 奥古斯丁对柏拉图主义者的评价

虽然奥古斯丁在《上帝之城》第八至十卷一再指出柏拉图哲学与基督教理论的相似之处，[①] 但是，他还是明确否认了柏拉图哲学作为人类救赎学说的地位。有人会提出这样的问题：奥古斯丁是否考虑过，那些由于柏拉图哲学而可能具备认识上帝能力的"少数人"，他们进入上帝之城的途径是否同样受阻？也就是说，那些异教哲学家中最高贵者（nobilissimi）如柏拉图、普罗提诺、波斐利等，他们已经看到神的国度或以"天国"作为他们的目标，他们也认识神，并且承认要通过神的启示乃至神的恩典而不是通过自己来认识神（10.29），这些人是否可能也属于上帝之城，或至少属于那些"羁旅于此世之中的上帝之城"的子民中的一部分？当然这个问题必定依旧存在，因为如奥古斯丁所言，人是否被上帝之城接纳乃上帝所预定（1.35）。但是，从他的很多论述中可以清楚地看到，柏拉图主

---

① 关于基督教学者针对柏拉图主义的差异化积极立场的传统，参 C. J. de Vogel, "Platonism and Christianity: A Mere Antagonism or a Profound Common Ground?" in: *Vigiliae Christianae* 39, 1985, pp.1–62, bes. p.27：

> 基督徒知识分子没有对希腊哲学采取敌视的态度，大多数情况下他们抱有正面的兴趣，尽管从来没有失去批判的力量。凭借柏拉图的形而上学……公元一世纪的基督徒们感觉到一种真实地渗入他们内在生命深处的亲和力。

者罕有这样的机会。他们的多神论和对大众的误导妨碍了他们：他们之所以有过错，是因为他们没有用更好的知识保护人民免于诸神祭拜与精灵祭拜的错误。[1] 尽管奥古斯丁给予他们一种所谓减罪情节——甚至在波斐利反对基督的论辩中：他假设他们受到了精灵的迷惑（10.27）。

奥古斯丁反对柏拉图主义者的另一个出发点是，他谴责他们缺乏对道成肉身和耶稣基督中保作用的信仰。不过，奥古斯丁只是顺便提及了这一点，他在第十卷第10章谴责这种"不信"（non credunt, sc. *Platonici*），尽管这点对他而言并非无关紧要。他在第八至十卷的辩驳中，更注重运用论辩策略——作为一个高明的修辞学家和护教者，他完全有意识地停留在对手的论证层面上：他通过强调柏拉图哲学和基督教理论的兼容性，准确指出柏拉图哲学的不足，还试图通过理智和务实的分析使对方明白，只有耶稣基督（道成肉身的上帝）才能引领人们到达上帝之城。由于道成肉身归根结底是信仰的对象，所以奥古斯丁最后必须限制其理性的论辩范围，并把他试图详细证实的柏拉图主义者的错误归因于他们缺乏信仰——"不相信因而也不理解〔这真理〕"（10.32，页460，18-19）。[2]

奥古斯丁在著作的第二部分才明白无误地表明拒斥柏拉图主义

---

[1] 毕竟奥古斯丁还为阿普列乌斯和波斐利把巫术学引入柏拉图哲学理论而开脱（他们是迦勒底的师傅〔Chaldaei magistri〕, 10.27）。波斐利因他在灵魂重新进入身体这一问题上的态度，甚至居于柏拉图之上（10.30）。

[2] 参《上帝之城》, 10.28, p.446, 29; 10.29, p.449, 24。另参Rémy, *Le Christ médiateur dans l'oeuvre de saint Augustin*, pp.172-174。信仰是获得上帝之城子民资格的前提条件，Scholz（H. Scholz, *Glaube und Unglaube in der Weltgeschichte. Ein Kommentar zu Augustins De civitate Dei*, Leipzig, 1911）和其他一些学者都将此理解为《上帝之城》的主要命题；参Schmidt, *Zeit und Geschichte bei Augustin*, pp.89-93；van Oort, *Jerusalem and Babylon*, p. 116f.。

者（包括柏拉图）的态度。① 在第八至十卷中，奥古斯丁将与柏拉图哲学的论辩暂时限制于自然神学的主题，随后则限制在对诸神和精灵的宗教崇拜范围之内。这一部分无意于广泛批评柏拉图的理论，而是要特别检验柏拉图神学所介绍的通往福祉和上帝之城的途径是否恰当。在这个过程中，他特别强调柏拉图哲学与基督教理论之间的共同性，但目的只在于借助他的基督教论点打击柏拉图主义者：他承认他们在本体论上正确地确定了目标，即上帝之城的国度，却明确批驳了他们指给人们的通往那里的道路。

奥古斯丁明确指出，即使那些在对上帝和"天国"的理解上与基督教理论非常接近的哲人中的最高贵者，也不能引领人们成为"上帝的子民"。可以看出，奥古斯丁对于许下福祉的异教及其神学和哲学的辩驳自成一体。因此，这个领域可以自由地展示有关"上帝之城"的起源、历史②以及引导人们到达那里的道路的基督教思想。

---

① 参《上帝之城》，7.25，27；8.16–20。这里关乎世界的永恒性和灵魂转世等问题；参 Russell, "The Role of Neoplatonism in St. Augustine's *De Civitate Dei*," p.162f.。参 D. House, "St. Augustine's Account of The Relation of Platonism to Christianity in *De Civitate Dei*," in: *Dionysius* 7,1983, pp.43–48，该文关于奥古斯丁反对柏拉图哲学的论点（柏拉图主义者通过贬低物质将错误的意义归于物质本身）没有触及批评的核心。

② 奥古斯丁回答了在第十卷第32章介绍的波斐利的见解，后者不承认在"历史"中有一条普遍拯救的道路（via universalis salutis）。参 B. Studer, "La cognitio historialis di Pofirio nel *De civitate Dei* di Agostino (ciu. 10,32)," in: *La narrativa cristiana antica*, Roma, 1995, pp.529–553。

奥古斯丁、"混合生活"和古典政治哲学

——思考《上帝之城》第十九卷的结构

哈格蒂（William P. Haggerty） 撰

彭文曼 译 隋昕 校

在《上帝之城》第十九卷，奥古斯丁试图根据基督教的启示来表明古典政治哲学的局限。尽管已有对此卷书整体所作的紧扣文本的批评研究，但至少就其与奥古斯丁政治学说的关系而言，某些章节在很大程度上被忽视了。这种忽视，尤其对本卷第19章的忽视很令人震惊，因为这一章研究的主题，即沉思生活（vita contemplativa）与实践生活（vita activa）在基督教中的相对地位，对古典政治思想至关重要。韦尔费尔德（Marthinus Versfeld）在其评注性著作《〈上帝之城〉研究指南》中，只为这一章写了两行文字，就打发读者去参考巴罗（R. H. Barrow）更为全面的研究。[①] 然

---

① Marthinus Versfeld, *A Guide to the City of God,* New York: Sheed and Wand, 1958，p.91.

而巴罗的处理更令人烦恼,他不仅省掉了评注,而且他的译文还删除了这一章。巴罗认为这一章无关紧要,似乎与真正的主旨不协调,但他又在其评注中始终声称:不应认为奥古斯丁对古典道德哲学的检审"对于现代读者而言既冗长又陈腐"。①

下文将证明第19章是解释《上帝之城》第十九卷的核心,因为这一章可以丰富我们关于奥古斯丁对古典哲学之局限和不足的理解。为了回应瓦罗(Varro)在其《论哲学》(*De Philosophia*)中关于至善(summum bonum)的论说,奥古斯丁默不作声地接过异教关于混合(mixed)或合成(composite)生活的观念,并挪用这一观念为基督教的启示服务。为此目的,本文将联系奥古斯丁在第十九卷中对待古典立场的总体态度,详细检审第19章的结构。

我们首先必须在奥古斯丁著作整体的中心议题中确定第十九卷的主旨。《上帝之城》分为两个部分:前十卷是奥古斯丁针对异教对基督教的诸多异议所作的详尽回应;第二部分,即第十一至二十二卷,详尽分析了关于两种社会——"地上之城"和"上帝之城"的学说。第十九卷开篇回答第二部分的核心问题,可以划分为两部分:第1—20章详述奥古斯丁试图回应瓦罗在《论哲学》中展现的美好生活;接下来的章节(章21—28)阐述了奥古斯丁对西塞罗《论共和国》中的"共同体"定义的重新解释。虽然当代大部分学术研究都集中探讨第二部分,因为奥古斯丁在此严格区分了基督教和古典的目的,但第一部分也不可忽视。奥古斯丁在分析瓦罗时广泛研究了古典政治思想的主张。通过对比哲学的"空洞的现实

---

① R. H. Barrow, *Introduction to St. Augustine "The City of God,"* London: faber and faber Ltd, 1950, p.181.

性"与基督教的希望的"确定性",奥古斯丁论证了基督教启示的优越性。

因此,我们重点关注奥古斯丁对瓦罗的美好生活观念的剖析,即与第十九卷的既定目标一致的考察:"至于地上和天上这两个城,我认为应该谈谈对它们的终点的争论。"① 为此,他必须首先回顾异教观点中最具代表性的论证,即"那些必朽者用来在不幸福的此生追求幸福的道理"。瓦罗的《论哲学》已佚失,它概述了关于至善的古典立场。在异教徒中,哲人尤其渴望发现"终极的好与终极的坏",期待确定"什么能使得人获得幸福"。当他们就此完全走入歧途时,奥古斯丁认为,自然本身为他们背离真理的程度设定了"限度"。②

奥古斯丁对瓦罗论著的谐剧式处理,证实了异教哲学的失败、无知和根本匮乏。如果我们愿意相信奥古斯丁的记述,可以说瓦罗沿着一条相当迂回的道路才形成了一个真正的流派。通过对各种话题和分歧的一系列详尽的增补,奥古斯丁确定了共计288种可能存在的观点或流派。他继而通过一系列同样详尽的减法与区分,确定了一个正确的流派。

古典哲学的研习者应该熟知瓦罗的术语和方法。他首先将德行的三重关系扩充为四个基本渴望(享乐;安宁;享乐和安宁的结合;自然的最初目标);例如,追求肉体的欢愉或从属于德性,或高于德性,或与追求德性一起来追求。然后他为最初的编排添加了四项

---

① [校注] 文中所引中译参奥古斯丁,《上帝之城:驳异教徒(下)》,吴飞译,上海:上海三联书店。下文标出具体章节,不再标明汉译页码。

② St. Augustine, *De Civitate Dei* 19.1, Corpus Christianorum: Series Latina (CCL) vol.48, p. 657. 英译本见 Henry Bettenson edition, with an Introduction by John O'Meaia. (London: Penguin Qassies, 1984).

种差（differentiae），每一项都相应地扩充了流派的数目。关于第一项种差，即"生活的社会性"（socialis vitae），一个流派或许会"为了自己或为了别人"而确定其原则。瓦罗提出的第二项种差"来自新学园派"（ex Academicis novis），关注怀疑论问题；流派之分野在于它是带着"确定""持有和捍卫"自己的观点，抑或跟随学园派，坚信观点"不确定，但可能是真"。第三项种差关注"风尚或衣着"，看上去有些琐碎：一个流派或许会"像别的哲学家那样生活"，而其他流派或许会"像犬儒学派那样生活"。最后，各流派因为引入了第四项种差而增加了三倍，所选择的生活模式或方式如下：闲暇生活，即"献身于探究理论"；事务或实践生活，即"投身于政治和管理事务"；第三种，混合生活，即把"安静的研究和事务"明智地结合起来。由于这种增加，流派的数目已经增加到288个（《上帝之城》19.1）。

然而，紧接着这场劳神费力的统计之后，瓦罗改变了原初的进程，驳倒了其他所有哲学派别而只保留一个。根据他的论述，至善就在于与其他伙伴一道追求品德高尚的生活，态度诚恳，而不在乎衣着或风尚，过行动与闲暇的混合生活。这样一来，瓦罗"追随"的派别就是这三种生活类型中的混合式或合成式生活。奥古斯丁没有解释瓦罗为什么选择这个模式，但是他指出，罗马史家"以安提俄库斯（Antiochus）[①]（西塞罗和他自己的老师）为权威"，将瓦罗归为"老学园派的一员"（《上帝之城》19.3）。

在这部分余下的章节中，奥古斯丁以基督教的方式回应瓦罗的分类法。关于定义的六部分中的每一部分，除最后两部分外，都直

[①] ［译注］即 Antiochus of Ascalon（前130—前68），与斐洛（Philo）见解相左的"老学园派"哲人。

言不讳地批评了其古典立场。奥古斯丁摒弃或不屑于批评最后两部分,他似乎同意瓦罗的评价。然而,我们认为其实不然,因为奥古斯丁不仅对古典的观点提出了隐晦批评,还利用其论述的修辞结构,对基督徒提出一种关于"混合生活"的新理解。

继续看第19章。在"全面谴责"了新学园派的怀疑论之后,奥古斯丁瞄准了论题五和论题六。关于论题五,就基督徒的举止或着装问题,皈信的哲人不受限制:"只要不违背神圣的诫命"(《上帝之城》19.19),他可以选择任何装束或风尚,"只需要改变虚假的信条"。关于第六部分,他的意见最初似乎也是不置可否,因此,奥古斯丁看来给了它同等程度的重视:关于这三种生活,他指出,任何人都可以按照其中任何一种来生活而不损害信仰。但奥古斯丁旋即又指出,关于所选择的生活方式,重要的是思考两个问题:"究竟是否持有对真理的爱,是否完成了爱的职责?"一方面,任何人都不该悠闲到毫不关心"邻人的事务"的地步;另一方面,任何人都不该积极到"没有对上帝的沉思"。

起初,他主张任何一种生活方式都可接受,这似乎与他对风尚的评论相对应,随后,奥古斯丁谨慎地暗示,不管选择实践的还是沉思的生活方式,在某种意义上,好基督徒必须享有或参与这两种生活方式;这就是说,他不言明地赞同一种混合生活,虽然这种生活方式有条件地认可沉思。若真如此,那么我们得说,这会引出两个问题:奥古斯丁以何种方式赞同混合生活?他的赞同与瓦罗显白的赞同有何不同?要回答这些问题,我们的考察必须更加紧扣文本。很明显,奥古斯丁在第19章批评实践和沉思这两种生活方式时,对混合生活仍保持沉默。由此沉默,他巧妙地提出了一个新版本的混合生活。换句话说,他没有批评混合的形态,因为真正的混合生活,即"有学识的闲暇"与"忙碌于事务"相结合的生活,才是好基督徒的完美典范。

让我们一览其究竟。通过考察混合生活的每一方面,奥古斯丁阐明了他早先的评论。他首先研究了沉思生活。从基督教的观点看,闲暇生活的特征必定不是"耽于闲适",而是献身于"询问和发现真理"。沉思必然会讨论基督教的教诲。一个在沉思中进步的个体,应当不吝与他人分享自己的发现。奥古斯丁所说的智慧,不是异教圣贤"无心的知识",而是包含基督教爱的诫命的智慧。人在沉思中了解和热爱的上帝,指引他以爱侍奉邻人:"除非他努力引领他的邻人走向他自己所追求的善",否则人就不可能爱上帝,基督教的沉思生活谋求让他的伙伴"全心全意热爱上帝"。这与异教徒引以为豪的超然态度完全不同。在第十九卷开篇,奥古斯丁攻击了哲人的自负,说他们的"虚妄真是惊人",他们在此世谋求幸福,"要凭自己寻求幸福"。他以种种方式倡导德行,自己却既没有真正的德性,也不知道何为真正的德性。践行美德作为哲人自足的象征,并不能担保获得幸福,因为它预先假设或假定哲人拥有最高的天赋,即拥有身体和灵魂的最初的善,这是命运的神秘作用所导致的、没有保障的善。相反,基督徒的德性"并不妄言有一种力量能保证拥有这些德性的人不会遭受任何苦难"。好基督徒仍然"幸福地生活在对来世的期盼中"。他的盼望要求一种"蒙福的坚韧",这远远优越于异教君子"坚定的忍耐"。为反对这种"他看不见的蒙福",异教哲人抬高自己并且忽视德性和正义的真正来源;他们"试图为自己编织最虚假的幸福,他们越是高傲,他们的德性就越是骗人的"(《上帝之城》,19.4)。

关于奥古斯丁对沉思的古典观念的批评,其他评论家总会看到其结果。洛布科维奇(Nicholas Lobkowicz)在其卓越的研究著作《理论与实践》(Theory and Practise)中评论说,"沉思的生活明显优越于实践的生活"这样典型的古典学说在奥古斯丁的著作中荡然无存。① 基督教慈爱的要求既不包括普罗提诺式（Plotinian）的超脱世俗，也不包括伊壁鸠鲁式（Epicurean）的淡漠政治。我们还必须同意奥康奈尔（Robert O'Connell）对奥古斯丁的评价："他坚信，对一直追求不懈的人来说，沉思生活是最和谐的生活方式。"② 我们所引的奥康纳尔这段话一方面承认奥古斯丁确实有"一些新变化"，一方面又仍然坚持这种解读是有效的，因为奥古斯丁最终对实践生活

---

① Nicholas Lobkowicz, *Theory and Practise, History of a Concept from Aristotle to Marx,* Notre Dame: University of Notre Dame Press, 1967, p.66.

② Robert J. O'Connell, "Action and Contemplation," in *Augustine: A Collection of Critical Essays,* ed. R. A. Maikus, New York: Doubleday Anchor, 1972, p.49. 在这篇文章的脚注里，奥康奈尔注意到，奥古斯丁"将一些新变化套在'混合生活'这个主题上"，拙文在于探究这种可能性。尽管我大体赞同奥康奈尔对奥古斯丁学说中沉思与实践的关系的评价，但我认为他没有看到奥古斯丁强调沉思时的政治暗示，尤其见于他在页 50-54 的总结性评论。

更多评论见 James V. Schall, *Reason, Revelation, and the Foundation of Political Philosophy*, Baton Rouge: Louisiana State University Press, 1987。他宣称，

> 奥古斯丁在政治哲学中的总体影响在于，他代表着，人需要常年认识到沉思秩序的重要性，这样人才能如其所是……同样，人需要合适和独特的方式才能达到他的最终目标，他见证了政治对此的无能。（页91）

根据他的看法，由于廊下派传统反对柏拉图-亚里士多德二分法对实践秩序的支持，奥古斯丁试图"根据主要基于基督教启示的暗示，来重申沉思秩序的重要性"（页78）。于是，奥古斯丁在他的双城教义中"重新唤起"沉思的秩序，一个全然基督教式的解决方式：

> 不通过政治，也不仅仅通过知识分子的沉思，甚至不通过有别于肉体的灵魂上的哲学沉思来唤醒沉思，而是在一个有人、天使和上帝的人类社会中重新唤起沉思。（页83）

中的巨大危险所给予的关注，远远多于他对沉思生活中的危险的关注。对于投身实践事务的人，他警告说："应当珍视的不是此世的名誉或权力"，而是"需要荣誉或权力"的工作或任务。这个工作如果是"正确而得当的"，也就是说，如果它有助于"服务于利益和拯救"，那么它就是好工作。

在这个问题上，奥古斯丁提到保罗写给提摩太的书信："人若想得监督的职分，就是羡慕善工。"监督意味着任务而不是荣誉。人盲目地将注意力全部投注到显耀事情上，而忽视了"服务"，那么他根本不是真正的监督者。尽管"谁都不会被禁止追求对真理的认识，因为这种安宁值得赞美"，但是同样的事在追求世俗事务上则不然：高等职位本身是"一个不值得尊敬的野心对象"。一旦"明智规则"渴求荣誉或权力，即使以一种值得尊敬的行为来实践它，那也是偶然事件，是罪恶的动因。因此，"对真理的热爱"（charitas veritatis）寻求"神圣的安宁"（otium sanctum），而"爱所必需的"（necessitas charitatis）承担着"正义的不安宁"。奥古斯丁注意到，当"没人施加这负担"时，人们应该摆脱凡俗之事，在沉思中寻求真理，并在寻求真理的过程中享受他们的自由。然而，一旦加给他们负担，爱的必然性就"迫使人们承担"这些负担。这样一来，由于"失去了甜美，这必然的负担一定会变得沉重"（《上帝之城》19.19），奥古斯丁告诫人们，不应完全丢弃"对真理的热爱"（veritatis delectatio）。

在这雄辩的一段里，我们清楚地看到沉思优先于实践：我们对他人的服侍必须根源于对上帝之爱的顺从。而沉思的生活必须包含着实践的生活，实践的生活也必须由沉思开始，并从属于沉思的生活。然而，当奥古斯丁急于谴责异教徒沉思的漫不经心时，他又严重地陷入进退两难的窘境的另一端。对于奥古斯丁在第19章中话里话外的暗示，结合他作品的其他例证也许能帮助我们有更好的理解。尽管奥古斯丁几乎没提到混合生活的直接来源，但他说，有很多篇章论及沉思生活与实践生活之间的关系，其中所使用的语言启发了他，于是有了他在《上帝之城》中的处理。在《驳摩尼教徒福斯图斯》（Contra Faustum Manichaeum）中，奥古斯丁根据雅各的两个妻子——拉结与利亚（Rachel and Leah）之间的对立来呈现这种关系，他用"我们在基督身体里的两种生活"来解释两个妻子。利亚代表着"受苦"以及活在"我们凡人生活"中进行世俗的劳作，表面上是去工作，"却不知道从工作以及那些我们感兴趣的事物中能获得什么利益"。其局限，世俗的脆弱，在利亚"虚弱的眼神""薄弱的意志"和她"飘忽不定"的打算中表露出来。与其说拉结代表了"永恒生活"，倒不如说是代表了"永远沉思上帝的愿望，伴着对真理确定、愉快的感知"的生活。不像利亚，拉结眼中有神，"美丽而匀称"，是"每一个虔诚的学生热爱的人"。正如雅各为了得到拉结而愿意为拉班服侍七年，一个好的基督徒也应该为了"永恒的极乐"而在现世正当地承受正直的痛苦和劳累。同样，正如上帝强迫雅各接受利亚，上帝现在要使人们"在现世中经受各种各样的试探"。奥古斯丁让我们明白，此世不可能获得"福乐"，但他还是提醒说，存在一种危险而真实的可能性，即，那些劳动不止的人会"信奉利亚而非拉结"，他们会在对俗世事务的必要负担里看见至善本身。①

奥古斯丁关于这种关系最具有启发性的议论，也许可见于他对

---

① St. Augustine, *Contra Faustum Manichaeum*, 22.52, 英译本见 *The Nicene and Post-Nicene Fathers*, First Series, Philip Schaff, ed, vol.4, Grand Rapids, MI: Wm. B. Eerdmans, 1956, p.292。

圣经新约中马利亚与马大（Mary and Martha）故事的思考。在《论三位一体》中对这一福音书段落的注解中，奥古斯丁辩论说马利亚在沉思上帝中"预示了喜悦的外在"，"搁置她做的所有事物并一心探求真理"。然而她的姐姐马大承担着"必要的事务"，这些事务尽管"好且有益"，最终还是会"消逝"。奥古斯丁注意到，马大为了服侍耶稣当前的需要而承担"不好的部分"，耶稣没有因此而责怪她，而马利亚却"选了上好的部分"。实践的生活，"其中的一部分是为某种需求服务"，"当需求本身消失的时候"，这种实践也应该"取消"。这种"好工作的回报"永远栖息在对"上帝——万王之王"①的沉思中。

奥古斯丁将他的讨论扩展到《布道辞》（Sermo）中。在颂扬马利亚和马大时，他赞扬这两个女人，评价道，"所描述的两种生活……都无害，都值得赞扬"。现在奥古斯丁允许我们不像马利亚："马大做的，就是我们现在正在做的；马利亚做的，是我们所期望的。"尽管如此，当"摆脱事务，将治家烦恼搁置一边"时，我们还是在沉思中运用了某种方法。有一句表述明显让人想起奥古斯丁在《上帝之城》中的话，他告诫人们过每一种生活特有的危险：马大不"邪恶"，具有"劳作生活必须注意的"特征；马利亚不"懒散"，也有一种"闲暇生活必须注意的"危险。以马利亚和马大为榜样，基督徒必须避免腹背受敌，即必须躲开邪恶与懒散。②

奥古斯丁在此以及在《上帝之城》等作品中，尝试性地推荐两

---

① St. Augustine, *De Trinitate*, 1.10, CCL 50, p.56–57. 英译本见 *The Nicene and Post-Nicene Fathers*, p.28。[校注] 文中所引中译参奥古斯丁，《论三位一体》，周伟驰译，北京：商务印书馆，2018。

② St. Augustine, *Sermo*, 104. 4, PL 38, col.618. 英译本见 *The Nicene and Post-Nicene Fathers*, p.430。

种生活，却更倾心于沉思一边，这都是在反对基督徒面对的两种在政治生活中颇为盛行的可能诱惑。首先，它阻碍了实践生活事务达到它本身的目的，让人不是出于基督教慈爱中的服侍意愿，而是由于野心、贪婪或者统治欲而去承担事务或工作。第二，奥古斯丁提醒人们此世一切事务得以完成的真实原因，沉思的生活模式能使人们不至于被他们遇到的无尽的失望、焦虑和担忧压垮。

因此，在对第19章的分析中，奥古斯丁继续猛烈攻击"生活的社会性"能促成幸福这一古典观点。奥古斯丁看到，尽管人们或许天生倾向于依赖社会，人类社会中充斥的苦难在数量和严重性上仍没有一点减少。一个例子就足以说明。奥古斯丁把好法官的状况看作这城里的人们悲惨生活的象征。一方面，这个法官受到"人类社会"的要求之限制，这种限制"驱使他完成义务"。因为人有与生俱来的恶，所以无罪之人必须受到保护而不被邪恶之人所害，邪恶之人则必须受到惩罚。然而，另一方面，这个法官无论多么正直和谨慎，都不能"深入到被审判者的良知"。在判罪时，法官表现出"可悲"的"无知"，常常错误地折磨无辜之人而释放罪人。奥古斯丁评论道，"证人不说实话"，"被告忍受各种拷问……无知的法官却给原告判罪"。事实上，法官必须审判：既然他身在法官的立场上，他就必然在无知和被迫的情况下执法（《上帝之城》19.6）。

通过检审政治生活的所有表象，我们会发现一幅纷乱而彻底的悲惨景象。人们渴求幸福，渴求在与他人结成的伙伴关系中获得满足，但是这些都不可能［在政治生活中］找到。由于寻求城内和平失败了，奥古斯丁吁请读者"以极大的热情"去思考"真正的安全，在那里就有无穷而确定的和平"；去思考"最终的幸福，完美的终结，这圆满的幸福没有终点"（《上帝之城》19.10）。他将这种最终的幸福视为基督徒的至善——"永生";"永恒的和平"就等同于"永生"(《上帝之城》19.11)。在奥古斯丁对和平的论述中,第十九卷这一段也许最优美,他通过描述基督徒与政治生活之关系的局限性,对瓦罗做出了积极的答复。对和平的渴求成为整个自然界和每一项人类活动的基础。"没有人不想拥有和平"(《上帝之城》19.12)。然而,只有通过某种秩序或规则,才能找到人所寻求的和平。确实,宇宙中弥漫着一种奇妙的秩序,万物自然地受它支配。甚至有些好像被颠倒扭曲的事物也必须与"事物秩序的一部分"和谐共处。整个宇宙的和平就是"秩序的平稳",上帝"分配平等和不平等的事物,让万物各得其所"(《上帝之城》19.13)。

这样,万物都归于神圣法律的明智统治之下,万物都有其特定结果,或在"事物的一般规律"下有其合适的位置,上帝公正地统治着这个宇宙。人由于自己的罪而打乱这一秩序,由此,人也将打乱自己本性的秩序,并打破在友谊中拥有的与他人之间的原初和谐。正如奥古斯丁所说,上帝不会希望"人管理人"。他造出"放牧牲畜的牧人",而不是"人王"。"奴役的首要原因是罪,使人被别人征服,遭受镣铐之苦"。然而更大的奴役是,人要继续受他个人罪恶的奴役。人的"统治欲"是"毁掉必朽的心"的奴隶。当人不服从上帝时,他就再也不能与伙伴和谐地生活在一起。正是在人的堕落状况这一背景下,我们才能理解这两种和平之间的关系(《上帝之城》,19.15)。

现在,我们可以看到,奥古斯丁在第19章的分析,尤其是对混合生活的微妙的认同,非但不是没有关联,反而补充了——或更恰当地说,阐明了——他对基督徒双重公民身份的理解;第17章曾经详尽阐述了何谓基督徒的双重公民身份。在每个政治群体里,基于两类人，都有两种类型的家庭：世俗之城的一类家庭，"不按照信仰生活"，这样的人遵循世俗的和平，"在尘世生活的事物和利益中寻求和平"；公义的家庭"按照信仰生活"，"在羁旅中使用地上的和尘世的事物"。允诺或"希求所应许的未来的永恒"没有将基督徒"摄取"或转移，他们一直等候着旅程的终结。这些只不过是某种"支持"，人借以"忍受必朽的身体的负荷"。两类家庭都利用尘世的益处，尽管它们各自有着不同的目的。人与家庭的区别正好符合两个城之间的区别。地上之城的目标仅仅是"地上的和平"，是建立起"人们的意志之间的平衡"。因为上帝之城必须利用世俗和平，这是"必朽中旅行的一部分"，上帝之城遵循地上之城的社会规律以支持凡人的状况。每个政治群体都由两种城的人民组成，尽管出于完全不同的原因，他们要共同维持政治秩序。基督徒拥有双重公民身份。他必须拥护和支持地上之城的法律，"因为在这必朽的生命结束之前，这种和平也是必要的"。确实，考虑到上帝之法的戒律，基督徒似乎比异教徒要承担更多的公民义务。但是他对他的群体的奉献，他对政府的忠诚，永远不可能完全，因为他常将政治社会的世俗和平与天国之和平相比照，他永远不会将自己的身心完全投入政治社会。此外，在宗教事务上，这两种城之间根本不可能和谐。基督徒唯独崇拜"唯一真实的上帝"，他不会与地上之城一样接受其宗教律法（《上帝之城》，19.17）。

于是，在很大程度上，混合生活的观念确实恰当地表现了奥古斯丁对基督徒与政治之关系的描述。作为好公民，基督徒过着一种积极的生活，为他特定群体的公民秩序而工作。然而，尽管他寻求交情，但他从不期望，也不会在政治生活中找到完整的幸福。相反，他在寻求沉思中的"神圣安宁"时参与另一个社会，在此，世俗社会生活被上帝的恩典深刻地改变，这时他拥有一种远见与期许。天国里上帝与人的和谐关系描述了一种完全的圆满——因为它是完全公正的社会。因此，混合生活的观念描绘了基督徒与每一种政治群体之关系的特征：爱迫使他与邻人之善紧密相连，他比任何受制于具体政制和政治生活本身的无尽问题之中的人都更加自由。

既然巴罗等评论家忽视了这一段，那么，他们没能看到奥古斯丁对古典哲学所做的温和批评也就毫不意外了。在其他段落中，巴罗对哲人地位所作的颇有见地的评论尤其令人遗憾。巴罗在谈到第17章中基督徒的两种忠诚时指出，

> 哲学……为哲人保留了权利，实际上也是义务，即为了自己的利益进行挑选和改造，并向那些能够理解它们的人传播比时兴思想或周密实践所设想的更高、更全面的标准。

城中的哲人形象与世俗社会中的基督徒并无二致：哲人王"的眼光捕捉到了'如其所是的善'，于是他转而回到寻常的同代人生活的洞穴中，尽他所能地向人们传达那种景象"。从这个高深的观点出发，"他根据自己的真知批评制度法律和实践"。在奥古斯丁看来，"异教哲人的特权地位"，即游离于"现存忠诚"的自由，是每个基督徒生来就有的权利。①

遗憾的是，巴罗虽然发现了这种相似性，却没有看到奥古斯丁如何微妙地修正古典观中的既有陈述，使之为基督徒所用。在某种意义上，瓦罗对混合生活的赞同抓住了古典立场的核心问题。在奥古斯丁看来，罗马历史学家在很大程度上受到阿斯卡隆的安提俄库斯的影响。安提俄库斯是一个折中的思想家，他的著述是廊下派、

---

① R. H. Barrow, *Introduction to St. Augustine "The City of God,"* p.238.

柏拉图和逍遥学派的原理的综合。① 安提俄库斯的"混合生活"观产生自哲学传统，这一哲学传统的主要来源是柏拉图对话和亚里士多德的《政治学》。尽管柏拉图与亚里士多德有诸多不同，但他们共同思考了一系列的问题。他们试图在两个关键问题的指引下理解政治，这两个问题是：美好生活由什么构成？哪种政制或政治社会能最好地促成这种生活？他们的答案与瓦罗类似：好的生活就是在某种政制下的有德性的生活，在这一政制下，有道德的人为了共同的善而施行统治。然而，一提出这个问题，他们就意识到达到这个目的的困难或不可能性；他们也开始理解政治生活的局限性。他们看到，政治实践在大多数政治体里都可以常规地实现，而美德得以实现的可能性却很小。在亚里士多德看来，"人可以去祈祷"最佳政制实现，但是，

> ……最佳政制不是一般现存城邦所可实现的……我们不仅应该研究理相的最优良（模范）政体，也须研究可能实现的政体，而且由此更设想到最适合于一般城邦而又易于实行的政体。②

---

① John Dillon, *The Middle Platonists*, Ithaca: Comell University Press, 1977。Dillon注意到，尽管安提俄库斯宣称自己是公开的柏拉图主义者，可他不仅断言，早期学园派与逍遥学派的学说之间有着重要的一致性，而且主张"老学园派的物质实体说与廊下派的学说有着一致性"（页58）。在某种程度上，Dillon把瓦罗称作"一个安提俄库斯式的柏拉图主义者"（页62）。在第十九卷第3章，奥古斯丁自己也注意到安提俄库斯的折中主义："西塞罗认为，安提俄库斯在很多方面更像廊下派。"（《上帝之城》19.3）

② 希腊文本来自W. L. Newman版本，*The Politics of Aristotle*, Oxford: Clarendon Press, 1902, vol. 4, p.1–2。英译来自Carnes Lord版本，Chicago: University of Chicago Press, 1984。[校注] 文中所引中译参亚里士多德，《政治学》，吴寿彭译，北京：商务印书馆，2009，页175–176。

这一困境并非毫无意义。除此之外，柏拉图和亚里士多德还注意到第二个问题：在追求至善的过程中，他们发现最好的不是实践生活而是哲学生活。但是哲学生活似乎不仅不符合地上之城的要求，而且只向那些有着必需的天性和闲暇来追求这种生活的极少数人开放。柏拉图《王制》中建构的不可能实现的"言辞中的城邦"，是古典政治哲学里的模范之城；因为行动跟不上言辞，哲人与每一种政制都有张力，只有哲人拥有政治权威的政制除外。鉴于政治不稳定，并且哲人的明智法规难以确立，因此，异教徒特有的解决办法就是混合政制的观念，即智慧、权力或共同意见明智地共融。柏拉图《法义》(*Laws*)、亚里士多德《政治学》中的制度以及西塞罗《论共和国》中的"混合政制"中所勾勒的政制，都是这种倾向的实例。混合生活是混合政制的缩影：在某个时期或同时代，如果缺少沉思的指导或沉思的智慧，生活就会显出哲人在试图改良或制服政治时的无能，以及政治生活本身的匮乏。古典哲学为某些特定有"哲学"天性的人提供了幸福的可能，然而，古典哲学也暗示出，它不能保证常人统治的社会达到完满。混合生活至多只是一种妥协。①

　　如前文所述，奥古斯丁的观点完全不同。基督教启示为政治提供了一个清晰的解答，然而——矛盾的是——它又没有提供一种政治方案。政治生活永远不会提供幸福；人所渴望的完全的正义、最好的政制，只能在上帝之城中能得到满足。古典哲人只为极少天赋

---

① Dillon评论安提俄库斯对西塞罗的影响时说：

　　确实，西塞罗本人也许会被看作是一种安提俄库斯式的智识人，但是在西塞罗那里，实践生活与沉思生活之间存在着张力，他对此有多次论及。这种张力使他难以达成理想。(John Dillon, *The Middle Platonists*, p.75)

异禀的人提供一种不充分的世俗幸福，基督则"从所有民族的城邦召唤信徒，从所有语言中聚集旅伴"（《上帝之城》，19.17）。瓦罗对混合生活的支持提出了一个问题，而奥古斯丁精妙的阐述则给出了解答。

基督徒与公民

——奥古斯丁《上帝之城》中的张力

多尔蒂（Richard J. Dougherty） 撰

王旭 译

欲研究个体之为公民（citizen）[①]与个体之为信徒两者之间的关系，就必须承认，基督教的兴起以及随之而来的异教公民神学（Civil Theology）的衰亡所引发的思想变化，具有至为根本的重要性。或许，关于这一变化最清晰的讨论莫过于奥古斯丁的《上帝之城》。在《上帝之城》中，奥古斯丁试图指出公民神学之局限，并为一种关于个体正确取向的理解奠基。在奥古斯丁的文集中，我们寻不见任何一篇说教性、综合性的政治学论著，但是，通过《上帝之

---

① ［译按］以"公民"翻译奥古斯丁理解的政治体——无论是城邦还是罗马帝国——成员无疑不恰当，不过该文作者试图以奥古斯丁的思考对现代公民社会提供某种补益（尤参本文结尾），故强译为"公民"。

城》，我们或许可以最大程度地析解奥古斯丁的政治思考，以及对作为基督徒和作为公民的人而言，这些思考所具有的意义。奥古斯丁以古代城邦的消逝和罗马帝国的崩溃为起点，并因此不得不面对这一问题：政治统治分裂成了所谓"民族国家"（nation-state）的现代实体。这一点，加上其他一些因素，使得奥古斯丁对今天的我们来说仍然至关重要，毕竟，他起码提纲挈领地思考了他所处时代的两件大事——罗马帝国的衰亡与基督教渐居主导所引发的政治和社会生活领域翻天覆地的变化。这些境况引发了一系列问题，为了寻找一个答案，有必要再次转向奥古斯丁的《上帝之城》。在理解人类处境的道路上，这部作品用现代人可以理解的表达方式，无畏地迈出了第一步。也许，通过认可奥古斯丁对不断变化的政治潮流和社会潮流的分析——正是这种变化导致了现代处境——我们可以反思并理解自己的境况以及我们在其中的位置。

奥古斯丁从政治转变为超政治（trans-political），这一转变的基础，或许最早见于奥古斯丁对国家（state）或公民社会之目的的考量。在《上帝之城》第十九卷第14-15章，他处理了国家及其公民机构在人类生活领域的角色问题；国家之目的不再是为最好的人类生活创造条件，以图形塑人的灵魂，使之趋向最高美德，而仅仅是中和人最基本的欲望和本能，以求为尘世的和平打下基础。国家目的的降格，反映了奥古斯丁对人类境况，对今时今日人还能靠自己的努力做些什么的理解。奥古斯丁认为，人类身处堕落状态，并因此承受政治统治。然而，我们从《创世记》得知，当人仍处于"自然"状态时，这种统治并不存在，[1] 因为人们可以在政治秩序中发现

---

[1] 《创世记》1∶26（[译注] 原文引用拉丁文武加大译本，译文引用和合本）：

的那种专制统治，在那时并非必要：

> [神]不希望按他的形像创造的理性生物统治一切，而仅仅是统治非理性的东西；不是人对人的统治，而是人对牲口的统治。①

当人处于"自然"状态时，唯一存在的统治，是社会权威的统治，父亲作为"一家之长"（pater familias）的统治；这种统治涵盖了自然服从的各种形式，比如妻对夫、子对父，但不包括强迫和征服。② 人天生是社会动物，因此社会规则有必要；但人并不是天生的政治动物，因此，公民社会这种强制性的统治权威是不自然的。③ 家人和家庭是天然的联合体，而必须在其框架中内置强制手段的政府

> 神说："我们要照着我们的形像，按着我们的样式造人，使他们管理海里的鱼、空中的鸟、地上的牲畜和全地，并地上所爬的一切昆虫。"

在《忏悔录》（13.23-33, *CC* XXVII, pp.261-262）关于这段文字的评论中，奥古斯丁从未提到人对人的统治，但他的确指出，没有人可以成为其他人的法官。[译注] 注释中的*CC*版，指《基督教文丛》（*Corpus Christianorum*, The Hague: Nijhoff, 1953 - ）。

① 《上帝之城》（19.15, *CC* XLVIII, p.682），原文皆由作者翻译。参 *De musica* VI, xiii, 41: *PL* XXXII, 1185。[译注] 中译文参考奥古斯丁，《上帝之城：驳异教徒（上、中、下）》，吴飞译，上海：上海三联书店，2007-2009。

② *De Genesi ad litteram*, XI, xxxvii, 50: *PL* XXXIV, 450. 另参《上帝之城》（19.14-16, *CC* XLVII, pp.680-683）; *Quaestiones in Heptateuchum*, I, 153: *CSEL* XXXIII, 59。

③ 参 *De moribus ecclesiae catholicae et de moribus Manichaeorum*, I, xxx, 63: *PL* XXXII, 1336:

> 你教导孩子童真，教导青年坚忍……使女人顺从丈夫，保持忠贞服从……你规定男人掌家……你令父母可以无条件驱使子女……令兄弟之间血浓于水……你告诫国王注意人民的福祉，规劝人民服从国王。

架构，则是罪的产物。① 在另一部讨论神意作用的著作中，奥古斯丁指出：

> ［神］首先使万物臣服于他，随后使肉体服从精神，使非理性服从理性，地上的服从天上的，女人服从男人，弱的服从强的，贫穷的服从富有的。②

奥古斯丁没有说神意使奴隶服从主人或使公民服从城邦。人被授意统治非理性动物，而不是统治他人，所以任何政治统治都是非自然的；这并不是说政治统治不必要，事实上，出于控制原罪的影响的考量，政治统治目前是必要的。

> 政治权威、强制权力及其配套设置，使社会转变成一个国家。社会……起源于自然秩序；国家是一种根植于罪的制度。③

人们可以注意到对待这些关系的不同方式：前面的似乎都由教会制定秩序，而王权作为一个事实，要求特殊对待。类似地，追溯原祖，公民与公民之间，民族与民族之间，乃至人与人之间，都有一种联结；国王并没有被说成是因教会事业而与臣民联结。

① 比较这一说法与亚里士多德《政治学》1252al-1253a38；关于这段话更切中肯綮的分析，见 W. H. Ambler, "Aristotle's Understanding of the Naturalness of the City," *The Review of Politics* 47, No, 2 (1985), pp.163–185. Cf. Thomas Aquinas, *Summa theologica* I–I, 96, 4; *Summa contra gentiles* II, 44.

② 《〈创世记〉字解》VIII, xxiii, 44 (*PL* XXXIV, 390)。

③ R. A. Markus, *Saeculum: History and Society in the Theology of St. Augustine*, Cambridge: University Press, 1970, pp. 205–206；他在页 209–210 总结道：

> ……在大约 400 年以后，奥古斯丁继续思考，他和西塞罗一样，认为人天生是社会动物，但他反对人天生是政治动物。

但这并不是说，公民机构本身必然会败坏，因为实际情况可能是，一个源于罪的机构，在实践领域不一定是罪恶的；我们只需比照奴隶制的存在——奥古斯丁斩钉截铁地声称，奴隶制是罪导致的一种状况，但同时也是"控制自然秩序之维持的法则所规定的"。① 事实上，"一家之长"本人的统治，也可能不得不包括对家庭成员行使强制手段。②

在奥古斯丁思想中，原罪的意义至为关键，原罪体现了基督教教诲的革命性。原罪论迫使人类承认自己的依赖性，因为只有将意志转向上帝，接受上帝的恩典，人才能变得自由。单靠神恩这项礼物，就足以提供赎罪，足以创造开启救赎可能的"重生"。奥古斯丁一直强调，"凭借知识或启蒙臻于完美这样一种古典理念，完全是一种幻想"。③ 认为人单凭一己之力便可发现一种"独立于作为一个被造物所固有之物"的善，是痴人说梦。④ 因此，奥古斯丁在《上帝之城》第五至十卷驳斥了各类哲学家特别是柏拉图主义者之后，紧接着就阐述了双城说以及克服理性和智识缺陷的必要方法：

---

① 《上帝之城》(19.15, *CC* XLVIII, p.682)："神法命令自然秩序得到保护，避免受到干扰。奴役正是神法发布的惩罚……"另参关于家长作为奴隶主的评论，《上帝之城》(19.16, *CC* XLVIII, p.683)。

② "如果有人在家里因为不服从而破坏了家中的和平，他会被责备、鞭打，或别的正义而合法的惩罚纠正……"（同上）

③ C. N. Cochrane, *Christianity and Classical Culture: A Study of Thought and Action from Augustus to Augustine*, London: Oxford University Press, 1957, pp.451-452; Cf. Aristotle's *Ethica Nichomachea*, 1113b8–1114b1, and Thomas Aquinas, *Summa theologica* I–II, 109.

④ Cochrane, *Christianity and Classical Culture*, 前揭, p. 451。参阿奎那，《神学大全》(*Summa Theologica*) I–II, 90–108，特别是91, 4关于神法高于自然法之必要性的论述："因为人注定要以超出其自然能力的永恒幸福为终点。"

> 上帝之子……确立了这一信仰，从而开出了一条路，让人可以经由上帝化身而成的人，走向人的上帝。

奥古斯丁补充道：

> 唯一能对抗一切谬误、最坚实的康庄大道，就是一个既是上帝也是人的人；我们走向的，是上帝，我们走过的，是人。（《上帝之城》，11.2）

这一"途径"并非人之善所当得，而是出于造物主的仁慈，通过圣子的受难授予所有人，不仅包括智识非凡之人，事实上，即便是那些未能过最典范的道德生活的人，也能分享这一途径。相对于那时的古典主义，基督教关于罪和恩典的教诲是一个重大突破，正如麦金太尔（Alasdair MacIntyre）所言，

> 关于一种几乎不可救药的生活的最终救赎这样一种观念，在亚里士多德体系内没有一席之地。[1]

科克伦（Cochrane）教授也指出："罪与恩典的学说，以最尖锐

---

[1] A. MacIntyre, *After Virtue*, Notre Dame: Univ. Press, 1981, p. 175. 麦金太尔补充道：

> ……十字架上的强盗这样一个故事，在亚里士多德体系中是不可理喻的。而它之所以不可理喻，恰恰是因为仁爱对亚里士多德而言并非一项美德。

或许我们可以补充几个例子：前往大马士革路上的扫罗，以及奥古斯丁本人。

的形式，标志着基督教精神与古典主义的决裂。"[1]

奥古斯丁直截了当地告诉我们，"全人类都因原罪而被定罪",[2]且无法彻底征服罪恶。由此引出了关于两种人类"本性"的思考：人在堕落前的状态和堕落后的状态——这一区分对奥古斯丁而言至关重要。因此，我们发现奥古斯丁投入大量的时间和精力，以求理解和解释这种"二分"可以给人带来什么样的启示。整部《〈创世记〉字解》(De Genesi ad Litteram)，就是为了区分两座"城"；此外，我们至少还可以加上《反摩尼教论〈创世记〉》(De Genesi contra Manichaeos)和《未完成的〈创世记〉字解》(De Genesi ad litteram liber imperfectus)，他的《忏悔录》最后三卷也是对同一主题的再思考；而《上帝之城》最后十二卷的重心，其实也是放在讨论原罪所引发变化的性质及影响。[3] 原罪的影响对奥古斯丁来说是重中之重，这一点以如下方式反映在公民社会的目标上：人不再希冀通过与他人联结达成一个最终的积极的善，而会试着为了一个更高的目的去利用这些联结。围绕堕落问题的人类状态的两个方面，具象化后就

---

[1] Cochrane, *Christianity and Classical Culture*, p. 451. 关于古典思想和早期基督教思想之间的关系，参见 A. H. Armstrong and R. A. Markus, *Christian Faith and Greek Philosophy*, New York: Sheed and Ward, 1960; MacIntyre, *After Virtue*, 前揭; H. Marrou, *Saint Augustin et la fin de la culture antique*, Paris: E. de Boccard, 1958; H. Chadwick, *Early Christian Thought and the Classical Tradition*, New York: Oxford Univ. Press, 1966; J. J. O'Donnell, *Augustine*, Boston: Twayne Publishers, 1985.

[2] 《上帝之城》(22.22, *CC* XLVIII, 842)："从最开始，初人后代的所有必朽者都被定罪了。"

[3] 关于奥古斯丁在此项事务上的思考的神学意义，见 H. de Lubac, *Augustinianism and Modern Theology*, trans. L. Sheppard, New York: Herder and Herder, 1967; 特别注意第八章，"The Problem of the Primitive Stated," pp. 240–262。

是上帝之城和人之城，两者的分别在于爱：后者受制于对尘世易朽之物的爱；而界定前者——上帝之城的，是对天堂永久和平的爱。

  两种爱造就了两个城。爱自己而轻视上帝，造就了地上之城，爱上帝而轻视自己，造就了天上之城。地上之城荣耀自己，天上之城荣耀上主。地上之城在人当中追求光荣；在天上之城中，最大的光荣是上帝，我们良知的见证。（《上帝之城》，14.28）

这解释了为何从政治社会取得的并不是什么好东西——它着眼于对易朽之物的爱，而基督徒向往永恒的爱。但这并不是说，地上之城对人一无是处，因为若能知晓个人应如何恰当地对待它，地上之城就会显出用处。

  一个国家所能达到的最好状态，是缔造有益于尘世和平的环境，因为好人可以运用这种和平的环境。① 事实上，尘世和平被认为是上帝的恩赐，因为它使上帝之城的成员铸剑为犁，操练那些最能体现其成员特性的活动。这从另一个层面解释了为什么奥古斯丁以爱或仁慈取代正义作为美德；正义，或至少公民社会的正义，经常需要一个人惩罚或训导其他人。这意味着被惩罚者做了邪恶之事，而任何人都不希望这事发生在自己身上；人们仅仅惩罚那些做了错事的人，因此，他们希望的从来都不是"施行"正义。尽管如此，人们

---

  ① 参 *De doctrina Christiana* I: *CC* XXXII, 6–32 关于"运用"和"享用"之别的探讨。见 E. Gilson, *The Christian Philosophy of St. Augustine*, New York: Random House, 1960，pp.165–171，特别是页 167：

> 为着上帝的缘故，有德之人发挥万物的功用，包括他自身的功用。他渴望这样一个宇宙：在其中，万物像他那样纯粹着眼于上帝而使用自身。

应当注意，这并不意味着社会或国家应被废弃，因为奥古斯丁明确表示，国家可以达致和平与部分的善，这种和平和部分的善对于人们当然颇有用处。

关于国家之功用或好处的这一说法，是《上帝之城》最广为人知的片段之一。在《上帝之城》第十九卷，奥古斯丁履行了之前的一个承诺，解释了他为何如此声称：罗马"从来没有共和，因为从来没有真正的正义"（《上帝之城》，2.21）。此处他重复了西塞罗借斯基皮奥之口给出的国家定义。共和国是"人民的福祉"，"人民"是"由关于正当（right）的共识和利益的共同联合而成的这样一个聚合体"。① 但正如奥古斯丁告诉我们的，"没有真正的正义，就不可能有正当"，也正因如此，没有真正的正义，就没有人民，也不会有真正的共和，"因为没有人民的地方，不会有人民的福祉"。② 只有在"基督缔造和统治的城邦"，才能找到真正的正义，而圣经这样描述这种城邦："神的城啊，有荣耀的事乃指着你说的。"③ 不过，奥古斯丁的确承认，罗马是"某种"共和国（"根据更具盖然性的定义"），他也把"人民"的定义缩减为"理性存在的集合，由关于所爱之事

---

① 《上帝之城》19.:21, *CC* XLVIII, pp.687-688："他把人民定义为，共同认可什么是正义，并且是利益共同体的大众的团体。"参西塞罗《论共和国》（I, 39）："好吧。国家乃是人民的事业，但人民不是人们某种随意聚合的集合体，而是许多人基于权利的一致和利益的共同而结合起来的集合体。"［译注］西塞罗译文参考王焕生译《论共和国》，上海人民出版社，2006。

② 《上帝之城》（19.19-23, *CC* XL VIII, 695）："……而在没有真正的正义的地方，不会有权利……而在没有人民的地方，就没有共和，因为那里没有人民之事。"

③ 《上帝之城》2.21, *CC* XLVII, 55,《诗篇》87：3；参《上帝之城》（19.24, *CC* XLVIII, 696）："总体来讲，凡是不敬者的城邦……都不会有真正的正义。"

的共识联结在一起",① 从而消解了共同正当存在的必要性。通过消除一种共同"正当"的存在这一要求，我们可以发现一种"人民"；通过消除对"真正"正义的要求，我们可以发现一个共和国——罗马。② 而罗马共和国，或任何类似的共和国，都不容小觑，因此在《上帝之城》第十九卷，我们发现共和国的特定活动可得到辩护，而基督徒也应当参与其中——在奥古斯丁的政治教诲中，最广为人知的或许就是他的正义战争理论。甚至前基督教的罗马也没有被视为完全败坏而排除在外，因为对那些为着公共福祉而牺牲的罗马异教徒，奥古斯丁为他们的自然美德作了辩护。③

关于自杀问题的处理，或许可以部分说明奥古斯丁对古典思想的一个独特转变。在《上帝之城》第一卷，奥古斯丁处理了卢克蕾提亚（Lucretia）、卡图（Cato）和犹大（Judas）的自杀，并将其与

---

① 《上帝之城》（19.24, *CC* XLVIII, p.695）："不管他们爱什么……那么，称为人民就不荒谬。而他们所爱的东西越好，人民就越好；他们所共同爱的越坏，其和谐就越坏。"关于这段文字，见 H. Deane, *The Political and Social Ideas of St. Augustine*, New York: Columbia University Press, 1963, pp.117–126; Deane 反对下述观点，即奥古斯丁接受了西塞罗式的国家定义，包括对正义的诉求，这一观点见 C. H. MacIlwain, *The Growth of Political Thought in the West*, New York: MacMillan, 1932, pp.154–161。不过 MacIlwain 承认，他对 R. W. Carlyle 和 A. J. Carlyle 文本（*A History of Mediaeval Political Theory in the West*, London: William Blackwood, 1903, 卷一，页 166）的使用确实肯定了奥古斯丁变更定义的重要意义："虽然奥古斯丁对此轻描淡写，但它们之间的根本差异超出想象。"Carlyle（卷一，页168）将这一变化归因于奥古斯丁的"神学正义观"。

② 《上帝之城》（19.24, *CC* XLVIII, pp.695–696）："可见，只要还存在理性大众的组合，只要他们按照所爱之物的和谐合成社会，我就不说罗马人民不是人民，不说罗马之事不是共和。"

③ 关于罗马人的美德，见《上帝之城》（5.12–22, *CC* XLVII, pp.142–159），以及 *Epistula CC XXXVIII: PL* XXXIII, 1034–1038。

受亵渎的被囚处女基督徒对比。

基督徒承认这样一个事实,即真正的美德寓居于灵魂,而非寓居于肉体,因此他们心甘情愿地忍受对身体的侵害,而不是让躲避恶行的错误企图主导自己的一生。身体因意志的神圣而变得神圣,并且,

> 当意志保持坚定不移,无论别人用他的身体或对他的身体做了什么——其中免不了罪恶——都不能算是承受者的错。(《上帝之城》,1.16)①

若你正在维护贞洁,你无需担心身体可能遭受的不义(《上帝之城》,1.19),因为,

> 贞洁是一种灵魂的美德,与坚毅为伴,它有决心忍受一切罪恶,而不愿屈从罪恶。(《上帝之城》,1.18)

奥古斯丁认为,这足以说明处女基督徒没有理由自杀,因而也不会自杀,因为其贞洁未被玷污;那么,对于卢克蕾提亚、卡图和犹大的自杀,又该如何解释呢?犹大杀死自己,只不过是罪加一等,这下,他不仅要为基督之死担责,还要为自己的死担责(《上帝之城》,1.17,1.23)。卡图的自杀曾被解释为一项勇敢和高尚的行动,旨在对抗恺撒的帝国扩张,但事实证明卡图对自己的廊下派原则并不诚实,因为他劝自己的儿子接受恺撒的宽恕。不过,奥古斯丁最关注卢克蕾提亚的自杀。她无疑是最高贵的罗马人之一,被很多人

---

① 亦见 *De libero arbitrio* I, v, 11ff.: *PL* XXXII 1227–1228。

认为是罗马共和国的真正缔造者。但是，奥古斯丁问道，在她被塔克文（Tarquin）玷污后，什么样的念头可能促使她自杀？奥古斯丁以令人震惊的方式表现出她面临的困局：

> 如果她没有犯杀人罪，那就确证她犯了奸淫；如果她可以清除奸淫罪，那她就犯了杀人罪；这样的两难困境她是走不出了，因为我们可以说："如果她犯了奸淫，为什么还赞美她呢？如果她是贞洁的，为什么被杀呢？"（《上帝之城》,1.19）

奥古斯丁对卢克蕾提亚之死的解释，与他讨论女基督徒时用的是同一块试金石：在遭到侵犯后，她灵魂的状态如何；何种情况下，她的自杀是正当的。他总结道，卢克蕾提亚自杀是因为强奸违背了她的意愿；她迁怒自身的行为，其驱动力"不是对贞洁的热爱，而是羞耻感造成的虚弱"。是羞耻促使卢克蕾提亚自杀，是她作为一个罗马人"对荣誉的热爱"，致使她无法忍受可能会伴其一生的对她行为的质疑。

> 她相信，她施加于自身的惩罚，在别人眼里，能成为她的心志的见证，因为她无从向人们证明自己的良心。[①]

可是，这一对卢克蕾提亚行为的解释，以何种方式显示了奥古斯丁与古典世界的割裂？最显而易见的事实是，随着基督教的出现，

---

① "她们在内心中有贞洁的荣耀，良知就是证据；她们面前有上帝自己的眼睛，不需要更多的见证。"（同上）参莎士比亚《卢克蕾提亚受辱记》（*The Rape of Lucrece*）关于卢克蕾提亚动机的诗化重构，这首诗似乎接受了奥古斯丁关于卢克蕾提亚之［奥古斯丁意义上的］清白的暗示。

自杀被视为不可容忍的，因为意志才是如今的关键，才是赞赏或责罚的尺度。不过，更重要的是，我们看到了对个人及个人的灵魂或良心状态的明显强调：只有反思一个人灵魂的状态，我们才能发现其行为背后的动机，而他的行动也应是其灵魂特性的精准反映。不过，难道我们只能通过思考卢克蕾提亚那一刻心灵或意志的状态，来评判她的行动？奥古斯丁本人称她为"古罗马的高贵妇女"，而她也的确被很多人视为共和国建立背后的关键人物。①

或许，卢克蕾提亚的自杀是一项公共行为，而非奥古斯丁所说的私人行为，这就可以改变我们对其行为的判断，理由是：如果卢克蕾提亚的心头之重事实上是罗马的未来或她家庭的荣誉，而不是她个人的命运或荣誉，那么，很有可能她的自杀是受了这些因素驱使，而非出于她自身的羞耻感。也就是说，难道卢克蕾提亚的自杀不能被解释为一项有意的行为，旨在推翻塔克文并建立罗马共和国？难道不能是她预见到了行为的后果，并出于罗马的利益和能带给自己家族带来特定荣誉的考虑，从而放弃了她的生命？但奥古斯丁单纯从卢克蕾提亚私人层面的考虑解释其自杀；他的讨论没有为因公共利益自杀的可能性留下位置，而这显示出奥古斯丁相对于古典思想的转变。由于在推翻和流放暴虐的塔克文中扮演的英雄角色，卢克蕾提亚为自己在所有罗马共和派人士中间赢得了荣誉和赞美。不过，在奥古斯丁的基督教体系中，即便那样一种巨大的善也不能为自杀提供正当理由。他对卢克蕾提亚自杀的思考表明，基督教已经转向个体行为的私人层面，而不考虑这些行为的公共后果或

---

① 参 Livy I, 57–59。我们有必要留意两起罗马人自杀事件的重要性：卢克蕾提亚为了荣誉自杀，缔造了罗马共和国；而卡图为其哲学原则自杀，标示着共和国的堕落。奥古斯丁对卡图的偏爱显示了基督教对个人的关注。

政治后果；个体灵魂——而非政权的共同利益——成了如今的关注重心。①

奥古斯丁关于罗马帝国的讨论，或许最清晰地呈现了"社会"人的善和"政治"人可能具有的恶之间的割裂。我们早已知道，奥古斯丁认为强制是人堕落状态的一个结果，并因此是非自然的；强制与奴隶制的存在类似，因为任何违背自己意志的人在某种程度上就相当于被奴役，然而强制对政治统治来说是必要的。但罗马帝国显示了人可以堕落到什么地步，特别是在涉及对荣誉的追求时，这一追求以城邦的目标为导向，促进了罗马的利益；不过，相对于对荣誉的热爱，总存在一种对抗性的均衡，因为这种热爱由于如下事实得到了抑制：罗马有着强大的敌人。奥古斯丁引用了历史学家撒路斯提乌斯（Sallust）的话，此人在称颂共和国时表示：

不和、贪婪、野心，以及其他总是在兴盛时期产生的恶行，都在迦太基被摧毁后剧增。（《上帝之城》，2.18）

唯有当另一个敌人出现，秩序才能得到恢复。然而，当这些敌人都被击垮，罗马的权力就失去了限制，权力欲（libido dominandi）因此日益膨胀，奥古斯丁将这种统治的欲望描述为帝国晚期的特质。这种激情的力量实际上不仅仅限于罗马帝国，因为奥古斯丁一开始就告诉我们，他同样还要谈到地上之城："它虽是人民的仆人，却受

---

① 基于对莎士比亚剧作呈现的解读，卢克蕾提亚能有何种替代选择，有关分析见 M. Platt, *Rome and Romans According to Shakespeare*, Lanham, MD: University Press of America, 1983；即便卢克蕾提亚是个基督徒，她也会放弃生命而不是向塔克文屈服。

制于其统治欲望。"① 奥古斯丁将这种"统治欲望"解释为"主导任何国家崛起"的一个普遍规律,② 他指出:

> 对于地上的城来说尤其如此,它崇拜那些能给它带来胜利,使其地上的统治长治久安的某个神或某些神,不是出于关心之爱,而是出于统治的欲望。(《上帝之城》,15.7)③

正是这种统治欲望,使罗马的权力触角延伸到世界各地,④ 加上罗马宗教助长的不道德行为,最终导致了罗马的覆亡,而不应将其覆亡归咎于基督教或诸罗马皇帝。事实上,奥古斯丁首先批驳了帝国的可欲性,理由是这样一个事实:它确实助长了不值得欲求的激情——而在人的堕落状态中,这种激情早已占了主导——使其肆意滋生。基督教是唯一的、真正的世界帝国,因为它不分国界,

---

① 《上帝之城》(1,前言,CC XLVII, 1):"而这地上之城,虽然她追求统治,让各民族做她的奴仆,自己却被统治的欲望所统治着。因为我们这部著作的论述所需,每当行文有必要的时候,我们都会提到她,而不是保持沉默。"

② Peter Brown, *Augustine of Hippo* (Berkeley: Univ. of California Press, 1967), p. 309.《上帝之城》(4.4, CC XLVII, 101):"没有了正义,国家与一个强盗团伙还有什么区别?而所谓强盗,不就是一个小王国吗?"关于这段文字的讨论,见Deane, *The Political and Social Ideas of St. Augustine*, pp.124-129; Deane认为,MacIlwain关于这些评论的解释不堪卒读,因为它没有考虑上下文语境和接下来几段话对其序言性质的强调。

③ 《上帝之城》3.14, CC XLVII, p.77:"统治欲可以激起人们巨大的坏心,拖垮人类。"

④ 关于帝国和罗马天下突破的后果的思考,参普鲁塔克(Plutarch)《恺撒传》("Life of Caesar"); *Plutarch's Lives*, The Loeb Classical Libraiy, trans. B. Perrin, London: W. Heinemann; Cambridge, MA: Harvard University Press, 1919, VII, pp.441-609。

不分民族，但基督教不是一个政治实体；欲求帝国，不过是想用强制性手段扩展其土地和民族（参《上帝之城》，4.15）。帝国是人的奴役的延伸；奥古斯丁讲述的亚历山大和海盗之间的对话，体现了奥古斯丁对帝国的理解：统治范围的大小，是两者的唯一区别。①

基督教与帝国的关系，把我们引向关于罗马和基督徒皇帝的思考，以及《上帝之城》第五卷关于这一主题的著名讨论。为了正确理解基督徒皇帝和罗马之间的关系，我们必须考虑奥古斯丁创作《上帝之城》的另一个因素。奥古斯丁的首要目的，是反驳异教徒的指控，他们说基督教对罗马起到了削弱作用；但奥古斯丁还有一个重要的关切点，那就是许多人把基督教和罗马关联起来，尤其在现如今统治罗马的是一个基督徒皇帝的情况下。在尤瑟比乌斯（Eusebius）这样的人看来，这几乎被视为神的一项恩赐，一个专门赋予罗马皇帝的弥赛亚式角色，为的是将真正的宗教带给万民；君士坦丁被认为开创或率先发展了一种可能性：在上帝之城与罗马之间建起一种关联，至少是部分的关联。② 奥古斯丁看到了这个计划固有的显著危害，《上帝之城》的目的之一，就是将基督教与任何具体的政治秩序彻底区分开来。奥古斯丁驳斥了在公元4世纪十分流行的关于罗马城邦的两种论点，一种是帝国的神圣化，一种是将帝国弃绝，视之为一种亵渎。奥古斯丁的观点则可以称为一种

---

① 《上帝之城》（4.4, *CC* XLVII, pp.101–102）："国王审问他为什么要占领海面，海盗毫不屈服，说：你自己要抢夺整个地球，但是因为我的战船太小，所以你叫我强盗；因为你有巨大的战船，所以称为统帅。"另参《上帝之城》（4.6, *CC* XLVII, p.102）关于尼努斯（Ninus)统治的讨论。

② 参Markus, *Saeculum: History and Society in the Theology of St. Augustine*, pp. 147–153，论奥古斯丁与尤瑟比乌斯的教诲之间的关系。

认可：

>……[他]认可多纳图派（donatists）的说法，即一切真正的基督教思想总是不可避免地与世界格格不入，也认可帝国教会的"建制派"大公教会的说法，即社会秩序并非与基督教生活毫不相关，政治参与和投入是基督徒不可推卸的责任，这是其社会存在的紧迫需要所决定的。（同上，页167）

在作品的中间几卷，这一点体现得非常明显，奥古斯丁在那几卷解释了上帝之城的起源，然后在时间的长河中追溯其历史。要追溯上帝之城的历史，只有依靠神圣的历史，依靠圣经给出的解释；外部资源，或任何超出圣经时间框架的东西，都不可能给我们带来任何关于上帝之城历史的恰当理解。对于奥古斯丁来说，上帝之城在地上的历史，必以圣经中的结局结束。没有人可以在超出这一历史起点的情况下，还能描绘出类似奥古斯丁在《上帝之城》第十五至十八卷为我们描述的历史。当然，上帝之城或其中的成员仍然是社会的一部分，仍然是人之城中这场朝圣之旅的羁旅者，但两座城在此刻完全混杂在一起，因此，不可能清楚地指出哪些成员是上帝之城的一部分，哪些是人之城的成员。① 我们不能把任何城邦或政治体等同于上帝之城，正如我们无法在任何政治体和人之城之间找出一种确切的关联：

>罗马不可能有任何终极的、永恒的命运，因为它——就像

---

① 《上帝之城》（18.54, *CC* XVIII, p.656）："在尘世中，二者都运用好的事物，都遭受坏事的折磨，但有不同的信、望、爱，直到在最后的审判中分开，各自到达自己的终点，此后的境地将永无终点了……"另参《上帝之城》（1.35, *CC* XLVIII, pp.33-34）。

人的任何其他部位那样——必然是一个混合体。①

那些从罗马帝国的基督教化看到弥赛亚或拯救之可能的人，必须打消这种念头。这一教诲还有一个经常被忽略的层面，那就是正如上帝之城与任何具体政权没有相关性，上帝之城和任何世俗宗教机构之间同样不可能存在任何简单的对应关系；即便在教会里，也有不思悔改的人。正如奥古斯丁告诉我们的，谁属于"魔鬼一方"，谁不属于，在此世是一个秘密，"因为我们并不确定，看似站着的，是否会跌倒，看似倒下的，是否会起来"（《上帝之城》，20.7）。

这一点，当然是多纳图派"纯洁主义"的主要危险之一。②

[奥古斯丁]相信，即便是教会，也不可能成为一个单纯由被救赎的人——因而也是善良、正义的人——组成的联合体，更不用说国家了。③

奥古斯丁认为，在分离了基督教与罗马帝国的情况下，基督徒皇帝的角色变得更加清晰。在《上帝之城》第五卷，奥古斯丁称赞

---

① Markus, *Saeculum: History and Society in the Theology of St. Augustine*, p.151.

② 另见关于《帖撒罗尼迦后书》2：1-11以及《约翰一书》2：18-19 的阐释，见《上帝之城》（20.19, *CC* XLVIII, p.732）："所有这些走出的，不属于基督，而属于最后的敌基督，敌基督会在那时显现出来。"这一点在《忏悔录》（XIII, xxiii, 33, *CC* XXVII, p.261）得到了重申："也无权识别哪些人属于圣神，哪些人属于肉体，只有你洞悉二者的区别。"［译注］中译文参考奥古斯丁，《忏悔录》，周士良译，商务印书馆，1963。

③ Deane, *The Political and Social Ideas of St. Augustine*, p.125.

了狄奥多西（Theodosius）的性格及其对权力的行使，但他也指出，也许最重要的是，"比起在地上称王，他更乐于成为基督教的一员"（《上帝之城》，5.26）。在奥古斯丁关于统治者角色，以及统治者与其统治政府之间关系的思考中，狄奥多西的形象赫然耸现。

事实上，狄奥多西为我们呈现了——正如他为奥古斯丁呈现了——中世纪或中世纪早期相对于古代的转变的一个政治典型。正如科克伦教授所指出的，在君士坦丁那里，我们看不到启示宗教的彻底胜利，而只有对它的认可或接受，政治秩序和宗教秩序是分开建立的。正是在狄奥多西那里，这些秩序之间的关系，通过"属世力量对属灵力量的彻底服从"，最终得到确立。① 不过，发生变化的除了基督教以外，同样还有统治者的性格。奥古斯丁对皇帝角色的描述，呼应了安布罗斯（ambrose）对狄奥多西屠杀帖撒罗尼迦人（Thessalonian）后公开忏悔行为的赞扬：

> 卸下与皇室符号有关的一切物件，他在教堂里公开为自己的罪行哭泣……公开忏悔，这是以私人身份都羞于去做的事，而这位皇帝却这样做了；此后，他没有一天不为自己的过错悔恨。②

对这位最具公共性的人物的个人奉献的真正赞慕，侧面反映出基督教此刻已取得怎样的成功，我们同样看到，狄奥多西到死为止，都一直保持着对基督教会的忠诚和关心。③ 这为奥古斯丁理解人类事

---

① Cochrane, *Christianity and Classical Culture*, p.328.
② Ambrose, *In obitu Theodosii* 34: *PL* XVI, 1459.
③ Ibid. 35: *PL* XVI, 1459.

业创造了条件——人类最重要也最具价值的使命,就是成为上帝永恒王国中的一员,成为上帝之城中的一员,而这优先于其他任何人类活动。正如之前所说,政治统治不会给人带来任何真正福祉,它毋宁说是一件必要之事;必要性分散了人对其真正目标的注意,因此无论处于何种状态,他们真正关心的都是永生。为了统治而统治并不能给狄奥多西带来快乐,因为此处绝非幸福之所。这位基督徒皇帝的目标,首先是把自己的灵魂正确地移交给上帝,然后,如果可能的话,在他的王国里为基督教美德的实践创造合适条件。①

但是,他无法建立真正意义上的基督教帝国这一事实不应被误解,因为总有这样的人,他们必须被逼着行善,才能一以贯之地行善。再次强调,需要重点关注的是灵魂,而不是政制;人类美德的中心,已从城邦的正义中脱离出来,政治体的共同利益,已被灵魂朝着上帝的正确定向所取代。② 正如奥古斯丁所说,对他人施行统治,是为了缓解人之堕落本性所引发的一些问题;它本身并不是内在可欲的,而仅仅作为必要之事不得不承负。公民社会强制人们从事这一活动,但人们在接受必要性或政治法律规定的义务时,并无热忱可言。③

奥古斯丁在《上帝之城》中对基督教和罗马帝国所作的区分,让我们得以思考随着时间的推移而产生的对奥古斯丁教诲的某些误

---

① 《上帝之城》(19.19, *CC* XLVHI, p.686):"但是,我们可以利用荣誉和权力,因为如果正确而得当地运用,它们就能服务于我们手下人的利益和拯救,而这就是遵循了上帝;这些我们前面已经说过。"

② Gilson, *The Christian Philosophy of St. Augustine*, p.180;奥古斯丁使得基督徒皇帝的成功"更多地在于其统治的正义和对上帝的服从,而不是俗世的兴盛"。

③ 《上帝之城》,19.6, *CC* XLVIII, pp.670–671。

解。① 这些误解常常不外乎两种：要么基督教具有一种民族神学的特征，此时它受关于其政制的政治思考引导，并因此与该特定统治的需求协调；要么它沦为一种虚拟的公民神学，因为适应政制统治本质特性而对其有用。然而，针对这些曲解，奥古斯丁开出了好几副解毒的药方。我们早已知道，奥古斯丁对公民神学的驳斥，部分地基于一个事实，即公民神学要求隐瞒其本质和起源，而基督则带我们脱离这一欺瞒的深渊。人类再也不需要在真理一事上扯谎或搪塞，因为基督为拯救所有人而来。对"民族性"神学的批驳，贯穿了《上帝之城》中间几卷，并在第十九卷达到顶峰——奥古斯丁声称永恒之城超越了所有边界和界线，恩泽一切人种和民族；② 圣城耶路撒冷"如今已随着虔诚信徒遍布万方"。③ 上帝之城并非"排他性地"存在于某个地上之城，这样一个事实足以打消一种"民族"宗教的观念。④

这些论证涉及基督教的性质及其与政治统治之间的关系，对于正确理解《上帝之城》绝对必不可少。奥古斯丁写作《上帝之城》的主要目的之一，也是为了区分宗教与帝国，以便驳斥异教徒对基

---

① Cf. Cochrane, *Christianity and Classical Culture*, pp. 336–337; O'Donnell, *Augustine*, pp, 55–60.

② 《上帝之城》(19.17, *CC* XLVIII, pp.685)："这个天上之城在地上旅行之时，从所有民族的城邦召唤信徒，从所有语言中聚集旅伴，不关心道德风俗、法律、制度的不同，虽然地上的和平要靠这些完成和维护。"

③ 《上帝之城》, 20.21, *CC* XLVIII, pp.733–736。

④ 《上帝之城》(10.32, *CC* XLVII, p.314)："……我所认为的这两个城的开端、变迁……"另参18.49, *CC* XLVIII, pp.647–648；18.51, *CC* XLVIII, pp.648–650。圣经钦定本修订版《启示录》7：9："此后，我观看，见有许多的人，没有人能数过来，是从各国、各族、各民、各方来的，站在宝座和羔羊面前，身穿白衣，手拿棕树枝……"

督教的指控，稳住那些想要在罗马和上帝之城之间建立一条纽带的人。那么，我们需要的就是一个有力的论证，以减少政治与宗教之间、政治社会的要求与任何宗教领域的呼吁之间的关联。为了作出这样一番论证，奥古斯丁必须划清两者的界限，但此种区分暗藏凶险，它有可能斩断基督教信徒参与政治的一切根基。

不过，在这个问题上，还涉及一个重要的考虑，那就是奥古斯丁多数作品的论辩性。人们几乎可以说——事实上这种声音也一直不绝于耳：奥古斯丁的所有作品都是论辩性的，他写下这些作品，不过是为了回应基督教会抵制当时的一众异端邪说——特别是摩尼主义、多纳图主义和佩拉纠主义（pelagianism）——的需要。因此，为了把宗教与政治区分开来，他针对两座城的性质和归宿提出了极端两极化的观点。这并不意味着，人们不能在任意两种或多种公民秩序之间做出区分——虽然堕落是其共性；提出这样的主张，就相当于宣称政治无神论是一种值得追求的基督教路径，置信徒于一种政治冷漠的生活之中。但是，奥古斯丁确实承认，关于政治之善和政治正义的对立主张之间存在差别，因此也就存在一个人们可以用以评判国家的标准。[1] 我们必须牢记，在《上帝之城》中，奥古斯丁的确提到了政治社会和形形色色的政治活动的许多共同特性，所有人都参与了这些活动，包括基督徒公民，而且，基督徒甚至也可能从中受益。因此，在《上帝之城》中，奥古斯丁提到一个事实：有时人们不得不去打仗，但这样做有个条件限制，那就是好人只与坏人作战，而不得与其他好人作战。[2] 这是他关于帝国的另一个主张；

---

[1] 见上文页66的注释以及对应文本。
[2] 《上帝之城》(19.15, *CC* XLVIII, p.682)："哪怕是发动正义的战争，也是因为对手的罪而交战的。"

一个人绝不会渴望去打仗，去征服，因为这意味着你的邻居做了错事。① 征服一个邪恶的敌人并无光彩可言，即便这可能有助于尘世的和平大计。②

在《上帝之城》第十九卷，他多次提到一个事实：有时，诉诸战争以纠正敌人的错误是必要的；③ 此外，没有人乐意坏人不受限制地发展壮大，因此好人必须反对他们。④ 奥古斯丁说，假如基督教传统完全反对战争的可行性，那么福音书中的士兵就会被劝说放下武器以便得救；但事实上他们被告知，"不要以强暴待人，也不要讹诈人，自己有钱粮就当知足"。⑤ 通常的情况是，上帝之城的成员被迫参与地上之城的事务，比如担任法官之类，这在基督徒眼中虽然不值得追求，却也并非一无是处以至于可以不屑一顾。⑥

[基督徒公民]接受了地上之城的法律，因为维护必朽的生命的物品，是靠这些法律管理的。(《上帝之城》, 19.17)

---

① 《上帝之城》(19.7, *CC* XLVIII, p.672)："当然，如果他记得自己是人，那他就会痛苦地意识到，正义的战争是必须的。而如果不是正义的，他们就根本不会发动。"

② 《上帝之城》(19.17, *CC* XLVIII, p.684)："天上之城，或更确切地说，天上之城的一部分，在这必朽中旅行，按照信仰生活，也有必要利用这种和平，因为在这必朽的生命结束之前，这种和平也是必要的。"

③ 参《上帝之城》,19.7, *CC* XLVIII, pp.671–672; 19.12, *CC* XLVIII, pp.675–678; 19.15, *CC* XLVIII, pp.682–683。

④ 《上帝之城》19.16, *CC* XLVIII, p.683："谁若从好变成了坏，帮助他不会带来好处；同样，谁若做了严重的坏事，赦免他并不是没有罪的。要想让自己无辜，不仅不能向任何人做坏事，而且要阻止人犯罪或惩罚罪。这样，要么是犯罪的人在亲身经历中得到了纠正，要么立下例子警示别人。"

⑤ 《路加福音》3：14，引见 *Epistula CXXXVIII* II, 15: *PL* XXXIII, 531。

⑥ 参《上帝之城》(19.6, *CC* XLVIII, pp.670–671)，论法官的作用。

事实上，基督徒甚至是在神的指示下遵守这些法律。① 奥古斯丁认为，基督徒公民实际上是最好的公民，因为有些事从前仅仅是一个对政治秩序的公共责任问题，如今却变成了一个宗教性服从问题。

基督徒是城邦法律最可靠的遵行者，这恰恰是因为他遵行城邦时所着眼处，总是高于城邦所着眼处。②

一个由真正的基督徒组成的政治体，能最大程度、最富成效地实现共和国的拯救；若公民像一个真正的基督徒那样行动，这座城就会日益强大。

因此，他们说基督的教导反对国家，那就让他们拿出一支军队，能像基督的教导命定士兵所做的那样行事；让他们拿出这样的行省总督，这样的丈夫，这样的妻子，这样的父母，这样的孩子，这样的老师，这样的奴隶，这样的国王，这样的法官，简而言之，基督教导规定的纳税人和收税人，看他们敢不敢说这种教导是反国家的；或者，倒不如说，他们会毫不犹豫地承认，这种［教诲］一旦得到遵守，将是国家最伟大的救赎。③

---

① 《罗马书》3：1-2："在上有权柄的，人人当顺服他，因为没有权柄不是出于神的，凡掌权的都是神所命的。所以抗拒掌权的，就是抗拒神的命；抗拒的必自取刑罚。"

② Gilson, *The Christian Philosophy of St. Augustine*, p.179.

③ *Epistula* CXXXVIII 11, 15: *PL* XXXIII, 531; 亦参《上帝之城》，2.19, CCXLVII, pp.50–51.

奥古斯丁关于基督教徒参与国家政治事务的最有力论证，或许见于他的《驳摩尼教徒浮士图斯》(Contra Faustum Manichaeum)。他在其中谈到，那些以战争的可怖为由反对战争的人，并非笃信宗教之人，而是内心"怯懦"之人。①战争的真正恐怖，在于敌人表现出的凶猛、恶毒和残忍，而当一个人被要求与之战斗时，他必须这样做。认识到这一点，我们会发现战争的目的是消灭已经占据敌人的邪恶；当作恶之人的恶行被制止时，他们就是最大的受益者。②谁想在奥古斯丁的作品中找到关于政治统治的本质、政府机构以及人类政府之作用的系统论述，他最终都将失望而归［虽然关于其中某些问题，奥古斯丁的确做了延伸思考，比如在《论自由意志》(De libero arbitrio I) 中思考了法律的作用］。

　　尽管如此，找到一些深中肯綮的关于城邦中人类活动的陈述仍有可能。我们已经了解到，人并非政治动物，但这并不意味着人不是社会动物，因此，人们不能说他与同胞的关联无关紧要；发生变化的，是他对作为公民的同胞的关心，因为如今指引他的是仁慈和对上帝的爱，因此，他关心的是邻人灵魂的拯救，而非其活动的正义。相较于对邪恶本身的关心，基督徒对不公正并不那么上心——尽管并非漠不关心；也就是说，人的不义与上帝眼中的不义，可能并不相同，甚至可能有助于遭受不义者完善其德性。

　　秩序井然的"那座城"(the polis)，如今已不再是一个人最大程度发挥其属世能力的城邦，甚至也不是古人提到的沉思社会。那座城，人类活动的正确典范，是圣徒相通 (communion of

---

① Contra Faustum Manichaeum XXII, 74: PL XLII, 447.
② Cf. Contra Julianum V, iv, 14: PL XLIV, 791.

saints）。① 基督徒经历了一场根本上的重新定向，从对人事的关心转向对上帝之城的关心。即便如此，奥古斯丁仍可以说，当一个人有能力阻止或更正邪恶，恶就不应被允许；如果人们放任恶统治世界，必然会导致上帝之城的子民愈发难以行善事。一方是对世俗之善的关注，另一方是对引领基督徒趋近其永恒天命之事的关注，在这两方之间必须建立一种恰当的平衡。② 也许，奥古斯丁本人在《上帝之城》第十九卷为这种平衡作出了最好的说明：

> 人们不应该都要安宁，从而在安宁中不过问邻人的事务，也不应该太积极，从而没有对上帝的沉思。③

那么，奥古斯丁关于国家本质及个人与国家关系的思考，有何值得我们借鉴之处呢？一百五十年前，一位年轻的法国人托克维尔（Alexis de Tocqueville）造访美国，并在《论美国的民主》这本惊世之作中指出，美国人的性格天赋中有一个重要部分，那就是人民自

---

① 《上帝之城》2.19, *CC* XLVII, pp.50-51："基督的家仆们当中，不论是国王、首领、审判官、士兵、外省人、富人、穷人、自由人、奴隶，也不论是男是女，都被要求忍受，只要必要，哪怕是最坏和最邪恶的共和，他们通过这样的忍耐，才能在天上天使聚集的地方，最神圣和高贵的共和里获得一个最光明的位置，在那个国里，上帝的意志就是法律。"

② *Expositio quarumdum propositionum ex Epistula ad Romanos* LXXII: *PL* XXXV, 2083-2084.

③ 《上帝之城》19.19, *CC* XLVIII, p.686。参 Edward Hardy, "The City of God," in *A Companion to the Study of St. Augustine*, ed. R. W. Battenhouse, Grand Rapids, MI: Baker Book House, 1979, p. 271："在行动与沉思之间，他决心不偏爱任何一方，而推崇两者都占据应有位置的混合生活。" Cf. *De doctrina Christiana* II, xxxix, 58: *CC* XXXII, 72; II, xxv, 38: CCXXXII, 60.

力更生，不依赖一个强有力的中央集权政府。随着美国公民变得越来越依赖政府的仁善，并开始指望政府想办法解决当今的诸多问题，我们可以不无把握地说，托克维尔看到今日的情形，必会大改前见。与此同时，美国政府并未采取措施抑制这样一种不切实际的神话，还将手伸到了不久前尚被认为可免遭此种侵扰的领域；更糟的是，对本质上乃是由这些侵扰引发的问题，政府提出的"解决方案"，往往是动用更多的联邦政府监管和资金，对问题区域"大水漫灌"，使问题愈加严重。如今，现代极权政府的罪过，已不再包括社会项目的过度支出，而将这两种体制相提并论也并不是那么恰当，但我们也许可以说，有一种相似性在其中在发挥作用。越来越依赖国家或政府，越来越信赖其救助性质，皆是因为丧失了对人类机构之本质和限制的了解，从而同样丧失了人在世界上的身份（identity）。

不切实际地对天然有其局限的实体——城邦抱有无限期待，这样一种氛围业已建立，当期望得不到满足，个体便会陷入孤独无助却仍然满心依赖的境地。我们在现代世界面临的问题，与罗马帝国崩溃时出现的问题类似，而奥古斯丁关于宗教和社会之恰当关系的建议，以及他关于人类状况的分析，或许可以为我们提供有益的指导。[1]只有以个体、以公民的身份直面这些关键的人类问题，我们才能摸索出个人与国家之间的恰当关系，才能着手冲破业已布下的依赖性罗网。

---

[1] 关于奥古斯丁的政治实在论，见 R. Niebuhr, *Christian Realism and Political Problems*, New York: Charles Scribner Sons, 1953, pp.119–146, and L. Arnhart, *Political Questions*, New York: MacMillan, 1987, c.3.

罪恶之城：奥古斯丁与马基雅维利的罗马再造

华纳（John M. Warner）、斯科特（John T. Scott） 撰

李诚予 译

  文艺复兴以降，罗马的成功与最终衰败始终引人注意。近年来美国内外政治的变化再次唤起了人们对罗马由共和国转为帝国的关注。一本以"我们是罗马吗？"（Are We Rome?）为标题的新书开宗明义地提出，美国人在建国之初就关注罗马，在有关政权性质的斗争中召唤出普布利乌斯（Publius）、布鲁图斯（Brutus）和其他古代人的魂影。在考察今天以及两千年前的共和国与帝国之间的关系时，学者们时常返回文艺复兴，彼时的哲人、诗人、政治家都在思考如何去模仿那个已经逝去的艺术和政治形式。[1] "马基雅维利回

---

[1] Cullen Murphy, *Are We Rome? The Fall of an Empire and the Fate of America*. New York: Mariner Books, 2008. See, Amy Chua, *Day of Empire: How Hyperpowers Rise to Global Dominance and Why They Fall*. New York: Doubleday, 2007, p.16; Niall Ferguson, *The Price of America's Empire*. Hammondsworth, UK: Penguin. 2004.

顾了古人的观念，也预测了现代的观念，他确实对帝国的悖论提供了最为充分的说明"，哈特（Michael Hardt）和奈格里（Antonio Negri）如是说。① 马基雅维利对古罗马的批判性利用是一块试金石，既能让我们复原过去，也能让我们将往日的教训应用到自身所处的现实。

马基雅维利以一段怨言开启了《论李维》(Discourses on Livy)：在正确理解罗马和更普遍的古代历史的问题上存在着一个障碍。他慨叹道，虽然他的同代人通过模仿古代艺术来尊重古代，但对古人的政治行为却止步于欣赏。造成这种可悲的情况是由于"没有真正了解历史，没有从阅读中获得历史本身所具有的感觉或味道"。同代人已经习惯于将古代历史所描述的行为和设想的可能性看成梦幻的、缥缈的，甚至非人的；文艺复兴时期的佛罗伦萨与古代相距何其遥远，"仿佛天空（il cielo）、太阳、各类元素、人类自身的运动、秩序和力量一应异于古时"（《论李维》第1卷前言）。② 由此产生了一个问题：如果马基雅维利时代的读者误解了罗马历史以及整个古代历史，从而拒绝效仿古人，那么是谁，或者是什么，造成了这种误解？

在古罗马与马基雅维利的同代人之间，伫立着一位大人物，他

---

① Michael Hardt and Antonio Negri, *Empire*. Cambridge, MA: Harvard University Press, 2001, p.372.

② 文中所引马基雅维利《论李维》文字及卷、章、段划分皆本曼斯菲尔德（Harvey Mansfield）与塔科夫（Nathan Tarcov）英译版（Chicago University Press, 1996）。意大利文版参 Niccolo Machiavelli, *Il Principe e altre opere politiche*. Milano, Italy: Garzanti Editore, 1976。《上帝之城》英译本参 Augustine of Hippo, *The City of God*. Trans. Marcus Dods. New York: Random House, 1950；拉丁文版参 *De civitate Dei libri XXII*. Leipzig: Teubneri, 1877。章节划分从拉丁文版。

热忱地相信"天空"确已不同于古代,这就是奥古斯丁。他在《上帝之城》中对罗马的解释横亘整个中世纪,特别是他对罗马德性的严厉批评,更是绵延至文艺复兴。正如戴维斯(Charles Davis)所言,奥古斯丁和作为希波主教在罗马覆亡后为基督教辩护的同侪奥罗修斯(Orosius)

> 对罗马共和国的英雄进行了相当不友好的描述,同时为中世纪世界提供了关于他们的大部分信息……在二者的共同影响下,中世纪对罗马共和国毫无同情之心。[1]

在文艺复兴时期的佛罗伦萨,奥古斯丁仍然有着相当大的智力影响。[2]萨卢塔蒂(Coluccio Salutati)也受此影响,他是马基雅维利前一任的佛罗伦萨国务秘书,是巴隆(Hans Baron)所谓"公民人文主义"的代表人物,而他最初对罗马共和的热情正因奥古斯丁发生逆转。[3]马基雅维利若想说服他的读者相信效仿古代政治——通过正确解释史料而实现的创造性模仿——是可能的和可取的,就得克

---

[1] Charles Davis, "Ptolemy of Lucca and the Roman Republic." *Proceedings of the American Philosophical Society* 118, 1974, p.32. See, J. G. A Pocock, *Barbarism and Religion, Volume 3: The First Decline and Fall*. Cambridge: Cambridge University Press, 2003, chap.5.

[2] See, Allan Fitzgerald, *Augustine through the Ages: an Encyclopedia*. Grand Rapids, MI: William B. Eerdmans Publishing Company, 2003; Meredith Gill, *Augustine in the Italian Renaissance*. Cambridge: Cambridge University Press, 2005.

[3] Hans Baron, *The Crisis of the Early Italian Renaissance: Civic Humanism and Republican Liberty in an Age of Classicism and Tyranny*. Princeton, NJ: Princeton University Press, 1955. See, Quentin Skinner, *The Foundations of Western Political Thought, Vol. 1: The Renaissance*. Cambridge: Cambridge University Press, 1978, p.72.

服由奥古斯丁定型的罗马认知。

马基雅维利从未在作品中直接提及奥古斯丁，但是他在论述统治欲（libido dominandi）于古罗马的重要性时，明显依赖于主要由奥古斯丁构建起来的观念世界。事实上，即便在诸多方面存在分歧，学者们基本都同意奥古斯丁是马基雅维利思想的一个重要路标。有人认为，奥古斯丁影响了马基雅维利关于堕落世界的政治观念。[1]也有人认为，这种影响主要体现有关时间和时运的智识构架上，马基雅维利在此中工作，又与之斗争。[2]还有人认为，马基雅维利将奥古斯丁作为对手，他复兴异教政治、[3]他为弹压罗马诋毁者和帝国主义辩护、[4]他对基督教的处理[5]都应视为对奥古斯丁的回应。最后，尽管没有明确而直接的证据表明马基雅维利熟悉奥古斯丁，但一些学

---

[1] Anne Colish, "Republicanism, Religion, and Machiavelli's Savanarolan Moment." *Journal of the History of Ideas* 60(1999): 597–616; Herbert. Deane, *The Social and Political Ideas of Saint Augustine*. New York: Columbia University Press, 1963, p.56, p.117–118; Sebastian DeGrazia, *Machiavelli in Hell*. Princeton, NJ: Princeton University Press, 1989; Giuseppe Prezzolini, *Machiavelli anticristo*. Roma: Gherardo Cassini Editore, 1954.

[2] J. G. A Pocock, *The Machiavellian Moment: Florentine Political Thought and the Atlantic Republican Tradition*. Princeton, NJ: Princeton University Press, 1975.

[3] Benedetto Fontana, "Love of Country and Love of God: The Political Uses of Religion in Machiavelli." *Journal of the History of Ideas* 60 (1999): 639–658, esp. pp. 655–658; Mark Hulliung, *Citizen Machiavelli*. Princeton, NJ: Princeton University Press, 1983.

[4] Gennaro Sasso, *Machiavelli e gli antichi e altri saggi. 3 vols. Milano and Napoli*, Italy: Riccardo Ricciardi Editore, 1986, pp.490–499.

[5] Anthony J. Parel, *The Machiavellian Cosmos*. New Haven, CT: Yale University Press 1992, esp. p.154; Vickie B. Sullivan, *Machiavelli's Three Romes*. De Kalb: Northern Illinois University Press, 1996, esp. p.37, pp.52–53.

者似乎同意萨索（Gennaro Sasso）的判断：这位博学的佛罗伦萨人"肯定读过"《上帝之城》。[1] 有鉴于此，《论李维》的许多编辑者都将奥古斯丁视为诸多段落的可能来源，其中最引人注目的一段是为罗慕路斯（Romulus）杀害胞弟的行为开脱，反驳"很多人"视之为"坏榜样"的观点（I.9.1）。[2] 总之，我们虽然无法肯定马基雅维利对罗马历史的重新解释就是为了扭转或拆解奥古斯丁的看法，但可以说，这位伟大的教父负责构建了马基雅维利在其中工作又与之斗争的主要理论框架。

根据奥古斯丁在《上帝之城》中的相关论述，我们来考察《论李维》对罗马的分析，以解决马基雅维利研究中的两个主要问题：他的共和主义特征，以及与之相关的对古代文献加以创新的性质与程度。如果说马基雅维利明显背离了奥古斯丁对异教政治的谴责（例如为罗慕路斯的杀弟行为开脱），那么，同样具有启发性的是马基雅维利从奥古斯丁那里借来的东西。马基雅维利和奥古斯丁都将罗马的特殊"德性"追溯到罗慕路斯的建城，将罗慕路斯的杀亲行为视为整个罗马政权的典范。对奥古斯丁来说，罗慕路斯的行为彰显了贪婪和骄傲在德性上的恶，这揭露了李维（Livy）、撒路斯提乌斯（Sallust）、西塞罗等人对早期罗马之"真道"（true way，撒路斯提乌斯的措辞）的系恋其实是一个谎言。罗慕路斯的杀弟行为代表了奥古斯丁所揭示的异教美德和政治的

---

[1] Gennaro Sasso, *Machiavelli e gli antichi e altri saggi. 3 vols. Milano and Napoli*, pp.157–158, pp.490–499.

[2] See, e.g., the editions by Inglese (*Discorsi sopra la prima deca de Tito Livio*, Rizzoli, 1984), Mansfield and Tarcov (University of Chicago Press, 1996), Vivanti (*Opere*. 3 vols. Turin, Einaudi,1997), and Atkinson and Sices (*The Comedies of Machiavelli: The Women from Andros; the Mandrake; Clizia*. Hackett, 2007).

局限。马基雅维利与奥古斯丁同样认为，鉴于人类事务的本质，一个政体为寻求内外和平而遵循"真道"是不可能的。然而，马基雅维利接受了奥古斯丁拒绝的东西。希波主教哀叹人类之城的模式和秩序，而佛罗伦萨国务秘书则建议，如果内部冲突和外部扩张无可避免，那就采取一条有利可图的路线。马基雅维利与奥古斯丁一同拒绝系恋旧罗马，但他不仅为罗慕路斯"创建"罗马的杀亲行为开脱，也为了维护共和国的存在，使之成为必须通过"再造"来重复的原型行为。

若基于奥古斯丁的解读，便可以揭示出马基雅维利实际上批判了许多解释者认为他所遵循的古典"公民共和主义"传统，并由此为两个相关研究主题做出独特贡献。最典型者如斯金纳（Quentin Skinne），[1] 他早年从14世纪（Quattrocento）公民共和主义的角度对马基雅维利进行了研究，在此基础上，他将这位佛罗伦萨人视为一位受到撒路斯提乌斯和西塞罗的决定性影响的"新罗马"思想家。[2] 我们同意撒路斯提乌斯的"真道"是马基雅维利的目标，但基于奥古斯丁进行解读，就可以发现目标也是靶子。这一发现肯定了其他学者对马基雅维利的公民共和主义解读的批

---

[1] Quentin Skinner, "Machiavelli's Discorsi and the Pre-Humanist Origins of Republican Ideas." In *Machiavelli and Republicanism*, ed. Gisela Bock, Quentin Skinner, and Maurizio Viroli. Cambridge: Cambridge University Press, 1990, pp.121–142; Quentin Skinner, *Visions of Politics: Volume II: Renaissance Virtues*. Cambridge: Cambridge University Press, 2002, esp. p.171.

[2] Quentin Skinner, *The Foundations of Western Political Thought, Vol. 1: The Renaissance*. Cambridge: Cambridge University Press, 1978. See also, Benedetto Fontana, "Sallust and the Politics of Machiavelli." *History of Political Thought* 25(2003): 86–108; Maurizio Viroli, *Machiavelli*. Oxford: Oxford University Press, 1998.

评,[1]但本文处理这一问题的方法是分析马基雅维利对古代文献的批判性借用。最后,本文虽然赞同施特劳斯（Leo Strauss）等人的看法,[2]认为马基雅维利拥抱了动荡、贪婪和醉心扩张的罗马,但得出这一结论并不是通过将他置于柏拉图和其他人的高级哲学传统中,而是通过将他置于他——至少最初——所处的主要历史话语中。[3]基于奥古斯丁的罗马解释来阅读《论李维》,这本身就是对马基雅维利解读的历史学家的部分回应。

最后,简单介绍一下本文的预设,以澄清将要论证的和未予论证的内容。首先,前文已经指出,马基雅维利熟悉奥古斯丁的证据是通过间接的方式（但也是有力的方式）,虽然我们将提供进一步的证据以增强说服力,但并不需要也不必假设后者对前者有任何直接

---

[1] eg. William Connell, "The Republican Idea." In *Renaissance Civic Humanism: Reappraisals and Reflections*, ed. James Hankins. Cambridge: Cambridge University Press, 2000, pp.14–29; John McCormick, "Machiavelli against Republicanism: On the Cambridge School's 'Guicciardinian Moments.'" *Political Theory* 31(2003): 615–643; Paul A. Rahe, "Situating Machiavelli." In *Renaissance Civic Humanism: Reappraisals and Reflflections*, ed. James Hankins. Cambridge: Cambridge University Press, 2004, pp.270–303; Paul A. Rahe, *Against Throne and Altar: Machiavelli and Political Theory under the English Republic*. Cambridge: Cambridge University Press, 2008; Vickie B. Sullivan, "Machiavelli's Momentary 'Machiavellian Moment': A Reconsideration of Pocock's Treatment of the Discourses." *Political Theory* 20(1996), pp.309–318.

[2] Leo Strauss, *Thoughts on Machiavelli*. Chicago: University of Chicago Press, 1958; Mark Hulliung, *Citizen Machiavelli*, 1983; Claude Lefort, *Le travail de l'oeuvre machiavel*. Paris: Gallimard, 1972; Harvey C. Mansfifield Jr. *Machiavelli's New Modes and Orders*. Chicago: University of Chicago Press, 1979; Vickie B. Sullivan, *Machiavelli's Three Romes*, 1996.

[3] Cf. Leo Strauss, *Thoughts on Machiavelli*; Claude Lefort, *Le travail de l'oeuvre machiavel*. pp.259–305.

的影响。其次，本文虽然基于奥古斯丁所塑造的概念世界来考察马基雅维利的思想，但关注的却是马基雅维利的罗马解释这个具体问题，即他在通过"创建"和"再造"来解决政治腐败的问题上，如何批判性地利用了奥古斯丁处理罗马政治问题的要素。当然，本文的分析涉及更宽泛的问题，即马基雅维利和奥古斯丁的政治观，结论部分将简要地予以讨论。

父之罪：奥古斯丁论异教罗马

奥古斯丁以《上帝之城》驳斥异教徒，是为了回应基督教导致罗马灭亡这一指控。他在承担这一任务的同时，也在基督教立场上对罗马政体的特性进行了广泛而富有影响的考察。对罗马的最终评价（也是对异教政治的总体评价），以及对政治本身的最终评价，是奥古斯丁思想研究中的核心问题。学者们把自己锁定在一个光谱当中：在这个光谱的一端，奥古斯丁拒斥了罗马、异教政治，以及在政治本性上无可救药的腐败；通过中间的一系列解释，他又抵达了另一端，即认为罗马在最佳时期也表现出了政治德性——即便最终滑向了异教政治的悲剧——并设想了基督教政治家的政治技艺在地上之城中所能发挥的重要作用。[1]

---

[1] eg. Paul J. Cornish, "Augustine's Contribution to the Republican Tradition." *European Journal of Political Theory* 9(2010) : (1) pp.133–148; Herbert Deane, *The Social and Political Ideas of Saint Augustine*. New York: Columbia University Press, 1963; R. A. Markus, *Saeculum: History and Society in the Theology of St. Augustine*. Cambridge: Cambridge University Press, 1970; John Von Heyking, *Augustine and Politics as Longing in the World*. Columbia: University of Missouri Press, 2001, pp.157–171; Sheldon S. Wolin, *Politics and Vision: Continuity and Innovation in Western Political Thought*. Boston: Little, Brown and Company, 1960, chap.4.

奥古斯丁是否赞赏某些异教德性，对世俗政治是否抱有希望，这些问题聚讼纷纭，但学者们基本都认为奥古斯丁对罗马政体提出了深刻批评。本文不讨论对奥古斯丁政治思想的主流解释，只关注马基雅维利及其同时代人对他的接受程度，因此我们再次注意到戴维斯对这种影响的刻画——对罗马共和的不同情远胜于对罗马的同情。[①] 循此提示，我们强调奥古斯丁政治理论的两个侧面。学界普遍认为，这是研究马基雅维利对奥古斯丁的批判性利用的必要准备。首先，奥古斯丁谴责罗马自罗慕路斯通过杀害兄弟建城以降便往往（甚至是"普遍地"）表现出野心和贪婪，并将罗慕路斯视为这种野心的典型。本文将论证，马基雅维利同意奥古斯丁把罗慕路斯作为典型，但他接受了希波主教拒绝的东西。其次，与此相关，奥古斯丁拒绝接受撒路斯提乌斯等人对早期罗马的浪漫化，反而认为后者为之抱憾的公民共和主义"真道"充其量只是在罗马历史上昙花一现的特征。换言之，即使奥古斯丁接受西塞罗对"共和"的定义，并欣赏撒路斯提乌斯的德性共和国的"真道"，他也不会认为罗马曾经实现过这样的理想。本文将论证，马基雅维利接受了奥古斯丁对罗马政治的描述，同时也拒绝了西塞罗、撒路斯提乌斯或许也包括奥古斯丁所推崇的公民共和理想。

创建罪恶之城：罗慕路斯的杀亲与罗马品性

为了说明罗马的真正特性，奥古斯丁与罗马共和国最令人敬畏的理论家和历史学家进行了辩论。奥古斯丁首先面对西塞罗，接受了他对共和国的定义，随后又用这个定义否认罗马曾经（或短暂地）

[①] Charles Davis, "Ptolemy of Lucca and the Roman Republic," p.32.

拥有真正的共和。奥古斯丁从西塞罗的《论共和国》中引用了一段重要的文字——马基雅维利及其同代人所能得到的存世作品中最重要的一个片段。[1]在这段文字中，西塞罗让斯基皮奥（Scipio）定义了"共和国"，他首先否认一个共和制的国家有时必然要接受不义的统治（这是马基雅维利的读者所熟悉的立场），以此证明"如果没有绝对的正义，国家就无法被统治"。根据斯基皮奥的说法，共和（rei publica）就是"人民之事"（rem populi）（《上帝之城》，2.21，引用西塞罗《论共和国》I.25）。在西塞罗作品的语境中，这个定义带有双重的怀旧意味，它不仅构成了斯基皮奥对德性自迦太基隳城后逐渐沦丧的悲叹——这正是对话的戏剧背景——同时也是对西塞罗写作时共和国最终崩溃的控诉。

奥古斯丁采纳了西塞罗对共和国的定义，也同意西塞罗和撒路斯提乌斯的观点，即共和国在布匿战争之后不断衰败，到他们那个时代"已不复存在"。但是主教的想法远不止于此。他直言不讳地宣称："罗马从来就不是一个共和国，因为它从来就没有真正的正义。"（《上帝之城》，2.21）正如他在谈到日益壮大的罗马帝国时所提出的著名问题："王国没有了正义，与一群强盗有何区别？"（4.4）尽管如此，奥古斯丁确实承认罗马曾经有过"某种共和"（2.21），也承认早期共和治理得更好（5.19）。当他在第十九卷如约回到这个主题，便放宽了西塞罗的标准：

> 如果我们放弃这个定义，以别的方式定义人民，说人民就是众多理性动物的集合，他们因为热爱的对象相和谐而组成了

---

[1] 马基雅维利于此对奥古斯丁的贡献，参见 Gennaro Sasso, *Machiavelli e gli antichi e altri saggi. 3 vols. Milano and Napoli*, p.151.

社会,那么,要看某个"人民"是什么样的,只需要看他们爱的是什么。(19.23-24)①

异教罗马甚至连这个妥协的"人民"标准都没能达到。虽然古罗马人无疑表现出令人敬畏的美德,但他们的动机不是爱上帝,甚至不是爱国,而是爱"荣耀"。他们"爱"的对象太多缺陷,甚至于罗马最富德性的化身也无法达到一个宽松的正义标准。

更重要的是,在奥古斯丁看来,这种统治欲是罗马的特性,并且自罗慕路斯基业初定以来,它就一直是这座城市的活力源泉。事实上,罗慕路斯的罪行是罗马的典范,或许也是整个异教政治和世俗政治的典范。如果罗慕路斯有罪,那么整个罗马都要承担罪责:

> 整个城都有责任,因为整个城都忽视了这件事。如此说来,罗马城杀害的就不是弟弟,而是父亲,那就更糟了。(《上帝之城》,3.6)

罗马因罗慕路斯杀弟背上了类似该隐的印迹。罗马的手足相残成为奥古斯丁区分人类之城和上帝之城的标志。"因此,地上之城的第一个缔造者是杀弟者",奥古斯丁描述该隐说,"他被嫉妒征服,杀死了自己的兄弟,一位永恒之城的公民,这片土地上的过客"。因此,我们不会感到惊讶的是,在第一个样本(或如希腊人所说的"犯罪原型")很久以后的时代,在那个注定要统治众多国家的城邦

---

① See, Sheldon S. Wolin, *Politics and Vision: Continuity and Innovation in Western Political Thought*. Boston: Little, Brown and Company, 1960, pp. 126–127.

奠基之初，发生了同样的罪行，而犯罪者成了我们所说的这个地上之城的首领（《上帝之城》，15.5）。在嫉妒和"统治的荣耀"的驱使下，罗慕路斯的杀弟模仿了该隐和亚伯的原型故事：

> 因此，这座城市的建立和地上之城的建立没有什么区别，而罗慕路斯和雷穆斯（Remus）都是地上之城的公民。他们两个都希望拥有建立罗马共和的光荣，但是两个人都不可能拥有像独自一人（unus esset）时所要求的那么多的荣耀……因此，为了让一个人独享所有荣耀，他的同伴被除掉了；由于这一罪行，帝国确实变大了，但也变糟了，否则它会变小，但也变得更好。（同上）

罗慕路斯热爱统治和荣耀，受此驱使，他不得不独自一人。马基雅维利在分析罗慕路斯的行为时，也将重点放在创建罗马对"独自一人"的需要上。

在奥古斯丁看来，罗慕路斯的杀弟行为揭示了罗马自来就有的主要特性。他给出了许多用来驳斥早期罗马共和德性观的反例，其中布鲁图斯（Junius Brutus）的故事对奥古斯丁的罗马评价尤其重要，对马基雅维利来说也是如此。希波主教讨论了布鲁图斯在推翻国王和建立共和的过程中所做的两件事：他在处决自己的儿子时所扮演的角色，因为他们参与了让塔克文（Tarquin）回归的阴谋；以及他在驱逐他的同伴、解放者和执政官科拉提努斯（Lucius Tarquinius Collatinus）中扮演的角色。对布鲁图斯处决儿子，奥古斯丁持有一种矛盾的态度，因为他不确定布鲁图斯内心的"目的"。奥古斯丁为描述这种模糊性，引用了维吉尔（Vilgil）的诗句："他的爱国之心和对美誉的强烈渴望压倒了一切"。(《上帝之城》，

3.16）① 布鲁图斯的行为若是出于对国家和自由的热爱，奥古斯丁会认为这是一场悲剧：人类之城所要求的是一种高尚却又令人遗憾的行为。然而，布鲁图斯的行为若是为了赞美和荣耀，奥古斯丁则会施以谴责。布鲁图斯追求荣耀的一面在驱逐他的同僚执政官时暴露无遗，从而也遭到了奥古斯丁毫无保留的批评。

> 难道这就是布鲁图的光荣吗？这种不公正的行为，对共和国来说既可恶又无益。难道他是被"爱国之心和对美誉的强烈渴望"所驱使的吗？……布鲁图斯的首席同事刚刚上任，布鲁图斯就剥夺了他的祖国和荣誉，是多么不义！……就在共和国开始施行"公正和节制的法律"时，发生了这样的坏事，降临了这样的灾难。（《上帝之城》，3.16）②

请注意，奥古斯丁强调布鲁图斯的行为剥夺了他的同事的"荣誉"，从而暗示布鲁图斯像罗慕路斯一样，想在重建罗马的荣耀中"独自一人"。奥古斯丁在这里嘲讽了撒路斯提乌斯对早期罗马共和的描述，使我们看到奥古斯丁认为撒路斯提乌斯的"真道"并不

---

① 维吉尔，《埃涅阿斯纪》VI.822-823（[译注]原文未注所用版本，特注诗行序号以明出处）。另外，普鲁塔克可能是马基雅维利讨论布鲁图斯的另一个素材来源。对布鲁图斯的行为，普罗塔克持有一种非常矛盾的态度："这种行为真的可以同时得到最高的赞扬和最有力的制裁，因为要么是他的伟大德性使他超越了悲伤的印象，要么是他的过度痛苦使他完全失去了悲伤的感觉，但这两者似乎既不普通，也非人性，而只能用神圣或野蛮来看待。" Plutarch, "Life of Poplicola," In *The Lives of the Noble Grecians and Romans*. Reprint. New York: Random House, 1864, p.208.

② See, Sallust. *Catilinae Coniuratio*, In *Sallust*. Loeb Classical Library. Cambridge, MA: Harvard University Press. 1921, p.9.

可能。

撒路斯提乌斯的时光：奥古斯丁和"真道"

为了将罗马的衰败与扩张联系起来，奥古斯丁在处理罗马历史的过程中始终与撒路斯提乌斯交锋，他接受了后者对一个具备公民意识的德性共和国的大部分赞美，但认为罗马很少或从未达到过这样的标准，即使撒路斯提乌斯深情描述的早期共和国也是如此。奥古斯丁引用了《卡提林纳阴谋》，因为这本书将卡提林纳在共和国灭亡前夕的阴谋描述为罗马德性堕落的最佳例证。为了阐明更宏观的观点，撒路斯提乌斯先是叙述了早期的罗马共和，认为共和国以正义和美德为特征，布匿战争之后虽然摆脱了迦太基的外部威胁，共和国反而不断衰落下去。在此背景下，撒路斯提乌斯哀叹，罗马公民不再被与德性相结合的野心所激励，不再以"真道"（vera via）来追求，而是受到与贪婪相结合的野心的鼓动，以"诡计和欺骗"的虚假方式来追求。[①] 撒路斯提乌斯分析罗马的德性共和主义及其在战胜迦太基之后的衰落，其分析与西塞罗相似，这两位作家是奥古斯丁关于罗马丧失了德性这一观点的主要智识来源。[②]

在《上帝之城》第二卷，奥古斯丁首次提到撒路斯提乌斯，以此为他的结论提供证据，即罗马从未达到西塞罗对共和的定义。他列举了罗马人劫掠萨宾妇女、布鲁图斯对同僚科拉蒂努斯的不公平

[①] Sallust. *Catilinae Coniuratio*, 11.
[②] 还可以加上李维，但是奥古斯丁并没有在《上帝之城》中提到他（第四卷第26节或许有一处暗指）。李维对罗马衰落的哀叹见 Livy, *Ab Urbe condita*, trans. B. O. Foster. 14 vols. Loeb Classical Library. Cambridge, MA: Harvard University Press, 1988, Preface。

待遇、罗马人忘恩负义地对待城市救星卡米卢斯（Camillus），以此嘲讽撒路斯提乌斯对布匿战争前"自然公平和美德"的赞美（《上帝之城》，2.17–18）。唯一的例外是努马（Numa），他在统治期间为罗马引入了宗教秩序，领导这座城市迎来了最长时段的和平（3.9）。奥古斯丁断言，"长期持续的和平"应该是罗马的"永久政策"，试图超出适当比例进行扩张是错误的。

> 为什么一个王国必须分散注意力才能变得伟大？在人类身体这个小世界里，拥有适度的身材和健康，比起通过非自然的折磨达到巨人的尺寸，而达到后又得不到休息，不是更好吗？（3.10）

在奥古斯丁看来，努马时期关闭雅努斯神庙的大门，对一个被罗慕路斯的统治野心所驱使的城市来说，只是一段短暂的插曲。我们将看到，马基雅维利拒绝了这一政策，认为它不切实际，只是寄生于罗慕路斯所代表的贪婪野心。

奥古斯丁对罗马早期历史的叙述表明，这个城市于内于外都被野心吞噬。例如，在罗马和阿尔巴之间的"同盟者战争和杀亲战争的唯一动机，就是这种贪得无厌的野心恶习"，这是撒路斯提乌斯在他"对那些生活中没有贪欲的原始时代的简短而衷心的赞扬"中顺便提到的恶习。撒路斯提乌斯所谓的"例外"正是奥古斯丁眼中的规律。

> 这种对支配的欲望（统治欲，libido dominandi）扰乱了人类的生活，并以可怕的弊病消耗了人类。罗马战胜阿尔巴，又被这种欲望战胜，把自己做下的丑事称为值得赞美的荣耀。

(《上帝之城》, 3.14）

对统治和荣耀的热爱自始就成为罗马的特征，也是罗马扩张和内战的原因（4.3）。"这种对赞美和荣耀的渴望，成就了许多奇妙的事情，根据人类的判断，这些事情是值得称赞的，且无疑是光荣的。"（5.12）撒路斯提乌斯对这样错误判断负有责任。奥古斯丁在叙述罗马历史的结论部分，创造性地与其讨论了人类德性和政治的"真道"是什么的问题，马基雅维利也将在《论李维》中以同样的术语参与这场辩论。在《上帝之城》第五卷第12章，奥古斯丁详细地引用了撒路斯提乌斯的话：

> 然而，起初促发了人们心灵的与其说是贪欲，毋宁说是野心。野心确实是一种缺点，但也不算过分违背德性。因为荣耀、荣誉和权力，这些是好人和无耻之徒都渴望得到的；前者以真道（vera via）争取，后者却对这些好的技艺一无所知，就靠欺诈和欺骗来追求。（引《卡提林纳阴谋》, 11）

在一个明显不属于马基雅维利主义的时刻，奥古斯丁将"好的技艺"解释为"使用有德性的手段而非欺骗性的阴谋来获得荣誉、荣耀和权力"。简而言之，"真道"就是"德性"之路（《上帝之城》, 5.12）。然而，罗马人对德性的追求受限于人类的判断力。

> 因此，他们渴望的荣耀、荣誉和权力，好人会通过好的技艺追求，而不应该以德性为手段来追求；人们应该靠它们来追求德性。真正的德性只能以人类最高和最终的善为目的。（同上）

撒路斯提乌斯在作品中所描绘的异教德性的典范——卡图对荣耀的追求——可能接近于但仍未到达真正的德性。

> 因此，即使是对卡图的赞美也只适用于少数人；只有少数人拥有引导他人以真道——即通过美德本身——来追求荣耀、荣誉和权力的美德。（同上）

罗马人牺牲个人利益以追求公众的伟大尽管值得称赞，却是一种不恰当的自我约束，是出于对赞美的低劣爱好（5.12-13）。随着时间的推移，罗马甚至越来越频繁地偏离了撒路斯提乌斯的"真道"。奥古斯丁对恶性追求荣耀和统治的谴责早于马基雅维利：

> 因此，渴望荣耀的人要么以真道获得荣耀，要么通过欺骗和技巧，虽然并不依靠真道，还希望看上去是依靠了真道。（5.19）

奥古斯丁与撒路斯提乌斯的关系颇为复杂。一方面，他对称为谓"真道"的异教公民德性表现出一定程度的钦佩，却又拒绝接受撒路斯提乌斯对一个更好时代的美化，否认罗马——除了在某些最为罕见的特殊时期——曾经遵循过这种对德性有所削弱的理解。另一方面，奥古斯丁根据撒路斯提乌斯揭示"真道"的启示，将"真道"贬低至异教的地位。[①] 在讨论西塞罗的共和概念时，奥古斯丁写

[①] 奥古斯丁《忏悔录》VII.18。比较《约翰福音》14：6："我就是道路、真理、生命"；《彼得后书》2：2："真理之路"。

道:"真正的正义只存在于以基督为创始人的共和国里。"(《上帝之城》2.21)。反过来,马基雅维利不但与奥古斯丁一起拒绝了撒路斯提乌斯对罗马曾经遵循"真道"的解释,也拒绝了撒路斯提乌斯的公民共和主义"真道",甚至拒绝了奥古斯丁的"真理和真道"这条更高远的路。像撒路斯提乌斯一样,他毫无保留地赞美罗马,同时又像奥古斯丁一样,将它看得清清楚楚。

马基雅维利的新路:再造罗马

在《论李维》开篇,马基雅维利宣布他决定"走一条尚未有人走过的道路"。然而,新的"方式/道路"有些矛盾地涉及对罗马历史的一种新的解释,一种对古代政治的批判性借用。我们认为,马基雅维利对罗马的"再造"反映出奥古斯丁对罗马历史的悲观描述的重要元素,即使他推翻了奥古斯丁对古代政治罪恶本质的终极判断。事实上,尽管马基雅维利并不赞同这位伟大的主教如此慷慨激昂地反对公民政治(civitas terrena),但他和奥古斯丁一样,认为撒路斯提乌斯、西塞罗等人所支持的公民共和主义"真道"即使不是完全不可能的,也是天真的。

近来有些学者也注意到撒路斯提乌斯、西塞罗等人对于我们理解马基雅维利的共和主义问题的重要性。斯金纳最有代表性,他认为马基雅维利是一个"新罗马"的思想家,受到了撒路斯提乌斯和西塞罗的决定性影响,这一点在"公民共和主义"传统中得到了最佳诠释。[1] 我们同意撒路斯提乌斯的"真道"是马基雅维利的目

---

[1] Quentin Skinner, *Visions of Politics: Volume II: Renaissance Virtues*. esp. chap.5–7.

标,但并不赞成后者对这一目标的评价。我们首先肯定马基雅维利不可能拒绝"真道",并将他对罗马所代表的动荡、贪婪和扩张主义的拥护,解释为在彻底拒绝斯金纳和剑桥学派想要归因于他的那种政治理解。然而,释放奥古斯丁所谴责的统治欲望,会导致人民的"腐败"问题。斯金纳等人准确地看到马基雅维利将"腐败"视为首要的关注对象,却又一次误解了马基雅维利的补救措施。① 因此,我们转而讨论马基雅维利"创建"和"再造"国家的解决方案。他和奥古斯丁都以罗慕路斯为例说明国家的创建或奠立。然而,马基雅维利在奥古斯丁谴责罗慕路斯的地方为他开脱,不是说他的行为因为具有公共性可以被原谅,而是暗示罗慕路斯的野心如何回应了国家利益。为了维持国家,必须通过周期性的"再造"来重整秩序,由此,我们就得转向马基雅维利关于布鲁图斯再造罗马的讨论。

"真道"之不可能

与罗马公民共和主义者奥古斯丁一样,马基雅维利关注政治腐败问题,但他并没有提倡一个有德性的、和平的、非扩张主义的国家,反而拥抱一个贪婪的国家,引导奥古斯丁所谴责的统治欲望。在为持续存在的腐败问题提出自己的解决方案之前,马基雅维利必须证明其他方案都不可行。尽管他在《论李维》前五章中给出了他的主要关切,例如腐败问题、罗马模式与公民共和的"真道"模式的平行、创建和重建的解决方案,但他对奥古斯丁所理解的政治稳定的批评,要到《论李维》的第一卷第6章才变得明确起来。在那里,马基雅维利先是回顾了奥古斯丁的观点(《上帝

---

① Maurizio Viroli, *Machiavelli*.

之城》，2.5），提出一个国家的缔造者必须决定是"希望它像罗马一样扩张"，还是像斯巴达或威尼斯那样"保持在狭窄的范围内"。当然，奥古斯丁拥护的是罗马没有采取的非扩张主义道路；回顾撒路斯提乌斯的"真道"，马基雅维利将斯巴达模式称为"政治生活的真正道路（il vero vivere politico）和城市的真正宁静"（《论李维》，I.6.4）。然而，像奥古斯丁一样，马基雅维利认为这样的方式不可能：

> 毫无疑问，我相信如果事情能够在这种模式下保持平衡，那将是政治生活的真正道路和城市的真正宁静。但是，既然人的一切都处在运动之中，变动不居，它们便总有兴衰荣枯。（同上）

马基雅维利为这种不可能提供的理由，是他已经认定的"腐败"将持续存在。他解释说，外在的需要和内在的考虑都需要一个扩张主义的国家：

> 如果上天如此德厚，以至于它不必发动战争，那么就会产生懒惰，使它软弱或分裂；这两个加在一起，或者单个发生，都将导致它的毁灭。

国家必须这样设计："如果确有必要让它扩张，就要让它保护它所攫取的所有东西。"不存在什么"中道"（middle way）能够让国家保持外部和平及内部平衡。因此，马基雅维利认为"有必要遵循罗马的秩序，而不是其他共和国的秩序"（同上），并拒绝将公民共和的"真道"作为一种历史现实和权威性的规范原则。①

为罪恶之城开脱:以罗慕路斯的创建为典范

如果马基雅维利明显有别于谴责罗慕路斯杀弟行为的奥古斯丁等人,而且,这一点就他对传统的创新而言也是重要的,那么,要理解他对罗马的重新解释,或许更具启发性的是,罗慕路斯的野心如何为罗马的成功提供了线索。正如马基雅维利所解释的,罗慕路斯的行为表明创建和再造对于维持国家来说具有极其重要的作用,而罗马史家、奥古斯丁以及马基雅维利的公民共和主义前辈们都没有意识到,他们在古典和基督教对古代共和的解释的双重影响下写作,都没有认识到这种重要性。创建和再造是必要的,因为国家的"质料"、它的成员,必须不断地被赋予"形式",以抵制腐败。②由于质料的性质和反复再造的需要,马基雅维利拒绝了"真道",因为它不但缺乏历史上的真实性,也没有理论上的可能性。因此,他像奥古斯丁一样,拒绝系恋旧罗马,同时也拥抱令奥古斯丁反感的野心与暴力。

马基雅维利为罗慕路斯的辩护构成了对主流观点的明显和自觉的拒绝,而奥古斯丁正是传统观点最有影响力的倡导者之一。事实上,马基雅维利对罗慕路斯的讨论与奥古斯丁的描述密切相关,并隐含着对后者的批评。马基雅维利在《论李维》第一卷第9章为罗慕路斯恢复名誉:

---

① William Connell, "Machiavelli on Growth as an End." In *Historians and Ideologues: Essays in Honor of Donald R. Kelley*, ed. Anthony Grafton and John Salmon. Rochester, NY: University of Rochester Press, 2001, pp.259–277.

② Cf. Niccolo Machiavelli, *The Prince*. 2nd ed. Trans. Harvey Mansfifield. Chicago: University of Chicago Press, 1998, p.23.

一个人如果想要创建一个新的共和国或者要在一个共和国鼎新革故，必须独自一人（Be Alone）担当。

这个标题宣布了一项普遍的规则，我们应该注意，马基雅维利的重点已经放在奥古斯丁提出的主题上——罗慕路斯的野心在于他要"独自一人"。马基雅维利先为没有提到"共和国的创建者"（但可比较《论李维》I.1.1开篇）而让读者悬念过久道歉，之后就转向罗慕路斯：

我要说的是，许多人可能会认为，一个公民生活方式的创建者，如罗慕路斯那样，杀死了自己的兄弟，后来又同意处死由他自己选定的共享王权的萨宾王塔提乌斯（Titus Tatius），是一个坏榜样。（《论李维》，I.9.1）

马基雅维利反对的"许多人"在古典作家中有许多可信的人选。西塞罗批评罗慕路斯杀死胞弟是牺牲了诚实，换取了实利；李维称罗慕路斯的行为是嫉妒和野心的结果；普鲁塔克谴责兄弟相残是因愤怒而产生的轻率行为。[1]马基雅维利讨论不诚实的手段能否用于有用的目的，似乎是在回应西塞罗。有鉴于此，西塞罗常被当作马基雅维利在这里的主要对手。持此观点的学者通常认为，马基雅维利背离西塞罗及其身后贯穿整个公元14世纪的公民人文主义传统之处，只在于——戏剧性地在于——马基雅维利论证为了实现好的目

---

[1] Cicero. *On Duties (De Offifficiis)*. ed. M. T. Griffifin and E. M. Atkins. Cambridge: Cambridge University Press, 1991, III.41; Livy, *Ab Urbe condita*, I.6; Plutarch, "Comparison of Romulus with Theseus," *The Lives of the Noble Grecians and Romans*. Reprint. New York: Random House, 1864.

的就可以使用不义手段的时候，但他们同时又认为，马基雅维利仍然赞同自由生活的终点在于传统的古典公民共和。①

然而，马基雅维利讨论罗慕路斯的措辞，让人联想到的并不是那些特意谴责罗慕路斯杀弟的人，而是将罗慕路斯的行为视为典范的人：作为"一种公民生活方式的创始人"的"坏榜样"。在前者当中，只有奥古斯丁把罗慕路斯的杀弟行为作为批判罗马性的一个例子。马基雅维利解释说，罗慕路斯可能被认为是一个"坏榜样"，因为他的行为将为那些"出于野心和发号施令的欲望"来行动的人树立起一个权威样板（《论李维》，I.9.1）。野心与统治欲（尤其是发号施令的欲望）正是奥古斯丁在罗慕路斯身上看到的罗马性。因此，马基雅维利在为罗慕路斯辩护时，以及在确定真正的罗马性时，首先想到的人或许就是奥古斯丁。

为罗慕路斯开脱与公认的观点相悖，前者认为，邪恶的手段在某种程度上最终可以因目的而得以正当化。然而，仔细观察就会发现，罗慕路斯或马基雅维利内心的"目的"其实是模糊的。马基雅维利承认，人们所接受的谴责罗慕路斯的意见"如果不考虑是什么目的（fine）促使他进行这样的杀戮，那就是真的"（I.9.1）。马基雅维利对导致罗慕路斯杀弟之"目的"的解释，采取的形式是突然宣称一个一般规则：

> 这应该被视为一条一般规则：从来没有或很少发生哪个共和国或王国从一开始就创建得很好的，或者完全重新在旧体制

---

① Quentin Skinner, *Visions of Politics: Volume II: Renaissance Virtues*. p.151, p.155, p.170; Maurizio Viroli, *Machiavelli*. p.96; see also J. Patrick. Coby, *Machiavelli's Romans: Liberty and Greatness in the "Discourses on Livy"*. Lanham, MD: Lexington Books, 1999, pp.41–45.

之外进行再造的，除非它是由独自一人（uno solo）创建的。甚至，那个提出模式的人必须独自担当，任何这样的创建都取决于他的心智。（I.9.2）

乍一看，考虑到这一章的标题，在秩序的创建或再造中，使罗慕路斯之所以免责的"目的"，就是他要去满足"独自一人"这个条件。

这些最初的表象最终会被证明是准确的，但马基雅维利本人首先想要造成的印象是，他之所以为罗慕路斯开脱，是因为后者的行为有着其他更加崇高的目的：

因此，一个审慎的共和国创建者，如果他的意图（questo animo）是希望对公共福祉有益而非对自己有益，是对共同的祖国有益而非对自己的后代有益，那么他就应当设法独揽大权；一个头脑清明的人也绝不会抨击某个人为了创建一个王国或组建一个共和国而采用超常规的行动。非常合理的是，行动有责而效果（effeto）免责；并且只要效果是好的，例如像罗路慕斯的效果那样，就永远应得到原谅。（同上）

目的（或者更确切地说，是"效果"）似乎证明了手段的正当性。但"目的"又是什么？如上所述，马基雅维利的公民共和主义解释认为，使罗慕路斯行为正当化的"目的"是被理解为一种自由生活方式的"共同福祉"。马基雅维利确实给人以这种印象，但仔细研究后就会发现，这种解释存在严重的困难。本章的读者应该记得，马基雅维利早些时候曾说，罗慕路斯的"目的"（fine）实际上不是为了创建一个共和国，而是一个王国，而且，更有问题的是，罗慕路斯是"为了自己的后代"，而不是"为了共同的祖国"(《论李维》，I.2.7)。此外，马基雅维利在前文关于罗慕路斯"目的"的讨论中，只论证了罗慕路斯和其他国王制定的法律符合"一种自由的生活方式"（I.2.7）。换言之，这些法律碰巧符合这样一种生活方式，无论其意图如何。马基雅维利还强调，这些法律需要那些驱逐国王的人加以再造。因此，罗慕路斯的"目的"似乎并不是共同福祉。回到第一卷第9章，马基雅维利认为，元老院制度的存在就能证明罗慕路斯的行动是为了"共同福祉而不是个人野心"（I.9.2）。

然而，只要稍加考察马基雅维利所使用的素材，就会发现罗慕路斯对元老院发号施令是为了个人目的，而非共同福祉。[1] 马基雅维利的朋友圭恰迪尼在评论《论李维》时也提到了这一点。[2] 总之，马基雅维利本人对罗慕路斯"目的"的讨论，推翻了如下印象：罗慕路斯行动是为了"共同福祉"——而只有这个目的才能证明他的犯罪手段是正当的。

在马基雅维利的描述中，罗慕路斯似乎是为了"独自担当"而行动，这是他给人的第一印象。因而，马基雅维利接受了奥古斯丁的看法：罗慕路斯的野心是要"独自一人"独享权力。马基雅维利甚至强调罗慕路斯希望"孑然一身"，他再次偏离史料，指称罗慕路斯"同意"他的同僚提图斯·塔提乌斯的死亡，从而增加了对手足相残的指控，并且比他的史料来源更加强调这一罪行。[3] 罗慕路斯不

---

[1] Livy, *Ab Urbe condita*. I.8, 15–16.

[2] Cf. James B. Atkinson and David Sices, *The Sweetness of Power: Machiavelli's "Discourses" and Guicchiardini's "Considerations."* De Kalb: Northern Illinois University Press, 2002, p.400.

[3] Livy, *Ab Urbe condita*. I.14; Cf. Harvey C. Mansfifield, *Machiavelli's New Modes and Orders*. Chicago: University of Chicago Press, 1979, p.63.

仅除掉了他的兄弟,而且除掉了所有对手。只要"效果"是好的,罗慕路斯的"意图"和他内心的"目的"对马基雅维利来说都不重要。"意图"未必与行动的"目的"或"效果"相同,尽管罗慕路斯的"意图"不良,但他行动的"效果"却是好的。①

马基雅维利并不在意罗慕路斯的动机,正如该章标题所示,他感兴趣的是罗慕路斯在创建或再造一个国家时需要"独自一人"这一问题上形成的典范。在这个意义上,马基雅维利不明白为什么一个审慎的创建者或再造者必须"独自一人",他只是说创建国家必须单独依赖于独自一人的"心智"(mind, animo,《论李维》,I.9.2)。换个说法,创建需要单一的"权力"来予以指引,就像摩西、吕库古和梭伦一样(I.9.3)。然而,奥古斯丁再次给出了一个清晰的答案,它至少关乎创建者自己的动机或"目的":荣耀。在讨论罗慕路斯的杀弟行为时,奥古斯丁强调他想要"独自一人",从而不必与他人分享荣耀。马基雅维利也指出荣耀是对罗慕路斯的奖赏:

> 确实,如果一个君主寻求获得尘世间的荣耀,那他就应该渴望占领一个腐败的城市……像罗慕路斯那样重建它。的确,上天不能给人类更大的荣耀机会,而人类也不能奢求更大的机会。(《论李维》,I.10.6)

罗慕路斯的统治野心和他对荣耀的渴望——比如建立一个以他的名字命名几个世纪的国家——是对这种创建和再造的必要刺激。

---

① Benedetto Fontana, "Love of Country and Love of God: The Political Uses of Religion in Machiavelli." *Journal of the History of Ideas* 60(1999): 649; Claude Lefort, *Le travail de l'oeuvre machiavel*. pp.488–491, pp.610–611.

因此，马基雅维利和奥古斯丁在罗慕路斯的动机问题上基本达成了一致，但马基雅维利赞扬了奥古斯丁所谴责的东西。至于在解释者可能因为行为的"效果"而给予"谅解"的问题上，创建本身的必要性及其对"独自一人"的需要，才是为罗慕路斯开脱的理由。"被原谅的不仅仅是杀人的手段，也是寻求唯一权力的意图（或目标）。"① 因此，马基雅维利同意奥古斯丁对罗慕路斯渴望"独自一人"的描述，但他在这个孤独的创建者身上看到了奠定罗马成功的典范意义。

对马基雅维利来说，罗慕路斯代表了创建和再造对罗马成功的重要性。《论李维》以罗慕路斯为创建者之典范，但马基雅维利为其行为辩护的那一章标题表明了创建和再造之间存在着密切的关系："一个人如果想要创建一个新的共和国或者要在一个共和国鼎新革故，必须独自一人担当。"（《论李维》，I.9，标题）在这一章中，罗慕路斯似乎代表了共和国的创建者（尽管在I.9.2又加上了"王国"），斯巴达人克莱奥米尼斯（Cleomenes）似乎是古代秩序改革者的典范。尽管马基雅维利将克莱奥米尼斯作为"那些希望成为良法制定者的人"的榜样（I.9.4），但在下一章我们就能看到罗慕路斯的罗马"再造"（I.10.6；I.18.5）。因此，创建和再造不能分开。正如在分析《君主论》第6章对罗慕路斯和其他君主的比较时，波考克解释道：

> 马基雅维利在这里说的，我认为是纯粹意义上的先知或立法者，他们发现人民是惰性质料，并以一种无关时运（fortuna）的方式将他们塑造成形式，这在现实中是不存在的……习惯和

---

① Harvey C. Mansfield, *Machiavelli's New Modes and Orders*. p.65.

记忆总是有一个先验结构。①

波考克所理解的创建是新君主在奠立秩序时所进行的再造,这个解释是有用的,即便他没有完全理解马基雅维利把坚持不断的再造作为罗马成功的秘诀。马基雅维利由此突破了波考克所谓的公民共和主义传统。

罗慕路斯重现:布鲁图斯与再造罗马

《论李维》开篇就暗示了再造对罗马成功所起到的重要作用,但从第三卷开始,再造才成为明确的主题:

> 如果谁希望一个教派或一个共和国长期存在,就必须经常使之回到其最初的状态。(III.1.标题)

马基雅维利列举了许多罗马历史上的再造,主要示例很快就转到了驱逐塔克文、建立共和的布鲁图斯身上。讨论布鲁图斯从属于国家再造之必要的总体思考。再造是为了遏制人民变得"腐败"、不再遵守法律或宗教的趋势。马基雅维利解释道:如果国家或教派等"混合的机体"被引导"回复到它们的初始状态",那么它们的生命就可以延长(《论李维》,III.1.1)。"初始状态"特别是指那种与无法无天的倾向处于对立面、导致人们服从创建者所立法律的恐惧。要

---

① J. G. A. Pocock, "Custom and Grace, Form and Matter: An Approach to Machiavelli's Conception of Innovation." In *Machiavelli and the Nature of Political Thought*, ed. Martin Fleisher. New York: Atheneum, 1972, pp.171–172。亦见 J. G. A. Pocock, *The Machiavellian Moment: Florentine Political Thought and the Atlantic Republican Tradition*. p.175。

使国家"回到它的起点",就需要将创建国家时曾体验的"那种恐惧和害怕置于人们内心"(III.1.3)。这种惩罚是马基雅维利自己的"真道"(参见III.28.1)。布鲁图斯是通过"内在审慎"进行国家再造的主要示例,马基雅维利解释说,这可以通过制度("秩序")和行动者("人")来实现。罗马的"秩序",如保民官、监察官和相关的法律,需要由有德行的人"付诸实施"。这一鼓舞人心的过程最好是通过惩罚或处决来产生,以唤起人们对"它的源头"的"记忆和恐惧"。处决布鲁图斯的儿子们是罗马历史上最明显的例子,因此马基雅维利在第三卷第1章结尾处将布鲁图斯称为"罗马自由之父"(III.1.6)。

马基雅维利对布鲁图斯和罗慕路斯的讨论有许多相似之处,包括使用杀戮手段和目的的模糊性。马基雅维利的布鲁图斯比李维作品中的布鲁图斯更有公共精神,也更有野心。在《论李维》第三卷第2章中,马基雅维利以布鲁图斯为例,说明标题所宣示的格言:"在适当时候装疯卖傻是件极其明智的事。"李维将布鲁图斯装疯归因于他希望安全地生活并维持他的财产以对抗国王,[1] 而马基雅维利则完全不同,他将布鲁图斯的动机归结为"更少引人注意,从而更加容易地制服国王并解放自己的祖国"(III.2.1)。[2] 因此,卢克蕾提亚(Lucretia)受辱正是布鲁图斯等待的"机会"。事实证明,卢克蕾提亚被奸污因而自杀,与其说是义愤之德性的战斗号角,不如说是布鲁图斯和元老院的便利借口,以在塔克文之子犯下强奸罪行时,重申反对"非凡而可恶的"的塔克文本人。

正如皮特金(Hanna Pitkin)所言,马基雅维利几乎完全没有提

---

[1] Livy, *Ab Urbe condita*. I.56.
[2] See, Harvey C. Mansfield, *Machiavelli's New Modes and Orders*. p.305-306.

到卢克蕾提亚——特别是与李维相比；李维反复谈论强奸和自杀，奥古斯丁也是如此。① 马基雅维利反而说，塔克文被驱逐

> 不是因为他的儿子强奸了卢克蕾提亚，而是因为他破坏了王国的法律，专横跋扈，剥夺了元老院的一切权力，并据为己有。

他解释说，"如果没有卢克蕾提亚的意外发生，那么另一个意外一旦发生，也会产生同样的效果"，卢克蕾提亚被强奸的"意外"给了布鲁图斯再造罗马的机会。

布鲁图斯为维护新共和国而采取的两个行动引起了奥古斯丁的注意，一是驱逐他的同事科拉提努斯，一是处决自己的儿子。奥古斯丁对后者的态度是矛盾的，因为这是地上之城所要求的肃剧行为，但他对前者进行了毫无保留的批评。他将之解释为一种野心勃勃的行为，其动机是想"独自一人"独吞再造罗马的荣耀。马基雅维利在叙述再造罗马的"意外"时，也提到了布鲁图斯与他的同事科拉提努斯（卢克蕾提亚的丈夫）（《论李维》，III.5.1），但很快就不再讨论后者。然而，马基雅维利在第一卷第28章讨论罗马人对自己的公民不是那么"忘恩负义"的时候，让科拉提努斯扮演了主角。他说，科拉提努斯"被流放，原因无他，只是因为带有塔昆家族的名字，虽然他为解放罗马做出了贡献"（I.28.1）。这里没有提到布鲁图斯，只是为了让读者记起他在驱逐同事中所发挥的作用。

在李维的叙述中，布鲁图斯通过驱逐塔克文获得了巨大的荣耀，

---

① 奥古斯丁在《上帝之城》第一卷第19-28章中用了很长的篇幅讨论卢克蕾提亚，将她的自杀视为罗马德性的原型，也就是说，她的行为最终是由骄傲所驱动的。Hanna Pitkin, *Fortune is a Woman*. Berkeley: University of California Press, 1987, p.247-248.

（独自一人）手持王权束棒（参见I.25），召集会议，在会上面对目瞪口呆的科拉提努斯，要求他因名字离开罗马。[1] 马基雅维利对科拉提努斯仅仅因为名字而被驱逐的叙述表明，他同意奥古斯丁所描述的布鲁图斯的动机——独自享有再造罗马的荣耀——尽管他默默地赞许奥古斯丁所谴责的手段。

正如他让罗慕路斯成为一般格言中的典范，即他必须"独自一人"创建和再造一个国家，马基雅维利也将布鲁图斯的行动变成一条令人不寒而栗的"谚语"："如果想要维持刚刚获得的自由，就必须杀死布鲁图斯的儿子们。"（《论李维》，III.3，标题）[2] 在谈到布鲁图斯谴责他的儿子们并目睹他们被处决这一"所有历史记载中少有匹敌"的事件后，马基雅维利将这一非同寻常的行为转变为一种典范。

> 读过古代历史的人总会明白这一点：在国家变动之后，无论是从共和变为专政，还是从专政变成共和，都需要对当前条件下的敌人进行一次难以忘却的处罚。（III.3.1）

波考克承认马基雅维利关于国家再造的看法，但建议"我们必须尽可能地避免进入历史的循环"。[3] 与此相反，马基雅维利赞成周期性的再造，甚至乐于看到必要的血腥。在概括了这种非同寻常的情形之后，马基雅维利将之转化成一句格言：

---

[1] Livy, *Ab Urbe condita*. II.1–2.

[2] Patrick Coby, *Machiavelli's Romans: Liberty and Greatness in the "Discourses on Livy"*. p.52.

[3] J. G. A. Pocock, *The Machiavellian Moment: Florentine Political Thought and the Atlantic Republican Tradition*. pp.204–205.

取得专制而不杀死布鲁图斯的人,和使一个国家变得自由而不杀死布鲁图斯诸子的人,都维持不了太久。(Ⅲ.3.1)

布鲁图斯和他的儿子们成了马基雅维利道德剧目中的演员,"杀死布鲁图斯的儿子们!"——这是集会的口号。

在这个背景下,马基雅维利让他的读者回想起《论李维》第一卷第16章的主题:"一个习惯于生活在君主统治下的民族,即使偶然获得自由,想要维持这种自由也很困难。"(Ⅰ.16,标题)他要讨论驱逐塔克文后的罗马,并对这种情况所造成的弊病进行补救,第一项措施就反映在集会口号上:

如果有人想要补救这些弊病以及上述困难可能造成的混乱,没有比杀死布鲁图斯的儿子们更加有力、更加有效、更加可靠和更有必要的补救措施了。(Ⅰ.16.4)

这里无需提到布鲁图斯,他的国家再造行动堪称典范,已凝练为一条格言。马基雅维利在《论李维》开篇分析了人民的"腐败"问题及其解决办法,而"杀死布鲁图斯的儿子们"的建议则对这个问题进行了转折。再造国家,将国家带回到"它的源头",这是马基雅维利的解决方案。

早在《论李维》第一卷第16章中,马基雅维利就谈到"杀死布鲁图斯的儿子们"是为了解决腐败问题,这部分内容从属于有关腐败问题的一系列章节(Ⅰ.16–20)。在这些章节中,他与古典公民共和主义者的"真道"以及奥古斯丁的分歧变得非常明显,从中也可窥见他在多大程度上对罗马历史进行了重新解释。此前,马基雅维利专门讨论了罗马的宗教问题(Ⅰ.11–15),强调了宗教的政治用途。他首先赞扬了努马而非罗慕路斯:"虽然罗马的第一个创建者是罗慕路斯",第一卷第11章开头如是说,"但是那些上天指示给罗慕路斯的制度不足以建立起一个强大的帝国",于是上天便在人们心中激发出灵感,选举努马作为继任者,而努马发现"罗马人民极其凶悍",他"希望通过和平的技艺"让人民成为服从的公民,因此"转向宗教"(I.11.1)。

这里有必要回顾,奥古斯丁讨论早期罗马时保留了对努马的宗教虔诚与"和平技艺"的赞赏,他认为这应该作为罗马的永久政策。马基雅维利虽然和奥古斯丁一样喜欢努马而非罗慕路斯,原因却与奥古斯丁完全不同。他解释说,"上天"认为宗教是获得"帝国"的必要条件。与奥古斯丁形成鲜明对比的是,马基雅维利强调宗教对一个雄心勃勃的、贪婪的国家有何用途,这正是他在随后几章中有关宗教的主题。当宗教被用作"和平技艺"而非战争技艺时,它就会成为腐败的根源。

因此,接下来有关腐败的章节,以建议"杀死布鲁图斯的儿子们"开始,修订了马基雅维利对努马和罗慕路斯的最初评价。这一修订出现在第一卷第19章,标题是:

> 在一个杰出的君主死后,一个软弱的君主可以维持下去,但在一个软弱的君主死后,再来一个软弱的君主,是无法维持任何王国的。

在这一章中,努马被说成"没有罗慕路斯那么多美德",而"和平技艺"则被认为是寄生在其前任"好战"之德上。如果罗马遵循努马的和平政策,她就会变成"柔弱,成为邻国的猎物"(I.19.4)。正是因为这种"腐败",马基雅维利拒绝了"政治生活的真道和城市的真正宁静"。

真理与真道

马基雅维利在"创建"罗马问题上对宗教的使用和滥用,将我们引向一个无可回避的问题:想要对他和奥古斯丁的思想关系做出任何解释,就必须看到他对基督教的看法。有关这个主题的讨论汗牛充栋,可以大致(粗糙地)予以概括:一些学者认为,马基雅维利在声称自己是基督徒时是真诚的,或者至少可以认为他的思想较为宽泛地关联了奥古斯丁有关堕落世界的政治观念;另外一些学者则认为,马基雅维利对基督教——特别是其政治影响——持强烈批评态度。在两派观点之间以及各自阵营内部存在着巨大的分歧,分歧关乎马基雅维利是否公开批评了基督教,以及是否认为基督教的某些版本或"解释"对政治生活可能是有益的(《论李维》,III.1.4)。

限于篇幅,本文无法深入分析这些争论,只是简要讨论《论李维》中涉及基督教问题的最显著段落,那些马基雅维利有可能联想到奥古斯丁的地方,即他对"我们的宗教"的"真理和真道"的讨论,而非对古代异教的讨论。

前文提到,马基雅维利在《论李维》开篇抱怨,同代人钦佩却不想效仿古人的政治行为,部分是因为"当今宗教已使世界陷入软弱",阻碍了对古代历史的有益研究(《论李维》,卷一,序言2)。一旦透过基督教特别是奥古斯丁的镜头,罗马人的成就在某种程度上就显得渺小了。马基雅维利在第二卷第2章又回到这个话题,详细描述了罗马人如何顽强地捍卫着自由,并再次将宗教作为古今差异的核心解释:

那么，在古代，人们比现今更热爱自由的原因是什么呢？我认为，这与造成现在的人不如古代强大的原因是一样的，这个原因就是我们的教育与古代存在差异，而这种差异建立在我们的宗教与古代的差异之上。因为我们的宗教已经显示了真理和真道，使我们不那么看重世俗的荣誉，而异教徒非常看重这种荣誉，并相信这是至善所在，因此他们的行为就更加勇猛。（《论李维》，II.2.2）

这里重复了《论李维》中的评论——"当今宗教已使世界陷入软弱"。"真理与真道"的措辞让人想起奥古斯丁，以及马基雅维利早先否定其可能性并加以拒绝的公民共和主义"真道"。在他看来，这两种"道"是联系在一起的，因为它们都导致"懒惰"（对基督教来说是一种"雄心勃勃的懒惰"[1]），从而导致软弱和最终的腐败。如果说马基雅维利和奥古斯丁一样，认为撒路斯提乌斯的"真道"不可能，那么他也同样坚决拒绝奥古斯丁对基督教"真理和真道"的解释。由此得出了一个熟悉的结论（虽有争议），但我们是通过一条尚未有人走过的道路而抵达的，即展示马基雅维利如何将奥古斯丁解释罗马历史中的元素用于一个明显不属于奥古斯丁的政治图景。

结　语

本文根据奥古斯丁的《上帝之城》研究了马基雅维利的罗马再

---

[1] Vickie B. Sullivan, *Machiavelli's Three Romes*. chap.2; Paul A. Rahe, *Against Throne and Altar: Machiavelli and Political Theory under the English Republic*. chap.2.

造，以了解他的共和主义特征及其对历史材料的创新。我们不仅展示了马基雅维利如何追随奥古斯丁，将撒路斯提乌斯的"真道"视为镜花水月，还展示了他如何面对奥古斯丁所批评的野心勃勃和贪婪的罗马形象。更为特别地，我们研究了马基雅维利在罗马盛衰原因论上对奥古斯丁的批判性借鉴，并认为罗慕路斯和布鲁图斯创建、再造政治秩序的典范行动——为奥古斯丁所不齿——让他看到了罗马成功的秘密。这是罗马政治理论家和历史学家、奥古斯丁或马基雅维利同时代的公民共和主义者没能发现的。

马基雅维利是著名的"现实主义者"，因而批评奥古斯丁等人是在想象"从来没有人见过或者知道真实（in truth）存在过的共和国和君主国"。① 基于同样的逻辑，我们也有理由怀疑马基雅维利解决政治腐败的方案是否现实。每一代都会出现一位审慎的创建者或再造者，这种想法合理吗？在这一点上，我们注意到，尽管他曾说过一句耐人寻味的话，即连续的再造至少在原理上会使永久的共和国成为可能（《论李维》，III.22.3；参见III.1.3，比较III.17），但是马基雅维利也基本同意奥古斯丁的观点，认为要解决政治腐败所带来的问题，并没有永久的实际办法。然而，在寻求确定国家能够经历"上天给它们安排的历程"（III.1.1）的条件时，马基雅维利所假设的创建者和再造者的能力未必不合理。事实上，我们的分析表明，马基雅维利的模范国家不是由全知全能的、有远见的立法者，而是由雄心勃勃的权力追求者，为着某种狭隘的个人目的，对其进行了创建或再造。罗马共和政体的出现是一个愉快的意外，是个人野心的意外结果。罗慕路斯和布鲁图斯都没有完全预见到他们行为的意义。这一事实不仅表明马基雅维利的政治理论不需要全知全能的政治家，

---

① Machiavelli, Niccolo. *The Prince*. chap.15.

而且表明一个成功国家的出现在很大程度上归功于机运和德性。

如果马基雅维利愿意跟随奥古斯丁，承认罗马英雄短视的自私和欺骗，那就表明他不是乌托邦主义者。而他努力对这种私心重新概念化，以扩大对政治可能性的认识，又表明他也不完全是悲观主义者。事实上，马基雅维利与奥古斯丁等人商榷，并不是为了简单地谴责或赞美罗马人的成就，而是要揭示一套新的、尚未尝试过的政治可能性。这些可能性的实现将交给那些为了成为君主而需要一个国家的人，也就是《论李维》所描述的那些有德之人。当然，马基雅维利开辟的新的理论空间有其局限性，而且我们已经指出，这位伟大的佛罗伦萨人对他自己所宣扬的可能性过于谨慎，从而不会认为它们是不存在问题的。事实上，马基雅维利和奥古斯丁一样，强调了地上之城特有的野心、贪婪和罪恶带有危险性，并且承认政治生活必然伴随着某些特定的限制。

不过，我们认为，将马基雅维利的政治观定性为奥古斯丁对地上之城的有限理解的通俗版本，最终是错误的。相反，马基雅维利创造性地运用了带有奥古斯丁强烈印记的思想框架，以阐明一种新的政治视野。[1] 奥古斯丁对人类之城的最终判断是由一种特定的历史观决定的。在这种历史观中，罗马兴衰之所以重要，是因为它为基督教的崛起做好了准备。

与奥古斯丁的线性历史观相反，马基雅维利的《论李维》阐述了一种历史循环论，从而表明他试图颠覆奥古斯丁的预言性叙事，以此重新解释罗马衰落和基督教兴起的意义。马基雅维利对罗马的重新阐释鼓励我们秉持一种有希望的或有条件的乐观主义，将我们

---

[1] Benedetto Fontana, "Love of Country and Love of God: The Political Uses of Religion in Machiavelli." p.658.

带离奥古斯丁的历史和道德理解，走向一种新的未来，去追求奥古斯丁所拒绝的危险的可能性。我们的结论是，奥古斯丁和马基雅维利都认为政治生活中必然存在某些限制，但他们的分歧在于这些限制是什么、在哪里。如果说，审慎意味着懂得如何在两个不完美的选项中做出更好的选择，那么它也指示我们选择地上之城及其所有的困难，而不是选择上帝之城。

古典作品研究

索福克勒斯《菲罗克忒忒斯》中的
理性主义与虔敬

陈驰 撰

引 言

作为索福克勒斯现存唯——部采用"机械降神"（deus ex machina）技法的剧作，《菲罗克忒忒斯》（*Philoctetes*）在神明赫拉克勒斯（Heracles）对菲罗克忒忒斯和涅奥普托勒摩斯（Neoptolemus）两人的神义教诲中落下帷幕。赫拉克勒斯的严肃口吻不仅彰显了神之于人类命运的支配地位，还回应了诗人对虔敬问题的一贯探寻。有趣的是，赫拉克勒斯的出场本是为了化解原本陷入僵局的情节，却也因此引发了新的解释难题：表面上看，涅奥普托勒摩斯决定带菲罗克忒忒斯回家正式宣告了奥德修斯为获得战争胜利而诉诸的政治理性的失败，可赫拉克勒斯命令两人回到特洛伊战场则与奥德修斯的根本欲求若合符节——神义最终竟沦为人类理性的催化剂。

对该问题的不同理解将《菲罗克忒忒斯》的评论者们分成了若干阵营。维拉莫维茨（Tycho von Wilamowitz）最早主张应将赫拉克勒斯的出现视为诗人对肃剧技巧和戏剧透视法的熟练操作，[1]其追随者罗宾逊（David Robinson）更是完全摒弃神学视角，声称涅奥普托勒摩斯决定带菲罗克忒忒斯回到母邦才是"真正结局"，赫拉克勒斯的作用则仅仅在于迎合观众以及显示神话与历史没有被忽视而已。[2]基托（H. Kitto）也强调了欧里庇得斯惯用的"机械降神"对索福克勒斯的影响，并认为后者借赫拉克勒斯之口想要表达的主题"不是神如何对待人，而是人与人之间如何相处"。[3]与之相反，杰布（R. C. Jebb）[4]、鲍勒（C. M. Bowra）[5]、摩尔（Kathleen Moore）[6]等人都秉持一种"神义论"的道德解释，他们大都将索福克勒斯视作虔敬主义者，认为诗人让赫拉克勒斯降临，乃是旨在恢复神性之于人类意志和人类命运的至高权威。

仅仅聚焦神义论或完全摒弃神学视角似乎都不太符合诗人的真

---

[1] Tycho von Wilamowitz-Moellendorf, *Die Dramatische Technik des Sophokles*, Berlin: Wildmann, 1917, p. 331.

[2] David B. Robinson, "Topics in Sophocles' *Philoctetes*," *The Classical Quarterly*, Vol. 19, No. 1 (May, 1969), pp. 55-56.

[3] H. D. F. Kitto, *Greek Tragedy*, London: Routledge, 2003, p. 303.

[4] R. C. Jebb, *Sophocles: The Plays and Fragments Vol. IV. The Philoctetes, With Critical Notes, Commentary and Translation in English Prose*, Cambridge: Cambridge university press, 2010, p. xxvii.

[5] C. M. Bowra, *Sophoclean Tragedy*, Oxford: The Clarendon Press, 1944, pp. 261-262.

[6] Kathleen Moore, "Two Uses of The Deus ex Machina," *The Classical Outlook*, Vol. 51, No. 5 (January, 1974), p. 51.

实意图。自上世纪末起，不少学者倾向于在神性与人性之间找到一种良好平衡，而且大都从政治哲学的视角解读本剧。西格尔（Charles Segal）[①]与贝佐（Jonathan Badger）[②]都认为赫拉克勒斯的神性对自我满足的政治理性而言是一种警醒与弥补，神义能揭示政治生活的理性与经验没法揭示出来的东西，进而提醒人们认清世俗生活的肃剧性本质。特斯托尔（Aristide Tessitore）一方面为剧中奥德修斯所代表的政治理性主义作了辩护，另一方面也承认索福克勒斯鼓励虔敬，因为人对神明的关注构成了一种对政治生活的"必要限制"。[③]伯纳德特（Seth Benardete）则极富洞见地挖掘出剧中核心的逻各斯（logos）与谜索斯（mythos）的辩证关系问题，指出赫拉克勒斯的出现意味着谜索斯取代了此前一直占据主导地位的逻各斯。但笔者不同意伯纳德特的如下看法，即赫拉克勒斯的谜索斯仅仅是一种"不合理的诗性语言"，诗人借此"谴责了奥德修斯无用的理性主义"。[④]

研读《菲罗克忒忒斯》可知，赫拉克勒斯最后的"谜索斯"确是本剧得以成为一个整体的关键要素，它构成了全剧"一个恰如其分的高潮"。[⑤]然则，对神人之间鸿沟的过度关注导致不少学者忽视了

[①] 西格尔，《菲罗克忒忒斯与不朽虔敬》，陈驰译，载于《当代比较文学》，2020（2），页79-124。

[②] 贝佐，《友谊与政治：〈菲罗克忒忒斯〉》，汉广译，载于刘小枫、陈少明主编，《索福克勒斯与雅典启蒙》，北京：华夏出版社，2007，页81-82。

[③] Aristide Tessitore, "Justice, Politics, and Piety in Sophocles' *Philoctetes*," *The Review of Politics*, Vol. 65, No. 1 (Winter, 2003), p. 88.

[④] Seth Benardete. "The Plan of Odysseus and the Plot of the *Philoctetes*," ed. Ronna Burger and Michael Davis, *The Archaeology of the Soul: Platonic Readings of Ancient Poetry and Philosophy*, South Bend: St. Augustine's Press, 2012, p. 59.

[⑤] M. W. 布伦戴尔，《扶友损敌：索福克勒斯与古希腊伦理》，包利民等译，北京：三联书店，2009，页291。

《菲罗克忒忒斯》自身的人物刻画与情节论证。作为一个有意建构的整体，索福克勒斯其实在剧中刻画了一个连贯且完善的道德冲突，并提供了解决之道。归根究底，本剧情节在奥德修斯、菲罗克忒忒斯和涅奥普托勒摩斯的言辞与行动中铺陈开来，而他们的言行又与其灵魂品性或曰生活方式息息相关。基于此，通过细致疏解剧中人物各自的性情及其缺陷与后果，本文力图证明两位成年英雄奥德修斯和菲罗克忒忒斯分别代表了理性与虔敬的两极，"预备公民"[①]涅奥普托勒摩斯则在赫拉克勒斯神性光辉的照耀下预示了一条中间道路。

一 奥德修斯的政治理性主义

特洛伊战争第十年，神谕示意希腊军队唯有取得菲罗克忒忒斯手中的弓箭才能赢得胜利（行68-69，610-613）。[②]由于含混的神谕没有指明获取弓箭的具体方法，奥德修斯在深谙强力与说服都无法实现目的（行103）的情况下精心谋划了一个欺骗"巧计"（行14）。有趣的是，菲罗克忒忒斯因十年前的抛弃之举而对阿特柔斯之两子和奥德修斯恨之入骨（行5-6），奥德修斯因此需要涅奥普托勒摩斯成为其行动的代理人（行12-14，71-78）。[③]他于是告诫这位年轻人：

[①] 维达尔-纳凯，《索福克勒斯作品中的"菲罗克忒忒斯"和预备公民培训制》，载于韦尔南、维达尔-纳凯，《古希腊神话与悲剧》，张苗、杨淑岚译，上海：华东师范大学出版社，2016，页162。

[②] 本文所引《菲罗克忒忒斯》原文皆为笔者参希腊原文自译，以下仅随文标明行数。《菲罗克忒忒斯》希腊文笺注本参考 Seth L. Schein (ed.), *Sophocles: Philoctetes*, Cambridge: Cambridge University Press, 2013. 同时参考《古希腊悲剧喜剧全集（第二卷）》，张竹明译，南京：译林出版社，2015。

[③] 埃斯库罗斯和欧里庇得斯都写过同名剧作，但引入涅奥普托勒摩斯作为行动者是索福克勒斯首创。

阿基琉斯的孩子啊，你必须为你来此的这些事情
而高贵，不仅仅是在身体上。（行50-51）

奥德修斯命令涅奥普托勒摩斯要具备"高贵"（γενναῖον）品质，但何谓"高贵"？奥德修斯多次以父名称呼这位年轻人似乎意在赞美后者的世系传承（行4，50，96），因为涅奥普托勒摩斯已经从其父阿基琉斯那里继承了"诚实"（行79-80）、"勇敢"（行96）的贵族式天性。然则，奥德修斯紧接着便将这些灵魂德性贬低为身体层面的德性，而且对"高贵"提出了一些"新"要求（行52）。[①]

奥德修斯率先提及的"高贵"之举是"施诡计"（行77）。他要求涅奥普托勒摩斯"必须在交谈中（λέγων）用言辞（λόγοισιν）欺骗菲罗克忒忒斯的灵魂"（行54-55）。运用欺骗达成目的显然不符合涅奥普托勒摩斯所秉承的阿基琉斯式性情，[②]因为他天性喜好"强力"而厌恶"邪恶的诡计"（行90）。面对涅奥普托勒摩斯的质疑，奥德修斯直言自己年轻时也更偏好行动，现在却发现"对所有凡人而言，言辞而非行动主宰万物"（行96-99）。奥德修斯的回复其实反映了他对言辞与灵魂之关系的认识，正如赫拉克利特所言，"灵魂拥有逻各斯，它自我提高"（残篇115），[③]柏拉图笔下的苏格拉底也说"言辞

[①] 在公元前5世纪的希腊，"新"（χαινός）是带有极强煽动性的语词之一。柏拉图笔下的苏格拉底所受指控的罪名之一便是"信新的（χαινά）精灵事物"（《苏格拉底的申辩》24c）。在本剧中，"新"同样预示着奇特、怪异和令人惊骇。见Norman Austin, "The Great Soul Robbery in Sophocles' '*Philoktetes*'," *A Journal of Humanities and the Classics*, Vol. 14, No. 2 (Fall, 2006), p. 85。

[②] 关于荷马笔下阿基琉斯式性情与奥德修斯式性情之争，参见陈戎女，《荷马的世界——现代阐释与比较》，北京：中华书局，2009，页116-132。

[③] T. M. 罗宾森英译/评注，《赫拉克利特著作残篇》，楚荷译，桂林：广西师范大学出版社，2007，页127。

的作用力恰恰在于引导灵魂"(《斐德若》, 271c10)。[①]奥德修斯坚信人是言辞的动物,涅奥普托勒摩斯宣扬的强迫行为则关乎血气,于是奥德修斯所谓用"言辞"窃取"灵魂"就无异于在强调理性在灵魂中的主导地位。可见,用理性引导灵魂不仅是奥德修斯计谋的本质,亦是我们理解其灵魂品性的钥匙。

基于对谎言的选择,奥德修斯提出了第二个要求:"大胆"($\tau \acute{o} \lambda \mu \alpha$)(行82)。针对涅奥普托勒摩斯的犹豫,奥德修斯劝诫道:

> 取得胜利是快乐的大奖,
> 大胆做吧!我们日后会是正义的人。
> 但现在把你自己给我用上短短的半天,
> 为了一次可耻的勾当,以后剩下的时光中
> 你会被称作所有凡人中最虔敬的人。(行81–85)

在修昔底德笔下,尤其是在伯里克勒斯(Pericles)的葬礼演说中,"大胆"几乎成了描述雅典人特性的专有名词。修昔底德一方面让伯里克勒斯表明"大胆"而非"勇气"是雅典人最值得钦佩的特性(2.39.4)[②],另一方面又借其他城邦之口展现了"大胆"与雅典帝国政治品质的联系,譬如科林斯人最早谈及雅典人倾向革新、敏于谋划,四海为家(1.70.2)。换言之,"大胆"不仅替代了传统的勇敢,还意味着一些维持城邦稳定的神圣事物的崩坏。"不道德"和

[①] 柏拉图对话中译参刘小枫主编,《柏拉图全集》,北京:华夏出版社,2023。

[②] 修昔底德,《伯罗奔尼撒战争史》,何元国译注,北京:中国社会科学出版社,2017。

"变动不居"成为"大胆"意义的核心。①奥德修斯在这里同样鼓吹这种"智性革命",他甚至进一步自夸道:

> 形势需要我是怎样的人,我就必须是怎样的人。在评判正义和高贵之人的擂台上,你不可能发现谁比我更虔敬。我天性在所有方面渴望胜利。(行1049-1052)

可见,尽管奥德修斯深谙其计谋不符合传统道德,但只要能赢得胜利,他不仅能满不在乎地挑衅正义与虔敬,还能随意变换自己的灵魂样貌。

奥德修斯过分强调理性的工具性价值,这让他显得缺乏节制且毫不关心道德世界。诺克斯(Bernard Knox)和斯坦福(William Stanford)等不少学者也因此谴责了奥德修斯的渎神和不择手段。②然则,脱离文本语境看待奥德修斯的论调,难免会觉得其言辞充满了智者式诡辩,这同样不公正。我们发现,与欧里庇得斯同名肃剧中自私自利的奥德修斯不同,③索氏笔下的奥德修斯对胜利的热望其实更多指向政治共同体的公共善(行1145)。奥德修斯之所以命令涅奥普托勒摩斯"必须服从"(行53),正在于若非如此,他"就会给全体阿尔戈斯人带来痛苦"(行67)。在强调政治事态的必要

---

① 福特,《统治的热望:修昔底德笔下的阿尔喀比亚德和帝国政治》,未己等译,吴用校,北京:华夏出版社,2010,页25。

② 参见诺克斯,《英雄的习性:索福克勒斯悲剧研究》,游雨泽译,北京:三联书店,页194; W. B. Stanford, *The Ulysses Theme: A Study in the Adaptability of a Traditional Hero*, Ann Arbor: The University of Michigan Press, 1985, pp. 108–111.

③ Dio Chrysostom, *Discourses 37-60*, Translated by H. Lamar Crosby, Cambridge, MA: Harvard University Press, 1946, pp. 438–439.

性时，奥德修斯一贯使用的表示"必须"的语词是 $δεῖ$（行 11，50，54，77，984，998，1049，1060）。相较于表达"主观、内心需要"的 $χρή$，$δεῖ$ 更多标志着一种情势的客观要求，它迫使行动者不顾及自己主观上是否同意这一计划。①换言之，奥德修斯政治理性的核心在于赋予政治事态以终极价值，寻求对所有人而言都最好的结果。为此，他企图重塑政治秩序，凭"大胆"取代"勇敢"，靠理性取代"虔敬"，这既是他心中最有效的行事方式，亦是其所谓的"高贵"品质。

奥德修斯的政治理性主义对涅奥普托勒摩斯而言的确很"新"。一方面，秉承家族传统脾性的涅奥普托勒摩斯"宁愿光明磊落地失败，也不愿用阴谋诡计取胜"（行94-95），计谋与性情的抵牾使他感觉痛苦（行86-89）。另一方面，如其名相所示，②这位少年相当缺乏政治经验，利姆诺斯岛的远征和奥德修斯的教导是他迈入政治生活的"第一课"。③于是，他说自己"既然被派出来做助手，就害怕被称作背叛者"（行93-94）。痛苦与害怕的混杂使涅奥普托勒摩斯首次陷入道德冲突，而这也恰恰映射了其天性中对一种属己之爱的根本欲求，即爱荣誉。毕竟，不愿以低劣的手段获胜并非不愿获胜，相反，这位血气旺盛的少年渴望迅速建功立业，以此成为其父亲那样的人（行89）。

奥德修斯显然准确把握到了涅奥普托勒摩斯的这一爱欲，他继

---

① Seth Benardete, "XPH and ΔEI in Plato and Others," *Glotta*, Vol. 43, No. 3 (1965), p. 285.

② 涅奥普托勒摩斯（$Νεοπτόλεμος$）的名字由"年轻的、新的（$νέος$）"与"战争"（$πόλεμος$）组成，意味着他是一个刚刚加入战争的年轻人。

③ Josh Beer, *Sophocles and the Tragedy of Athenian Democracy*, London: Praeger, 2004, p. 137.

而用"智慧且善（σοφός τ' κάγαθός）"[①]的名誉说服了后者将羞耻扔到一边（行119-120）。涅奥普托勒摩斯终究折服于爱荣誉的天性，[②]暂时放弃了阿基琉斯式的行为准则，决定展开欺骗。奥德修斯下场时祈求诡计神赫耳墨斯（Hermes）和胜利女神雅典娜守护"我俩"（行133）也似乎表明涅奥普托勒摩斯已经成了"新奥德修斯"。有趣的是，这位年轻人在开场中只字未提共同体的政治危机，此时政治在他眼中只是关乎个人的伟大成就、伟大荣耀以及为荣耀而竞争之事。我们不禁要问：奥德修斯这种基于政治理性主义的教导，是否真的能一举征服涅奥普托勒摩斯的灵魂？

二 菲罗克忒忒斯虔敬的英雄主义

菲罗克忒忒斯的出现迫使我们将视角从公共利益进一步转向私人痛苦，这主要体现在他的现实处境上。奥德修斯在全剧开头几行对利姆诺斯岛地理环境的描述，其实已经暗示了菲罗克忒忒斯不幸的生存状态。四面环海的利姆诺斯岛"与世隔绝，荒无人烟"（行2），这里"没有可以停泊的港湾，找不到一处能售货牟利，或得到友好接待的地方"（行302-303）。严酷的自然环境突显了菲罗克忒忒斯生存条件的恶劣，也表明他已经长时间远离城邦生活。待至菲罗克忒忒斯亲自上场，他更是生动、细致地描述了"野蛮"的

[①] 奥德修斯其实替换了阿提卡地区在称赞"贤人"时的习俗表达——"高贵且善"（κάλος τε κάγαθός），而他替换后的表达则被柏拉图笔下的苏格拉底用来形容一个"最有能力撒谎和说真话"（《希琵阿斯后篇》367d8-e2）的专家。

[②] 因此，笔者不同意贝佐对奥德修斯得以说服涅奥普托勒摩斯的解释。他认为，经过奥德修斯的说服，涅奥普托勒摩斯最终在个人荣誉与共同体的获救之间选择了后者。见贝佐，《友谊与政治：〈菲罗克忒忒斯〉》，前揭，页64。

疾病（行266）给自己带来的深重灾难。他在狭窄的洞穴里孤独过活，不仅只能靠弓箭猎获的飞禽果腹，还必得"拖着可怜的腿爬向猎物"（行291-292）。而且，由于"火"只有冬天才会被艰难引燃（行295-299），他因此只能就地生吃猎物。可见，菲罗克忒忒斯已经"野蛮化"了（行1321），甚至他本人也在某种程度上将自己视为一只野兽（行226）。

菲罗克忒忒斯的苦难确实令人同情，他似乎没有做错任何事情，也不应该受到朋友的背叛。因此，他将自己遭受的所有不幸都归因于奥德修斯和阿特柔斯之两子十年前的抛弃（行257，264-265，268，273）。他控诉他们"不虔敬"（行258）且"无耻"（行266），而且使他变得"不为人知"（行259，1030）。与其他"索福克勒斯式英雄"一样，[①]菲罗克忒忒斯的血气极其旺盛，这种血气外化为愤怒，并最终导向仇恨。十年来，菲罗克忒忒斯的仇恨如其恶疾一样非但没有任何消退，反而愈发深重。因此，菲罗克忒忒斯执着于报仇雪恨，并呼求诸神为其敌人降下同等痛苦，以作为对他的补偿（行315-316）。

在菲罗克忒忒斯看来，复仇是对恶人的公正惩罚，也是凡人虔敬信神的回报。我们发现，菲罗克忒忒斯是剧中求神次数最多的角色（行315-316，484，736-738，747，770，933，967，1036-1042，1181-1185，1301），他的确显得相当虔敬。菲罗克忒忒斯赞美诸神的所作所为，他相信诸神关心正义，而且"深知"他们确实如此，否则诸神就不会驱使已经抛弃了他的奥德修斯重新来找他（行1036-1039）。在与奥德修斯的首次正面交锋中，菲罗克忒忒斯谴责

[①] 关于"索福克勒斯式英雄"的脾性，参诺克斯，《英雄的习性：索福克勒斯悲剧研究》，前揭，页43-97。

他将神当成借口和"说谎者"（行992），因而也是诸神"最厌恶之人"（行1301）。正是基于对这种神圣正义的认识，菲罗克忒忒斯坚信诸神定会帮他实现愿望，这也导致他宁死也不愿对敌人让步（行1001–1002, 1207–1208）。

菲罗克忒忒斯的立场构成了奥德修斯的反面，也有助于揭示奥德修斯政治理性主义的局限所在。展现这一尖锐对立的最佳例证，出现在菲罗克忒忒斯与涅奥普托勒摩斯的"相认"场景。在知晓了涅奥普托勒摩斯的世系后，同样秉持阿基琉斯式英雄观的菲罗克忒忒斯连续三次使用"亲爱的（φίλος）"这一词汇的最高级来形容他的出现或阿基琉斯本人（行234, 237, 242）。正是基于这种天性层面的"友爱"，菲罗克忒忒斯顺势向涅奥普托勒摩斯祈求救助：

> 对于高贵的人来说
> 卑劣的行为是可耻的，良善的行为是光荣的。
> 拒绝这事，对你的谴责不会乐观，
> 但倘若你实现它，孩子啊，你将得到至高的声誉作回报，
> 若我能活着到达奥塔的土地。
> 来吧！麻烦不需一个整天。（行475–480）

当菲罗克忒忒斯希冀这位年轻人具备"高贵"品质时，他和奥德修斯的擂台就彻底打响了。奥德修斯眼中的"高贵"是身体与灵魂的双重革新与服从，菲罗克忒忒斯则似乎将"高贵"与"良善"（χρηστός）等同。"良善"在此场景中出现了四次，分别指向勇敢（行436, 457）、正义（行450）和荣誉（行476），其反面则是怯懦、邪恶和可耻。换言之，一个良善之人结合了英勇作战以及诚实

正直的卓越品质，而且尤其重视天性与行动之间的一致。①不仅如此，鉴于"良善"与正义这一公共德性的联系，良善之人还会尊重自己与他人的功绩，且必定会帮助朋友、伤害敌人。因此，当涅奥普托勒摩斯答应带菲罗克忒忒斯回家时，菲罗克忒忒斯立马称赞他言辞"虔敬"、行为"正当"（行662），还声称他的"德性"（ἀϱετῆς）配得上赫拉克勒斯的弓箭（行669-670）。"德性"一词在剧中仅出现了三次，后两次皆在剧末被赫拉克勒斯分别用于形容他自己和菲罗克忒忒斯的荣誉（行1420，1425）。可见，在菲罗克忒忒斯看来，这种德性不仅是他所属的这类英雄得以成为最伟大英雄的标志，还是区分正义与邪恶的普遍价值。

按照菲罗克忒忒斯的标准，奥德修斯的政治理性可谓"完全缺乏诚实和高尚思想"（行1006）。诚然，奥德修斯欲求的共同胜利能给全体邦民带来幸福，但正如亚里士多德所言，共同体不单单要保障个人具备追求幸福的可能性，更要尽力实现最高目标，即让每个邦民都成为行事高贵之人（《政治学》，1281a2-4）。②奥德修斯认为唯有胜利才是具有内在价值的事态，欺骗则仅是实现结果的行动。那么，即使说服或强力能够有效实现政治目标，他似乎也会更加偏爱狡诈。如此一来，奥德修斯所秉承的政治理性，就难免沦为一种不尽如人意的"功利主义"或曰"后果主义"。③不仅如此，奥德修斯

---

① 索福克勒斯的其他肃剧也证实了"良善"的这种用法，如《埃阿斯》468、《俄狄浦斯王》609-610、《安提戈涅》520。尤其是《特剌喀斯少女》中，"良善"与诚实密不可分（452），永远不要说谎的建议也是良善的（470）。

② 亚里士多德，《政治学》，颜一、秦典华译，载于苗力田主编，《亚里士多德全集（第九卷）》，北京：中国人民大学出版社，1994。

③ 威廉斯，《对功利主义的批判》，载于斯玛特、威廉斯，《功利主义：赞成与反对》，劳东燕、刘涛译，北京：北京大学出版社，2018，页148。

还漠视了友爱等私人关系的价值。①奥德修斯一直贬低他者的个性与人性,他从始至终都将菲罗克忒忒斯视作需要"捕获"(行14)、"捆住"(行1003)并强行"赶"到特洛伊(行1297)的野兽,对涅奥普托勒摩斯也仅仅将之视为实现计谋的仆人和工具(行15,53),于是朋友因而也成了他可以任意伤害的对象。

值得注意的是,菲罗克忒忒斯的英雄主义也同样存在问题。首先,与奥德修斯相比,菲罗克忒忒斯丝毫不关心政治,而是沉溺于私人利益和主观关切。一个最显著的例证是他们对弓箭的不同认识。奥德修斯明白弓箭对于赢得胜利不可或缺,菲罗克忒忒斯则将之与其生命等同(行931)。在吩咐涅奥普托勒摩斯不要让奥德修斯骗走弓箭时,他给出的理由是"以免你成了两个谋杀者,既杀了你自己,又杀了我"(行,772-773)。可见,菲罗克忒忒斯完全没有将自己视作公共事业的一部分,而只是视作一场受神激发的复仇计划的焦点。②这种对公共生活的怀疑与仇视彰显了菲罗克忒忒斯的"自治"($αὐτόνομος$)欲望,亦即在自己制定的礼法下生活。然则,渴望自治本身并不自治,因为一方面,自治意味着他不能接受他人的帮助,另一方面,从内在谋求自治意味着他早已是自治的。③因此,这一自相矛盾的欲望使得菲罗克忒忒斯拒绝受制于政治共同体,而无法在社会中生存的人"要么是野兽,要么是神"(《政治学》,1253a29)。菲罗克忒忒斯非但不能成为神,反而还使"野蛮"成了其生活的主导力量。

---

① $φίλος$ 及其同源词在剧中一共出现了31次,但从未出自奥德修斯之口。

② Martha Nussbaum, "Consequences and Character in Sophocles' Philoctetes," Philosophy and Literature, Vol. 1, No. 1 (Fall, 1976), p. 40.

③ 戴维斯,《古代悲剧与现代科学的起源》,郭振华、曹聪译,上海:华东师范大学出版社,2008,页12。

其次，受渴望复仇的血气驱使，菲罗克忒忒斯近乎痴迷于寻求神圣正义，但他所理解的是"矫正式正义"而非"分配式正义"。前者的核心在于通过处罚使平等的双方恢复数量上的平等，后者在贵族式英雄观的层面上则意味着依据德性成比例地分配（《尼各马可伦理学》，1130b30）。① 我们发现，神谕促使奥德修斯将菲罗克忒忒斯重新纳入政治共同体，以此作为对其苦难的公正补偿。菲罗克忒忒斯去到特洛伊不仅能解除痛苦，还能凭借其德性获得至高荣誉（行1329-1335，1423-1424）。然则，菲罗克忒忒斯却将奥德修斯一行的到来仅仅理解为一次报仇的良机，仿佛神明驱使希腊人来此就是为了让他能够拒绝给予帮助，以便使他们遭受同等数量的苦难。换言之，菲罗克忒忒斯宁愿牺牲凭德性而来的补偿也不愿放弃复仇，于是这种"矫正式正义"对他而言也完全是消极和破坏性的。那么，即便菲罗克忒忒斯的英雄主义赢得胜利，它也只能是一次失败。

三 知命与友爱：涅奥普托勒摩斯的中道

尽管菲罗克忒忒斯的私欲是一种自我毁灭，但他对涅奥普托勒摩斯的德性教育仍然颇具价值。菲罗克忒忒斯的核心教诲是"成为你自己"（行950），而它也的确在涅奥普托勒摩斯的身上应验了。在目睹了菲罗克忒忒斯惨绝人寰的病痛后，涅奥普托勒摩斯承认自己犯了错，并向他坦白了欺骗行径。涅奥普托勒摩斯的灵魂再次陷入混乱。一方面，说谎与涅奥普托勒摩斯的性情相悖，且已经给他带来可耻与痛苦（行902-903，比较行86-89），另一方面，"法律"与

---

① 亚里士多德，《尼各马可伦理学》，廖申白译注，北京：商务印书馆，2019。

"利益"又要求他服从当权者（行926）。这促使涅奥普托勒摩斯连续三次真诚地发出了"我怎么办？"（行895，969，974）的拷问。"怎么办"实则映射了"人应当如何生活"（柏拉图，《王制》352d6）这一苏格拉底式问题，亦即探明人如何可能过上幸福生活。①

犯错是人之本性，希腊肃剧的一个基本面相便是摹仿犯错之人从受苦中学习的过程。②问题的关键在于如何反思自己的苦难进而认识自己之所是。经过短暂的沉思，涅奥普托勒摩斯幡然悔悟，他决心改正自己的可耻"错误"（行1248）：服从奥德修斯和全军的命令，并用欺骗和诡计带走"这个男人"（行1228）。这位年轻人此时已经意识到受害者的个性与人性，并主动质疑起奥德修斯的政治理性主义：

奥：全体阿开奥斯军人，包括我在内[会阻止你]。
涅：你天生智慧但言说完全不智慧。
奥：而你既说得不智慧，也做得不智慧。
涅：但倘若是正义的，就比那些智慧的东西更好。（行1243-1246）

涅奥普托勒摩斯开始主动寻求"良善"，不过他没有否认奥德修斯的"智慧"（σοφός），而是否定了后者将个人意志等同于全军意志的"逻各斯"。至此，涅奥普托勒摩斯彻底放弃了奥德修斯式的行事准则，其灵魂也不再受对荣誉之爱的统治，而是决定理智地遵从天性。与执着于表象世界的奥德修斯和菲罗克忒忒斯相比，涅奥普托

---

① 威廉斯，《伦理学与哲学的限度》，陈嘉映译，北京：商务印书馆，2017，页28。
② 亚里士多德，《诗学》，陈中梅译注，北京：商务印书馆，1996，页97。

勒摩斯洞察到一些更深层次的内在心灵的真相。对涅奥普托勒摩斯而言，正义不单是行事高贵，更近似一种柏拉图式的"灵魂和谐"。① 由此，涅奥普托勒摩斯恍悟了自己的灵魂样貌，知晓了"个人的完整性（integrity）才是其幸福的核心，或至少是自我尊重的必要基础"。② 而鉴于"性情就是命运"（赫拉克利特，残篇119），涅奥普托勒摩斯可谓知命也。

秉承这种个人完整性，涅奥普托勒摩斯探索出了谎言与强力之外的第三种方式，即"善意"的劝说（行1322）。我们发现，涅奥普托勒摩斯的劝说完美地结合了政治理性与虔敬，他诉诸的是人类友爱和神义（行1374-1375），而这正是赫拉克勒斯最终教诲的精义所在。

首先，涅奥普托勒摩斯将弓箭还给菲罗克忒忒斯，并三次称他为"朋友"（φιλος，行1375、1383、1385）。涅奥普托勒摩斯的"言辞"（行1293）完全出于帮助朋友的目的，因为菲罗克忒忒斯去到特洛伊不仅能治好痼疾，还能成为希腊军中"最优秀的人"（行1345），这对他俩而言都是"最善的结果"（行1381）。菲罗克忒忒斯接受了他的友爱却拒绝听从劝说，因为他宁愿永远孤独也不愿以放弃仇恨为代价重返这个政治共同体。然则，正如纽曼（Robert Newman）所言，一旦菲罗克忒忒斯承诺帮助涅奥普托勒摩斯抵御希腊军队可能给予的报复时，他们二人其实就已经构建起了一个基于互惠式友爱

---

① "正义并非关系到某人献身于自己的外界事业，而是关系他的内心事业，正如真正地关系到他本人、关系到他自己的一切事物……他会处理好本质上真是他自己的事务，会自己统治自己，会把一切安排整齐得当，会成为自己的好友，会完全调和灵魂中三个阶层的关系。"（《王制》，443c10-e1）。

② Aristide Tessitore. "Justice, Politics, and Piety in Sophocles' *Philoctetes*," *The Review of Politics*, Vol. 65, No. 1 (Winter, 2003), p. 81.

的"小型的友爱共同体",进而也为菲罗克忒忒斯最终与希腊人和解奠定了人性基础。①

纽曼的说法不无道理,但他也忽视了这种友爱共同体得以建立的一个重要前提,即只有涅奥普托勒摩斯先与菲罗克忒忒斯一起脱离希腊联军,后者才会主动回报友爱。因此菲罗克忒忒斯此时给予的帮助并非完全是对等互惠的。于是,涅奥普托勒摩斯需要接着诉诸另一个论据。他重申歌队提及过的命运论题(行1095-1100),但增添了自己的崭新理解。他先是比较了"必须承受的神赐命运"与"自己制造的伤害"(行1316-1318),接着便将菲罗克忒忒斯的疾病归为"神赐命运"(行1326),将疾病造成的痛苦归为不值得同情和怜悯的"伤害"(行1332)。我们看到,涅奥普托勒摩斯区分了菲罗克忒忒斯的疾病和痛苦的成因,并洞见到正是菲罗克忒忒斯对命运的不恰当反应,才导致身体疾病侵蚀了他的灵魂,最终使其身心都变得"野蛮"。

可见,涅奥普托勒摩斯把握了人的罪过与神意之间的平衡,同时暗示了一种神圣秩序。这正为赫拉克勒斯随后讲述的"谜索斯"(行1410、1446)做了铺垫:

> 首先我将告诉你我的命运,
> 我已经经受了许多苦劳
> 才获得了不朽荣誉,如你所见。
> 而对你来说——你一定得知道——也注定要遭受这些,
> 吃过这些苦劳你将光荣一生。(行1418-1422)

---

① Robert J. Newman. "Heroic Resolution: A Note on Sophocles, *Philoctetes* 1405-1406," *The Classical Journal*, Vol. 86, No. 4 (Apr.-May, 1991), p. 307.

赫拉克勒斯降临是为了"传达宙斯的意图"（行1415），他类比了自己和菲罗克忒忒斯的受苦经历，并保证后者也一定会获得"不朽荣誉"（比较行1347）。涅奥普托勒摩斯和赫拉克勒斯都将菲罗克忒忒斯的苦难置于更加宏大的神圣背景之中，这些苦难因而也成为这个宏大格局的一个瞬间。一方面，赫拉克勒斯在涅奥普托勒摩斯的基础上进一步缓和了菲罗克忒忒斯对再次受骗的担忧，因为他成神前不仅是菲罗克忒忒斯的旧友，还受过其恩惠（行726–729），于是赫拉克勒斯的许诺符合菲罗克忒忒斯"以德报德"的英雄价值以及他对神义的渴求。另一方面，涅奥普托勒摩斯和赫拉克勒斯也激发了菲罗克忒忒斯对自身命运的认识。本剧结尾时，菲罗克忒忒斯宣称是"伟大的命运、朋友的智力以及征服一切的神"（行1466–1468）让自己重返政治生活，这也表明他最终与涅奥普托勒摩斯达到了同样的高度。他认识到自己命定受苦，而"不朽荣誉"则与"永恒不灭的虔敬"（行1443）一道，成为"神明最终会奖励诚实、真正的友爱和英雄般的节制，而非欺骗、操纵和强力"的最后保证。①

由此，这种自我认识便弥补了菲罗克忒忒斯和涅奥普托勒摩斯的互惠式友爱中缺少的平等要素。正如赫拉克勒斯所言，重返战场的二人彼此不可或缺，就"像一对互饲的狮子，互相保护"（行1436–1437）。双数形式的"互饲"（συννόμω）和"保护"（φυλάσσετον）彰显了两人基于相互需要和共同分享的平等友爱。按亚里士多德的说法，友爱谱系根源于人的自爱，或曰欲求自身之善（《尼各马可伦理学》，1157b30–1158a，1166a）。此时，两位共享同类德性的英雄将在合乎德性的实践活动中追求自身之善，这将促使

---

① 西格尔，《菲罗克忒忒斯与不朽虔敬》，前揭，页115。

他们互相"观看/沉思"($\vartheta\varepsilon\omega\varrho\varepsilon\tilde{\iota}\nu$)朋友的好的实践(1169b35),正如苏格拉底也教诲阿尔喀比亚德要透过"镜子"用"灵魂观看灵魂"(《阿尔喀比亚德前篇》,133a-b)。由此,菲罗克忒忒斯与涅奥普托勒摩斯成了彼此的"镜子",这不仅能促成他们自身灵魂德性的完善,更能帮助共同体取得最终的胜利(行1428),实现政治秩序的重建。

结　语

透过《菲罗克忒忒斯》的情节可知,索福克勒斯并非反理性主义者,他不赞成理性对自然的致命威胁,而是孜孜不倦地寻求人生存在与神圣力量之间的"均衡",而这种均衡与公元前五世纪的希腊人对"明智"的普遍认知密切相关。[①] 在本剧中,涅奥普托勒摩斯既没有像奥德修斯一样将理性视作一切事物的主宰,也没有成为拘泥仇恨、忽视变化的菲罗克忒忒斯,而是通过观看菲罗克忒忒斯的苦难,最大程度地认识并反思了自身的性情,转而关心灵魂而非其所属物。我们看到,涅奥普托勒摩斯最终没有摒弃政治理性,而是继续劝说菲罗克忒忒斯。他在人生意义和神谕的双重背景下洞察了后者受苦的真相,进而促使其承认对一种更大秩序的义务,并在转瞬即逝的人世生活中认识了自己的命相神灵。如此行为正是虔敬的一种最佳形式,亦不可不谓"明智"。

涅奥普托勒摩斯的知命之旅表明,对个人灵魂型相的整全认识是人们得以过上幸福生活的重要前提,于是索福克勒斯的灵魂类型

[①] 耶格尔,《教化:古希腊文化的理想(第一卷)》,陈文庆译,上海:华东师范大学出版社,2021,页344。

学指向的便是其神学与政治问题。[①]哲人索福克勒斯用立法者的视角看待政治生活，而且力图看得更远。他一方面反思了奥德修斯和菲罗克忒忒斯极端且肆心的价值倾向对城邦的危害，另一方面也预示了一种基于自我认识的平等互惠式友爱对邦民德性与政治品质的助益。如此，对诸神的理解便导向灵魂的完善德性与邦民的幸福生活，而这便是索福克勒斯的神学目的论。

（作者单位：中山大学博雅学院）

基金项目：国家社科基金重大项目《"希腊化"时期文学经典文献翻译与研究》（22&ZD293）。

[①] 肖有志，《哲人索福克勒斯的政治思想研究》，载于《海南大学学报（人文社会科学版）》，2020（5），页33。

论《阿卡奈人》

巴特莱特（Robert C. Bartlett） 撰
黄薇薇 译

《阿卡奈人》是阿里斯托芬传世作品中创作最早的一部，此前他还撰有两部剧作，但我们只知其名。[①]阿里斯托芬在公元前425年雅典的一个宗教戏剧节勒奈亚节上给我们展示了这部剧。勒奈亚节不同于另一个更大型的城市酒神节——阿里斯托芬在剧中让我们注意到这一

[①] 更早的两个剧本是《宴饮者》和《巴比伦人》。阿里斯托芬剧作的目录（按照字母顺序）发现于14世纪的一份手稿，并由 F. Novati 出版："Index fabularum Aristophanis ex codice Abrosiano L 39", *Hermes* 14, no. 3（1879）：461–465；另参 Victor Coulon, introduction to *Aristophane,* vol. 1, ed. Victor Coulon and Hilaire van Daele, Paris: Les Belles Lettres/Budé, 1995, V.。本文所有译文都是笔者根据这一版希腊原文翻译的。［译按］中译文选自黄薇薇，《〈阿卡奈人〉笺释》，北京：华夏出版社，2012。

点（行85-506以及行513）。正如《阿卡奈人》的主人公狄开俄波利斯所指出的（行890），该剧上演于公元前425年，正值伯罗奔半岛战争的第六年。这一事实与此剧所谓的明显信息有关：雅典与斯巴达该商议停战了。不仅是因为战争始于一些鸡毛蒜皮之事——尽管允许谐剧夸张或杜撰（行513-539）——还因为战争给多数雅典人带来沉重的负担，尤其是处于社会中坚的乡下人，他们为服从伯里克勒斯的政策被迫放弃太多。伯里克勒斯颁布法令说，乡下人须离乡背井，到雅典市中心生活，安全地躲在所有重要城墙后。因此，乡下的农作物任由斯巴达人践踏，只要雅典人依靠其强大的海军控制海洋，就可以利用城市这个更大的空间作为后盾。让斯巴达人在雅典的田野里耗尽精力吧，他们不会获得军事优势。

然而，正如修昔底德特别强调的，伯里克勒斯的战略给乡下雅典人带来了巨大的困难（《伯罗奔半岛战争史》2.13-14，16-17）。重复一遍，《阿卡奈人》的明显信息是：和平比战争更可取。战争摧毁生命，生命却带来一切好东西、快乐（行357）——狄开俄波利斯通过人们可能想到的一切体验论证了这一点。

如果阿里斯托芬的意图是鼓励和平，甚至带来和平，想通过展示和平时期的快乐来吸引观众，那我们可以说，他没能实现这个意图，因为战争又持续了大约21年。尽管如此，该剧却在所有参赛谐剧中得了头奖，我们可以据此认为它大获全胜。一位谐剧诗人，支持和平，会做什么呢？狄开俄波利斯本人厌恶战争，且深受其害，他是乡下来的老人（行398、1129、1130、1228），对伯里克勒斯政策带来的困难深有体会（行71、72）。戏剧一开场，他独自一人在雅典公民大会会场，无所事事地等待主席团和同胞的到来，他们总是姗姗来迟。狄开俄波利斯试图以民主的手段讨论和平，却惨败而归，于是他用了一个妙招——一个虚构、绝妙的，即谐剧的办法：他赞助一个不死之人，叫阿菲忒俄斯，让他去斯巴达为他、他的妻子和孩子签订一份私人和约（行132）。狄开俄波利斯成功求得了一份私人和约，这与他试图提出公共和平却失败告终一样，两件事都以迅雷不及掩耳的速度发生了。接着，狄开俄波利斯一家，只有他们一家，立即与斯巴达及其盟国和平共处，在整个大战的漩涡中，唯有这一小块净土。

在战争期间，一个公民单独与敌人缔结这样一种私人和平，这种人叫"叛徒"。因此，我们不用惊讶，为何歌队一进场就给狄开俄波利斯贴上"祖国叛徒"的标签（行290）。该剧的剧名标明了歌队的身份。他们来自雅典乡下的城镇，即阿卡奈区，阿卡奈曾是雅典最大的乡镇（《伯罗奔半岛战争史》2.19），离雅典最远。但组成歌队的阿卡奈人也是参加过波斯战争的退役老兵（"年迈的"，行676）；他们是参加过马拉松战斗且获得了功勋的传奇人物（行181及上下文；行696-697）。这些公民，在雅典"最伟大的一代人"中最保守、最爱国，而且仍激情昂扬（尽管年老力衰），当然更多是精神而非肉体上的激情（行180-184和行321）。他们对狄开俄波利斯愤怒至极，一旦认定他就是他们正在寻找的叛徒，就想用石头砸死他。这种暴力不该发生在谐剧中，必须避免。暴力没有发生，因为狄开俄波利斯证明自己是个超凡绝伦的演说家，他使出浑身解数对付了困境。

现在，狄开俄波利斯对和平的获取远不如他对和平的辩护那样令人印象深刻。和平在第178行就已达成，重复一遍，他拦住了阿卡奈人对他的指控，对方说他叛国，而叛国指的就是178行出现的和约。那么，我们要问：狄开俄波利斯如何实现这一壮举，让整个歌队确信他不是叛徒（行1-718）？此外，我们还得考虑：狄开俄波利斯在剧本后半部分如何利用他的和平（行719-结束）？最后，阿里斯托芬希望我们从他的剧作中学到什么智慧（比如《云》行522-526）——当然，除了欣赏和平带来的快乐之外？

后两个问题,即狄开俄波利斯对和平的利用和阿里斯托芬的意图,二者的关系比表面所见更为密切。因为我们的主人公早就说过:

> 我自己也在克勒翁手里吃过苦头,
> 就是去年那出谐剧惹的祸。
> 他把我拖进议院,
> 不停地诬告我、诽谤我,
> 震耳欲聋、滔滔不绝,差点
> 把我弄得脏死!(行377-382)

最起码,我们会吃惊地发现,年轻文雅的谐剧诗人阿里斯托芬因而扮上了"狄开俄波利斯"这个雅典乡下老农的角色。因此,在倾听狄开俄波利斯的辩护并观察他对私人和平的利用时,我们也注意到阿里斯托芬本人的言与行。这一奇怪的事实也让我们能够更好地理解剧本开场部分,我们现在就来谈谈这部分。

就像阿里斯托芬的其他戏剧一样,《阿卡奈人》也以抱怨、悲叹或呻吟开始。狄开俄波利斯告诉我们,让他伤心的事数不清,开心的事却很少,一只手就数得过来:就四件。事实上,狄开俄波利斯的痛苦多得挤掉了他屈指可数的快乐,因为他只给我们提到了两件:雅典的煽动者克勒翁付给骑士的罚金,此事很可能不是发生在现实中,而是发生在阿里斯托芬前一年写的谐剧中;[1]一个叫得西忒俄斯

---

[1] 关于克勒翁的罚金,参 Alan H. Sommerstein, *Acharnians*, Warminster: Aris & Phillips, 1980。Sommerstein认为,"这个说法,就像行9-16的说法一样,是最近的一个戏剧事件,也许是阿里斯托芬《巴比伦人》中的一个事件"(参此处注解)。施特劳斯在《苏格拉底与阿里斯托芬》中也持如此观点。参 Leo Strauss, *Socrates and Aristophanes*, Chicago: University of Chicago Press, 1968, 页58。[译按]中译本参施特劳斯,《苏格拉底与阿里斯托芬》,李小均译,北京:华夏出版社,2011。

的人唱了一支玻俄提亚曲（行14）。与之相应的是，狄开俄波利斯说的快乐与音乐事件奇怪地联系在一起——他说的头两件痛苦事儿（行9-12；行15-16）——我们注意到，让狄开俄波利斯开心的歌曲都来自敌邦，而且剧本时常提醒我们注意这一点，[①] 但这个事实没有阻止他享受快乐。

之前，我们完全不清楚狄开俄波利斯为什么会出现在公民大会，更不了解他至高无上的愿望；直到现在（行36）我们才知道，他目前最关心的不是音乐，而是政治："因此我这次完全是有备而来/要吵闹、打断和痛骂演说者/如果他们只说别的，不说和平。"狄开俄波利斯既是厌战的农民，同时也是诗人阿里斯托芬，既然如此，我们就可以料想，前者的政治诉求与后者的音乐诉求多少有些关联。阿里斯托芬时常给人的印象是个糟糕的音乐家或蹩脚诗人，就跟腐败的政客或好战的将军一样差劲。[②]

我们迅速过一下接下来的五场戏。最重要的一场是阿菲忒俄斯神从斯巴达回来了。他手里拿着私人和约，他的旅途速度惊人，旅费由狄开俄波利斯自掏腰包。在这个重要场景之前，出使波斯的雅典使臣回国了，他们享受了多年的公费，带回了"国王的眼睛"；紧随其后的是雅典的忒俄洛斯，克勒翁的密友，[③] 从俄德里西亚国王西塔尔刻斯那里回来了，带回了俄多曼提亚的雇佣军。狄开俄波利斯直接谴责雅典与这些野蛮人厮混，希望博得对方的好感，以便在人力、金钱或物资方面得到支持，他说这简直是痴心妄想。事实上，

---

① 行 624、721、872 及上下文；行 1020-1023，以及行 1077。

② 除了开场，再参考一下行 836-858，在那里，歌队也这样嘲笑了一个带头的煽动者、一个告密者、一位谐剧诗人和一个讽刺画家。

③ 参《云》行 399-400；《马蜂》行 42 及上下文；《阿卡奈人》行 418-419，行 599-600，以及行 1236-1142。

正如修昔底德所言，无论波斯总督还是蛮族雇佣军，都不会给战争中的雅典带来多少帮助。①

阿菲忒俄斯第一个出现，公民大会的传令官问他是不是凡人，他回答说："不是，而是一个不死的神。"这种冷漠的交流令人震惊。雅典人似乎把这视为理所当然，好像不死的神天天都行走在他们当中似的。这种冷漠与他们毫不尊重（其他）神派来的这位和平使者一样令人吃惊（行 51-52）：他被粗暴地赶出了公民大会。此处给我们留下的印象是：雅典根本就不虔敬，众神对和平的愿望丝毫没有阻止雅典人继续追求战争，他们对和平一点不感兴趣。但是，必须把这个印象与我们看到的这五场戏的最后一场相平衡，因为最后一场戏有虔敬的迹象。在那里，他们正投票决议，要给色雷斯（俄多曼提亚）的雇佣军支付报酬。狄开俄波利斯对这个问题的预见使他自己感到恶心，因此，为了阻止公民大会通过这项决议，狄开俄波利斯必须止住这项议程。他便说，"有颗雨点打在我身上了"，并把它解释为"来自宙斯的征兆"。于是，传令官立即宣布解散公民大会。我们对雅典人的第一印象，即认为他们怀疑神、怀疑神谕和神迹等诸如此类的东西，就不攻自破了。不只是斯巴达人显得虔敬，"世故的"雅典人也非常虔敬，他们习惯寻求占卜的指引——至少他们这样做的时候符合他们的心意和需求。②

---

① 例如，在后来的战争中，雅典人使用了色雷斯的雇佣兵，致使出现修昔底德认为的战争中最可悲的一幕，他们毫无意义地屠杀了整个密卡利苏斯（Mycalessus）镇，包括那里的一所男校（《伯罗奔半岛战争史》7.29 30）。

② 在可能举出的众多例子中，参考《伯罗奔半岛战争史》2.21.3 和 8.1.1。另参《云》中美丽的描述，云神漂浮在正在举行敬拜仪式的雅典城之上（《云》行 298-313），以及《骑士》行 61 和《骑士》中对神谕或预言的使用（参《骑士》行 99-1099）。

现在，阿卡奈人进场了（行204），他们疯狂地跳跃，却因年迈放慢了步伐。他们以"城邦"的名义发言（行205），呼唤"父神宙斯和众神"（行224）。阿卡奈人宣称，狄开俄波利斯是个该死的叛徒，只要敌人还在掠夺"我的田庄"，践踏"我的葡萄藤"，战争就应只增不减。因此，阿卡奈人把对国家（行290）和对私人的关心混在了一起。狄开俄波利斯和妻子女儿一起庆祝乡村酒神节的时候，① 阿卡奈人偷听到了，并最终打断了他。我们因此也目睹了主人公如何首次利用他的私人和平：他为纪念酒神狄俄尼索斯举行了一次宗教仪式。

无论狄开俄波利斯会用什么理由来动摇阿卡奈人，我们可以说他在辩论中已说了很多：他曾尝试用民主或政治的途径为每个人实现和平，却遭到粗暴拒绝；以阿菲忒俄斯为代表的众神明确支持普遍的和平（《和平》行211–212），尤其支持狄开俄波利斯的和平；他寻求和平不只是为了自己，也为了全家；重复一下，他［得到和平后］做的第一件事是举行了一次宗教仪式。在这里，狄开俄波利斯与其说是个模范公民，不如说是个虔敬的当家男人，但这也就是说，他绝不是个狭隘的自私之人。在这里，我们看到了一系列会把我们拉向不同方向的问题：对城邦、家庭和自己利益的关心。在这些问题之上，是对诸神的关心。诸神有时支持城邦高于一切，有时又支持家庭。迄今为止，在本剧中，诸神支持政治上的和平，这一点确定无疑，但如果做不到这一点，他们也支持私人的和平，正如狄开俄波利斯向阿菲忒俄斯解释的那样，"为我/也为我的孩子和老

---

① "这个节日（与春季的城市酒神节截然不同）是由阿提卡的村镇单个举办的……自从战争爆发以来，狄开俄波利斯就没能在自己的村镇庆祝它。"参Sommerstein对此处的注解，尤其原文。

婆"（行130-132，在这里，"为我"肯定指的是"为的家庭"）。

然而，即使是在庆祝乡村酒神节的过程中，他也是以家庭为中心，我们的主人公在他的歌词中突出了男性成员的重要位置，他称其为"酒神的伴侣/夜游的宴乐神、引诱妇人和少年的神"（行263-265）。尤其后两个称谓让人一目了然，这个成员至少已把目光放到了婚姻的幸福之外，与一个不安分的女仆调情；唱词还给了第三个例子（行271-275）——他们幸福地在一起了。这条线索在剧本靠前的位置，但即便是"尽职的当家男人"（更不用说"模范公民"）可能也没完全抓住狄开俄波利斯的本质。狄开俄波利斯对狄俄尼索斯的特别关心已经或再次为我们指明了阿里斯托芬的方向（《云》518-519行）。

既然不能用论据来说服那些甚至拒绝倾听的人，狄开俄波利斯为自己辩护的首要任务就是打开阿卡奈人的耳朵。他主张阿卡奈人应该把斯巴达人完全放在一边，只听和约本身，这样说似乎是一个糟糕的开始。如果不考虑签订和约的人，怎么判断和约对不对呢（行306－307）？按照阿卡奈人的说法，这些斯巴达人"不顾祭坛、不顾信义、不顾誓言"。因此，狄开俄波利斯不得不争辩说，事实上，斯巴达人并不是雅典人所有麻烦的根源——这样说只会进一步激怒阿卡奈人——他甚至说，斯巴达人受了某些不公正的对待（狄开俄波利斯没有再加上"雅典人"这个显而易见的名字）。阿卡奈人还是坚决不听，并威胁要用暴力。为了对付他们，狄开俄波利斯采取了一个激烈措施，他威胁说要杀死他刚捉到的人质，他宣称捉到了一个令阿卡奈人沮丧的人质：满满一筐阿卡奈人制作的木炭！效果显著：

可是现在，只要你愿意，只管说斯

> 巴达人是你的朋友吧：
> 我决不背弃这个亲爱的小炭筐。（行338-340）

我们之前见过阿卡奈人把爱国动机与私人动机混在一起，这证明他们更看重私人动机，尤其私人的利益和好处。因此，他们吹嘘的爱国主义根本不是他们自夸的那样。他们以适当的谐剧方式解除了武装。于是，不会有就地正法了。至少，狄开俄波利斯做到了这一点。

然而，阿卡奈人仍然要求"审判"（行364），他们热切地接受或坚持要狄开俄波利斯把头放在砧板上说话，以此向他们表示屈服。此时，狄开俄波利斯承认，他的恐惧基于两件事：一是乡下人的习惯，乡下人会因为某些吹嘘者说了几句赞扬他们和城邦的话而上当，不管这些话对不对；二是年长者的"心思"，他们脾气坏，爱告人。（狄开俄波利斯的反对者既是乡下人，又是老年人）。正是在这里，狄开俄波利斯揭示出自己就是阿里斯托芬，并借此让我们知道他吃的苦头，即他在谐剧中对克利翁抨击使他备受攻击——麻烦不仅仅来自乡下老人。

换句话说，在谐剧世界中，阿卡奈人对狄开俄波利斯的威胁，类似于现实世界中克勒翁对阿里斯托芬的威胁。然而，以阿里斯托芬的身份发言的危险不能完全归咎于克勒翁，至少在目前情况下，甚至根本不能归咎于克勒翁。因为我们后来知道，克勒翁现在不能像去年那样，控告阿里斯托芬当着外邦人的面诽谤城邦，现在是勒奈亚节，没有外邦人，而勒奈亚节与城市酒神节不同（参行498-506和513）。相反，正如阿里斯托芬接着说的，他去年就"被敌人当着雅典人的面诽谤他，滔滔不绝"——阿里斯托芬在雅典人中有很多敌人。此外，诽谤之所以有效是基于他们的这样一种想法，即他"写了一部戏讽刺城邦，对待人民非常傲慢"（行630-631）。因此，在阿里斯托芬的同胞中，有些人认为他对城邦和民众缺乏应有的尊重。① 克勒翁这样的煽动者很危险，因为民众愿意被他领导或误导。

　　冒如此大的险，以至于阿里斯托芬－狄开俄波利斯必须培养观众的情绪以消除愤怒。如果说阿里斯托芬一般是用笑声来消除愤怒或作预防，狄开俄波利斯在这里则感觉得用同情才行：我们可以说，这是

　　　　一个显而易见的苦难……［降临］到某个不应当遭受的人身上，会引起痛苦，人们以为自己也会遭受……而这苦难似乎近在咫尺。②

　　怜悯的培养不属于谐剧的范围，因为谐剧不能描绘真正的苦难，更别说不公正的苦难。因此，狄开俄波利斯不得不到欧里庇得斯那里，去借这位伟人的肃剧服装，以便从对他仍有敌意的观众那里获取一点怜悯。作为老农，狄开俄波利斯喜欢埃斯库罗斯（行10）；作为年轻的谐剧诗人，狄开俄波利斯显然更喜欢欧里庇得斯。③ 整个这一幕戏仿了欧里庇得斯的许多诗句，这在意料当中，它嘲笑那位肃剧诗人，暗示他全部的艺术（行463-464）不过是廉价或蹩脚的手段——欧里庇得斯经常塑造乞丐和瘸子——是为了激起观众同情的

---

① 根据色诺芬（或"老寡头"）的说法，在民主雅典，嘲笑城邦中的个人是可能的——有钱的、出身好的或有影响的，甚至穷人中好管闲事的——但大家都无法忍受讽刺民众的谐剧（《雅典人的政体》2.18）。

② 亚里士多德，《修辞学》1384b13-15。［译按］此处注释有误，修订为《修辞学》1386b13-15。

③ 关于埃斯库罗斯与欧里庇德斯之间的复杂关系，或者在两者之间作出选择的意义，可参《蛙》整个剧本以及《云》行1366及以下。

眼泪。然而，阿里斯托芬也是在这里向欧里庇得斯致敬，就像一个诗人向另一个诗人致敬一样。阿里斯托芬－狄开俄波利斯必须对歌队作一番详尽的演说（这只是舞台上发生的事），如果说得不好，就会被处死，而欧里庇得斯对此并不惊讶，他只是问来访者需要哪些戏服（行415-419）。欧里庇得斯自己则肯定阿里斯托芬－狄开俄波利斯，说他有"浓密的心思""精细的主意"（行445），也就是说，阿里斯托芬让欧里庇得斯恭维……阿里斯多芬。更引人注目的是，阿里斯托芬－狄开俄波利斯的论点，显然依据的是欧里庇得斯《忒勒福斯》的台词——"我今天得扮成一个乞丐／又要是我，又要不像我"。

当然，阿里斯托芬－狄开俄波利斯可以假扮成一个乞丐，或一个老农，但装出一副假样子的同时也就暴露了这个人；他在似是而非的伪装中进进出出，甚至搞笑地让人们注意这个事实。阿里斯托芬－狄开俄波利斯引用这句话以示他现在在观众和歌队之间作了区分："观众知道我是谁／歌队却像呆子一样站在旁边／我就要用一些巧言妙语捉弄他们。"（行440-444）我们这些旁观者都知道，阿里斯托芬－狄开俄波利斯是在伪装作秀，歌队却把他看成一个可怜的乞丐。知道内情的观众正是因为这个原因才会对软化歌队的做法——狄开俄波利斯破破烂烂的打扮——一笑置之。话说回来，歌队阿卡奈人已经与农民狄开俄波利斯见过并交谈过，知道他不是乞丐（行238-240，行280-392），更何况，一如狄开俄波利斯实际上就是阿里斯托芬，歌队不也是一群雅典演员的组合吗？作为演员，他们和年老的阿卡奈人不同，他们很清楚"狄开俄波利斯"的身份，狄开俄波利斯既不是乞丐，也不是农民，而是诗人（的替身）。

插曲开头让我们想起了歌队的性质，"脱掉衣服"就是唱自己的"抑抑扬曲"，即赞美"我们的诗人"（阿里斯托芬）"指导了谐剧歌队"：歌队强调了自己作为演员的身份（行626-658；行1150-

1172）。[1] 那么，谁才是真正的知情者？是作为"旁观者"的观众中的多数，还是作为歌队中的少数？阿里斯托芬在本剧和其他剧中都可以直接称呼观众，但这群人总是形色各异：有的"聪明"，有的迟钝；有的"明智"，有的"不明智"；有的"审慎"，有的不审慎。[2] 在《阿卡奈人》中，歌队对"全体臣民"发言，称狄开俄波利斯是个"头脑清楚、绝顶聪明的人"（行971）。

无论如何，一旦从欧里庇得斯那里得到了所有装备，狄开俄波利斯就坚定了自己的精神和心（行488、483、485），以迎接即将到来的挑战；而且，忠实于刚才提到的区分，狄开俄波利斯首先对观众讲话（行496-508），然后对歌队发言（行509-556）。对前者，他求助于新伪装，称自己为乞丐，这就表明，伪装不仅仅是为了歌队。尽管是个乞丐，在创作"谐剧"（trygedy，阿里斯托芬杜撰了这个词，用来称呼谐剧）时，他仍会当着雅典观众的面谈论雅典。阿里斯托芬－狄开俄波利斯这一行为是基于正义：

> 因为谐剧也懂得正义／我要说的是骇人听闻，但却是正义的话／因为克勒翁现在不能诬告我。（行500-502）

因此，我们可以说，"谐剧诗人"阿里斯托芬不像狄开俄波利斯，他算不上乞丐，最多是个正义或正义事业的教师和捍卫者。正如欧里

---

[1] Keith Sidwell 提出一种可能，他认为歌队在行299-302所说的"我"不是指阿里斯托芬本人，也不是指他的下一个剧本《骑士》，而是指在"Cratinus 或 Eupolis 那里做歌队的时候"，也就是歌队自己，参 Sidwell, "review of *Acharnians*," by S. Douglas Olson, *Classical Review* 54, no. 1 [2004]: 42。

[2] 例如，对比一下，一边是"观众"和"聪明人"，一边是"最高明的观众"：《云》行518-526和行575；《骑士》行228（"最高明的观众"）。

庇得斯深知的，某些观众一看到"乞丐"或跟他们差不多的人遭到不公正的待遇就感动得不行，但另一些人可能会更感动于有人捍卫正义，或谈论某种正直，尤其当这种捍卫以牺牲自己为代价时（行377-382）。这种正直不仅叫大家愉悦（参行317），而且能与大家相容，但怜悯不行，怜悯无法与谐剧特有的快乐相容；谐剧的机智与对正义的捍卫可以并行，尤其在对不公正的无情嘲弄中。但这远远不够。在插曲中，歌队高度赞扬阿里斯托芬，说"他会在谐剧中说正义的话"（行655）。阿里斯托芬不仅嘲笑不正义或不义之事，也嘲笑正义或正义之事；正是由于这个原因，阿里斯托芬的谐剧才被称为"完全的谐剧"。[①] 因此，不仅克勒翁和忒俄罗斯成了谐剧烤串，拉马科斯和伯里克勒斯这种民主选出来的名人也成了烤串，更别说我们的主人公兼阿里斯托芬的附身了：狄开俄波利斯是一个既嘲笑别人又引人发笑的人。

当然，最重要的是，阿里斯托芬嘲笑的是不正义的战争，狄开俄波利斯正义的和平则更为可笑。因此，我们有理由怀疑，阿里斯托芬把自己描绘成正义的教师，这究竟是一种伪装，还是说阿里斯托芬的观点在正义之上？当然，他最引以为傲的是（他必须告诉大多数听众）：他最卖力的那部剧因其最高的智慧而与众不同（《云》行518-526）。显然：阿里斯托芬既让人惊讶，又难以捉摸，他藏在老农、乞丐和正义教师的身后躲猫猫，而正义教师又用讽刺的方法来进行教导。

接下来，狄开俄波利斯又把歌队当成阿卡奈老人来发言。他冗

[①] Leo Strauss, "The Problem of Socrates," in *The Rebirth of Classical Political Rationalism*, ed. Thomas L. Pangle, Chicago: University of Chicago Press, 1989, 109–111 and 117.［译按］中文版参施特劳斯，《古典政治理性主义的再生》，郭振华译，叶然校，北京：华夏出版社，2011。另参施特劳斯，《苏格拉底与阿里斯托芬》，前揭，页312。

长的辩论可以分成几个阶段。首先，他认同阿卡奈人："我衷心痛恨斯巴达人。"（行509）① 愿波塞冬把他们全都震死！② 之前他说斯巴达人也受了（雅典人）不公正的对待；但现在，他把这话抛到了九霄云外。此外，狄开俄波利斯的仇恨是基于如下事实：他和阿卡奈人一样，他的葡萄藤也被强盗斯巴达人砍掉（对比行512和行232）。简而言之，狄开俄波利斯与阿卡奈人感同身受（既然拥有"葡萄藤"和土地，狄开俄波利斯就绝不是乞丐）。

但现在，他敢重提战争罪责的问题。他继续说战争的起因，强调责任在于"有些人"——"我们"当中有些人："我并不是说城邦/请你们记住这一点/我并不是说城邦。"（行515-516）因此，雅典在这件事上无可指责，因为它不同于城邦内的一小撮流氓。对阿卡奈人来说，这不像狄开俄波利斯之前对这个问题的说法那样令人不快，因为阿卡奈人在这一点上把自己当成了"城邦"（行205、492）或"祖国"（行290）来发言。为了城邦而批评城邦里的一些人，这是一种爱国责任。至于狄开俄波利斯对战争起因的描述，不搞笑的论点在于，伯里克勒斯封锁了邻邦麦加拉，这既无必要又很残忍，是造成冲突的主要原因（另参《和平》行603-615）。按照谐剧的逻辑，情况的严重性马上得到证实——一个饥饿的麦加拉父亲想把两个饥饿的女儿装扮成"猪仔"卖掉（行729-835）。这个情节又长又猥亵。与这一大胆场景并行的是，它使人可以严厉地批判麦加拉禁令和伯里克勒斯，而后者是受人尊敬的人民领袖（《伯罗奔半岛战争史》1.139和2.65）。斯巴达人多次要求我们取消封锁，我们都视而不见，

---

① 可对比的修辞动机，参《地母节妇女》行466-470及上下文。
② 参《伯罗奔半岛战争史》1.101提到斯巴达及其周边地区发生的毁灭性地震。

狄开俄波利斯指出,"我们"(行538)不可避免地造成了"刀戎相见":斯巴达人只是援助有难的盟邦而已。

因此,狄开俄波利斯只是暗示而没有完全说出来,雅典在很大程度上要为这场战争负责。毕竟,要是某个斯巴达人没收了属于"我们"城邦的一只小狗,"我们"雅典人会怎么做呢?阿里斯托芬的回答一清二楚,他生动而优美地描述了城邦为海战做的准备活动(行544-556)。

狄开俄波利斯对战争的批评就是对伯里克勒斯的批评。这暴露出迄今还是一个整体的歌队内部存有分歧。原来,阿卡奈人及其阶层,即穷人,有多支持伯里克勒斯,富人就有多反对伯里克勒斯。[①]事实上,后者现在宣布,他们反对自己的同胞,因为"他[狄开俄波利斯]说的是正义的话/他没有说一句假话"。歌队内部潜藏的分歧如此之深,以至于他们开始互相扭打,这促使歌队中民主的那一半请求拉马科斯帮忙,拉马科斯是民主选举出来的将军(行597)。他们这样做,部分原因在于狄开俄波利斯批评城邦中的一些人——除了"奥林匹斯山神"伯里克勒斯之外(参行519及上下文,行540-542以及行559),还有些告密者——"一直在诽谤我们的整个城邦":另一半歌队在为伯里克勒斯和民众说话,却以为自己代表整个雅典。很快,歌队又再次合为一体,因为他们已经完全站到了狄开俄波利斯一边,要明确谴责城邦(行676)。但就此而言,歌队有了教训,知道他们的利益不同于"城邦"的利益,甚至与"城邦"利益有冲突,或者知道了"城邦"有富人和穷人之分——但对歌队来

---

① 考虑到这一点,歌队后来为年老的修昔底德辩护,这个修昔底德是个贵族,反对伯里克勒斯。歌队的辩护之所以可能,是基于现在合为一体的歌队成员更惦记他们共同的衰老而不是政治分歧(行702-717)。

说，最重要的是有老年人和年轻人之分（后者参行676-717）。

但在歌队要求的一切发生之前，狄开俄波利斯当然必须争取歌队中的穷人而非富人。为此，他对民主的那一半歌队所依赖的拉马科斯极尽讽刺。狄开俄波利斯快速卸掉乞丐的角色（对比行577-579和593），说自己只是一个正派的公民，"不钻营官职"，只是个普通"步兵"，与拉马科斯这种"享受俸禄"的军官形成鲜明的对比（行597）。此外，老年人收入微薄，却在战壕和前线吃苦受累，而拉马科斯这样年轻的纨绔子弟，却领着一天三块钱的薪水，远离战场，或者在埃克巴坦那之类的异国他乡轻松地担任大使。① 阿卡奈人可没有这么谦卑！狄开俄波利斯让他们明白，与其说他们在为"祖国"而战，不如说是在为国内的肥差而战。这个论点，再加上拉马科斯在这里所受到的嘲弄，足以使大众或民主的那半歌队转向狄开俄波利斯："这个人凭他的辩论获得了胜利，改变了人民对议和的看法。"（行626-627）

正如他在插曲最后一句话表明的，狄开俄波利斯计划用他的新和平建立一个自己的市场，一个只对伯罗奔尼撒人、麦加拉人和玻俄提亚人——全是雅典的敌人——开放的市场，拉马科斯除外（行623-625）。这种做法令人惊讶，因为狄开俄波利斯最初说过，他讨厌城市，城市总是叫喊，买木炭啊，买醋啊，买油啊；他想念乡下，乡下总是出产一切，无须买卖（行32-36）。或许，狄开俄波利斯是因为被迫留在城市而开了眼界，发现了新的机会。无论如何，他实际上是把城市的市场带到了乡下。但是，这也就是说，狄开俄波利斯不久就会忙于从他的和平中获利，随即从所有人的战争中获利。这里，我们注意到，狄开俄波利斯最初在独白中的和平方案，没有提及让老年人上前线不正义，或者让人民为战争买单不公平：这些

---

① 行613及上下文，行64提到了埃克巴坦那。

说法都是为了把穷人争取到狄开俄波利斯这一边（对比行32-39与行595-614，尤其行599）。狄开俄波利斯对战争的反对，就像他现在对和平的享受一样，似乎都是私事。

剧本第二部分开头，在前两个市场交易中，狄开俄波利斯显然更占便宜，但不是说他骗了卖家。穷困潦倒的麦加拉父亲把他的女儿卖了，换了一筒调味盐和一些大蒜（行813-814），这两样东西在战前的麦加拉非常充足（行759-763）；忒拜商人带来丰盛的商品（科帕伊斯湖的鳝鱼！），换回一个讨厌却有用的雅典告密者——那是个狄开俄波利斯巴不得摆脱的家伙（行860-958）。麦加拉人和玻俄提亚人（忒拜人）的出现会让我们期待伯罗奔半岛的人，也就是斯巴达人的出现（回想行623-624）。但显然，描绘狄开俄波利斯与敌人交易获利，即便现在完全反战的歌队不觉得（行977-985），但对阿里斯托芬来说也有些过了，观众也会觉得有些过。取而代之的是拉马科斯的仆人和传令官的短暂露面，后者来宣布庆祝大酒盅节。这些人物为高潮部分——拉马科斯与狄开俄波利斯之间的对照（行1069-1142）——奠定了基础：狄开俄波利斯在节日中大获全胜，拉马科斯却失败而归（行1174至结束）。失败并不是（拉马科斯吹嘘的那样）被敌人刺伤，而是在跳壕沟时扭了脚，还有些轻伤（对比行1174-1180与行1190-1194和行1226）。①

现在，一个可怜的雅典农民出现了（行1018-1036）。这个农

---

① 据说，拉马科斯是从雅典的"将军们"那里得到军令的（行1073-1078），Sommerstein在他的《阿卡奈人》注本中提出一种可能，认为拉马科斯最初声称自己是一名将军（行593），可能是希望自己能当选那个还没开始选举的职位，尽管很快就会开始选举。倘若果真如此，修昔底德直到公元前425年夏（《伯罗奔半岛战争志》4.75）才提到拉马科斯，是在勒奈亚节后——这将大大增加拉马科斯的自负。

民被玻俄提亚人抢走了他唯一的两头牛——狄开俄波利斯与玻俄提亚人刚刚结束的愉快交易似乎很成问题——他为此哭瞎了双眼。他不是来跟他的农民同胞做生意的,他是来分几滴和平露的。狄开俄波利斯断然拒绝:他不是公仆!狄开俄波利斯与城邦的距离,或他对同胞的冷漠已达极致,而歌队的评价肯定不是赞美:"这人在和约里发现了什么甜蜜的东西,看来不会/分给任何人。"(行1037-1039)或者,正如歌队刚刚指出的,狄开俄波利斯"自己招待自己"(行1015-1016的强调;另参行969)——即使是歌队也没有得到他正在准备的美味佳肴。因此,安提马科斯(即"反对战争")并不是唯一一个拒绝在勒奈亚节款待歌队的诗人(行1150-1172)。

随着剧情的发展,狄开俄波利斯的自私变得越来越明显,这得做具体分析,尤其接下来这一幕。狄开俄波利斯确实分了一勺和平酒给新娘。他愿意分给新娘,而不愿跟婚宴上的肉换,就是给他一千块,他也不换,因为新娘有了和平就可与跟新郎共度春宵,只要新郎把和约使用得当,就可以享受和平,免服兵役。

之前,拉马科斯斯想从狄开俄波利斯那里买几只画眉鸟过"大酒盅节",他还想买条鳗鱼,这表明大将军也认为他可以庆祝节日(行959-968)。但现在,他和我们都知道,他的任务是"冒着风雪,把守关口",因为有人通报,玻俄提亚的"强盗们将会入侵"(行1073-1077)。阿里斯托芬将拉马科斯与狄开俄波利斯并置,一个郁闷地准备战斗,一个高兴地准备比赛的酒菜。每个人都为各自的竞争做好了准备,一个在战争和战士领域,一个在和平与个人平和的领域。一个负担沉重,一个快乐逍遥,还有比这更明显的对照吗?歌队做了很好的总结:

祝你俩的征途一路顺风!

你俩的道路多么不同啊:
他就头戴花冠开怀畅饮;
你却瑟瑟发抖把守关口,
他就同妙龄女郎
欢度春宵,
摩擦那玩意儿!(行1143–1148)

从这里,我们可以注意到,随着剧情的发展,狄开俄波利斯变得越来越自私,或越来越自足,而且越来越不像一个已婚男人;他已婚的身份在剧末被彻底遗忘(行1198以下)。当帷幕落下,可以说,歌队唱起了最后一支歌:"忒愣愣!光荣胜利啦!"

结　语

我们现在可以谈谈《阿卡奈人》所谓的明显信息:雅典人应该通过谈判结束伯罗奔半岛战争,因为和平比战争更可取。对阿里斯托芬的观众来说,这个信息可能不像我们以为的那么明显,那么平息痛苦(anodyne),观众甚至反应平淡。原因很简单,那个时候,人们比现在更愿意听到有人赞美战争、身体素质和伟大战士必备的灵魂品质——像阿基琉斯那样。尽管如此,我们很难否认这部戏传达的明显信息不会引人注目。如果要在剧中寻找具体建议,除了要摆脱克勒翁之类的煽动家这种一般性建议之外,我们看到的最多的是,阿里斯托芬建议撤销麦加拉禁令。[①] 但正如阿里斯托芬本人所揭

[①] 《阿卡奈人》"几乎没有提供具体的政策建议",参 S. Douglas Olson, *Aristophanes' Acharnians*, Oxford: Oxford University Press, 2002, xlix。

示的，有些雅典人从封锁中获益，所以不愿意放弃（行515–522）。无论如何，火势正猛，熄灭点燃它的火柴有什么好处呢？

阿里斯托芬还指出，许多身居高位的雅典人也以其他方式从战争获利，包括将军、煽动家和大使。更重要的是，阿里斯托芬报讲到，波斯国王认为雅典很可能会凭借其强大的海军（和世界级的谐剧诗人）赢得这场战争（行647–652）。即使和平总体上比战争更可取，在战争似乎胜利在望的时候选择放弃仍很愚蠢。[①] 从戏剧的角度提出这一切，即战争是谐剧中的战争，狄开俄波利斯的解决办法——显然不可能。战争还在继续。

这部剧的谜底何在？肯定与狄开俄波利斯"聪明的行动和伟大"有关，正如他所说（行128及上下文）。他缔结私人和平的真正目的是什么？撇开第一印象不谈，狄开俄波利斯实际上并没有单纯地返回乡下，享受家庭生活和敬拜狄俄尼索斯。事实上，他开了一个市场，并从他的和平中得利。我们注意到，随着剧情的发展，狄开俄波利斯变得越来越自私，越来越不像个有家有室的男人，更别说像个公民了。剧末的两个年轻女人并不包括他的妻子。他精心准备了一顿饭，自己吃了；他大口灌酒，快得无人可及；他给我们的最后一个印象是，他离开舞台，去享受婚姻的快乐，而非助益婚姻。那么，我们是否应该认为，阿里斯托芬是在赞美狄开俄波利斯绝大部分（而非全部）的个人快乐，即享乐主义？根据阿里斯托芬的观点，我们是否应该认为，对公共混乱的正确回应是退回到完全的私人狂欢？

[①] 参施特劳斯，《苏格拉底与阿里斯托芬》，前揭，页69。Olson的《阿卡奈人》，前揭，页xlix，认为"插曲似乎暗示，斯巴达最近提议……要是雅典人归还埃癸那，就可以议和……遭到拒绝"（行625–655）。

毫无疑问，这里提醒了和平可能带来的快乐。但阿里斯托芬考虑的不仅仅是自我寻找的享乐主义。我们已多次看到，农民狄开俄波利斯的衣服下也藏着阿里斯托芬，但我们迄今仍然忽略了一个更为明显且我们一直面对的事实，那就是，"狄开俄波利斯"这个名字的含义是"正义之邦"。[①] 狄开俄波利斯就是一个正义之邦，或在模仿一个正义之邦。所有城邦，尤其正义之邦，不都有义务关注共同利益，关注所有公民的利益，包括公民面临外部威胁时的人身安全，并供应生活必需品吗？除此之外，不也应关注公民的物质享受和财富吗？所有城邦，尤其正义之邦，不都有义务确保每个人尽可能地过上好生活且安分守己吗？还有，一个人身上发生的令人不安或震惊的事，放到整个城邦中就不那么令人不安或震惊了，或者考虑到谐剧的夸张，就变成完全正派的了。正义之邦在可能的时候寻求稳定的和平，首先是为了本国公民的利益；它必须通过市场及确保市场运转所需的武力（参行724-725和行824-825）使其可行，不仅要提供必需品，还要提供可能会给生活带来乐趣的美味佳肴。正义之邦为家庭——丈夫、妻子和孩子（行132，行889-891）——以及敬拜神明提供了一个场所和保护。换句话说，狄开俄波利斯这个非常自私的个体的行为，也可以理解为所有城邦，尤其正义之邦的行为或应该做的。

雅典和斯巴达正是因为都想成为正义之邦，且都认为自己正义，所以才会在第一时间开战；无论他们想在战争中以及通过战争寻求什么，他们都在试图纠正他们认为的错误和不义（参行230-232和

[①] 另参，Jeffrey Henderson, *Aristophanes' Acharnians*, Newburyport: Focus Classical Library, 1992, 11；以及 Paul Ludwig, "A Portrait of the Artist in Politics: Justice and Self-Interest in Aristophanes' *Acharnians*," *American Political Science Review* 101, no. 3 (2007): 479。

行514—556）。狄开俄波利斯的行动虽然有趣，但并不能使我们对战争将永远停止抱有希望，即使所有的战争最终都会结束。因为，对正义的要求理解不同，加之又要在一个商品匮乏的世界追求"国家利益"，就会使冲突不可避免。

有人可能会反对，无论"狄开俄波利斯"如何为我们指出了政治方向，阿里斯托芬仍然选择把自己塑造成一介老农，一个疯狂的享乐主义者，而不是一位模范公民或模范丈夫（父亲）。当我们第一次看到他时，我们记得，他独自一人；当我们最后一次见到他时，他不再孤单，但也没有回到炉边和家里。我们最终应该如何理解这种伪装呢？

阿里斯托芬最初在《阿卡奈人》中说，他之所有出名，是因为他的谐剧说的是骇人听闻却正义的话（行497—501）。阿里斯托芬的杰出在于，他在创作谐剧的时候敢于说"城邦"，即敢于批评"城邦"，或者他把城邦变成了谐剧（行499）。阿里斯托芬冒险做了狄开俄波利斯一度否认的事：不是在谴责城邦中的某些人，而是城邦本身，即"我们的城邦"（根据行498—499和行631回想行515—516）。在插曲部分，阿卡奈人谈到阿里斯托芬"创作我们城邦的谐剧"时，没有强调阿里斯托芬所教的正义之事——歌队正是在这里告诉我们，阿里斯托芬会"创作一部谐剧"专门谈论"正义之事"——而是强调阿里斯托芬给城邦带来的好处和利益。

因此，我们可以说，正义和好都成了阿里斯托芬的盟友（行660—662）。但他更关心的可能是好。例如，阿里斯托芬帮助过城邦预防"被外邦人的谎言欺骗"，他们试图用奉承之语行诱骗之事，阿里斯托芬则使其变得可笑（行634）。阿里斯托芬是一位如此伟大的诗人，以至于帝国的各个城邦都非常渴望到雅典来进贡，以便"来看这位最优秀的诗人"（行644）！我们已经注意到波斯国王对阿里斯托芬的崇拜,国王也认为,无论哪个城邦,诗人越是痛斥它,它的境况就越好。阿里斯托芬的谐剧在刺痛城邦的同时,也使该城邦得到改进。"他说他要教给你们许多好东西,你们便会幸福……/ 教给你们最好的东西。"(行656和行658)阿里斯托芬尽其所能,用他独有的方式来改善他的城邦。

然而,阿里斯托芬伪装成狄开俄波利斯,似乎是赞同农民了不起的生活方式和乐趣,这一点很难否认。但我们不得不承认:阿里斯托芬确实颂扬了善,甚至把一种充满快乐的私人生活抬到了至高位置。但与狄开俄波利斯的少部分快乐相比,阿里斯托芬的快乐更具有社会性或公共性,甚至更具有公共精神。因为这些快乐肯定包括他在戏剧中想出"奇思妙想"(《马蜂》行1044)和"精细的主意"(《阿卡奈人》行445),然后把它们展示出来以赢得公众的喝彩甚至雷鸣般的掌声。一部伟大的戏剧如果没有上演,就不完全是它现在的样子,这意味着它的潜力是在一大批形形色色的观众(就像民主也多种多样一样)面前实现的。写剧本,更重要的是上演剧本,对阿里斯托芬这样杰出的剧作家而言,就是一种公共行为。

当然,阿里斯托芬有无数的自由,但他也严肃地对待他的公共责任:他不会跨越一些界限。在阿里斯托芬强烈的个人快乐——创作谐剧并展示谐剧包含的智慧——与雅典人的幸福之间,存在着一种有限却真实的共同好处;这是真的,即使阿里斯托芬明显夸大了他做的或能做的好事。至少,他努力让雅典变得更好:在国内外事务中不再那么愚蠢,免受蛊惑的奉承和神谕贩子的操纵,不那么疾恶如仇,"像马蜂那样"。如果他引发的笑声只能带来最温和的政治改善,如果阿里斯托芬不能凭靠自己结束战争,我们也不能指责他的努力或失败,正如狄开俄波利斯在剧本开场试图改善政治,却以失败告终。

因此，和平确实比战争更可取，但最终是因为它使本质上属于个人快乐的享受变得可能。狄开俄波利斯在剧终享受或期待的快乐是一种谐剧呈现，因此在很大程度上是对阿里斯托芬真正快乐的扭曲。就阿里斯托芬来说，这些快乐伴随着一种仁慈，甚至是对雅典的仁爱，以及真正尊重雅典作为一个城邦的需求——如果没有这些，阿里斯托芬就不会有他需要的听众。

迈蒙尼德《迷途指津》里的柏拉图

张缨 撰

迈蒙尼德（Maimonides, 1138—1204）的《迷途指津》[1]很难归类。尽管古今学者多将之视为一部哲学著作，可它显然与绝大

---

[1] 《迷途指津》原文使用犹太-阿拉伯语（Judeo-Arabic，即使用希伯来语字母的阿拉伯语），标题为 *Dalālat al-ḥā'irīn*，标准校勘本由 Salomon Munk 编定。目前公认最好的西文译本为 Shlomo Pines 的英译 *The Guide of the Perplexed*（Chicago and London: University of Chicago Press, 1963），此译本开篇为施特劳斯的长文《如何着手研读〈迷途指津〉》（"How To Begin To Study *The Guide of the Perplexed*"，页 xi-lvi；中译见张缨、庄奇译，收入《论法拉比与迈蒙尼德——施特劳斯讲演与论文集：卷三》，刘小枫主编，北京：华夏出版社，2024，页300-356），并附有英译者的研究论文《译者导言：〈迷途指津〉的哲学资源》（"Translator's Introduction: The Philosophic Sources of *The Guide of the Perplexed*"，页 lvii-cxxxiv；以下简作：《〈迷途指津〉的哲学资源》）。《迷途指

多数哲学著作看上去不同。即使在犹太教内部,《迷途指津》也跟它之前的"理论性"著作不同。例如,中古犹太教诸学问的奠基者萨阿迪亚(Saadya Gaon, 882—942)的《意见与信念之书》[①]以论说方式探讨创世、上帝的一体性、诫命、复活、来世的奖惩等论题,而迈蒙尼德的安达卢西亚前辈哈列维(Judah Halevi,约 1075—1141)的《哈扎尔人书》[②]则通过对话来辨析各种信仰与哲学议题,进而为饱受轻视的犹太教辩护。《迷途指津》的体裁与两者皆不类同。

看上去,《迷途指津》更像是一部类似《米德拉什》(Midrash)的解经著作,迈蒙尼德自己在全书"导言"里就说,他这部论章的首要目的是"解释出现在预言书里的[多义或含混]措辞的含义"以及"解释出现在先知之书里的极为晦涩的寓言"(页5-6/5-6)。然而,与一般的解经著作不同,《迷途指津》的真正意图并非在

津》中译见傅有德等译,济南:山东大学出版社,2004/1997。本文引述《迷途指津》将使用随文注,说明引文所属的卷、章及中译本(在前)和英译本(在后)页码。《迷途指津》引文中的楷体表示原文为希伯来语的内容(Pines译本用斜体表示),方括号"[ ]"中的内容为英译者的增补,大括号{}中的内容乃笔者为顺通文意而增补。除《迷途指津》以外的引文中,方括号内为笔者的增补,除非特别注明,楷体表示强调。

[①] 萨阿迪亚的《信念与意见之书》同样使用犹太-阿拉伯语,原题 *Amânât wal-i'tiqâdât*,英译见 *Saadya Gaon, The Book of Doctrines and Beliefs*, trans. by Alexander Altmann, Hackett Publishing Company, 2002(此译有节略),完整英译本见 Saadia Gaon, *The Book of Beliefs and Opinions*, trans. by Samuel Rosenblatt, New Haven: Yale University Press, 1948。

[②] 哈列维的《哈扎尔人书》亦使用犹太-阿拉伯语,原题 *Kitâb al-radd wa'l-dalîl fî'l-dîn al-dhalîl*[*al-kitâb al-khazarî*][《驳斥之书兼为遭鄙视的信仰辩护〈哈扎尔人书〉》],译自阿拉伯语的英译本见 *Judah Hallevi's Kitâb al-Khazari*, trans. by Hartwig Hirschfeld, London: Routledge, 1905。

释经，而在释疑。还是用迈蒙尼德自己的话来说，一方面，《迷途指津》要为某类特定的讲述对象释疑，他们熟稔摩西律法和先知作品，却因接触思辨神学（Kalam），因其背后的自然科学及证明方法与圣经教诲的不相容而感困惑（"献辞书"，页3/3-4）；[1] 另一方面，迈蒙尼德说，"本论章的首要目的是解释开端论和神车论里可以得到解释的内容"（卷二29章，页318-319/346）。在拉比犹太教里，"开端论"和"神车论"是关于上帝的最高秘密，不能公开传授。不过，迈蒙尼德对"开端论"和"神车论"提出了开创性的新解释，他断言，"开端论等于自然科学，神车论等于神的科学"（卷一导言，页5/5），那似乎意味着，《迷途指津》的首要目的是解释涉及"开端论"和"神车论"的"可以解释的"自然科学和神的科学。

正是在《迷途指津》正文第一次论及自然科学时，迈蒙尼德提到了柏拉图的名字（卷一17章，页44/43）。从初步印象看，柏拉图在《迷途指津》里不是一个显著的存在，跟频繁出现的亚里士多德不同，在总计一百七十八章的正文里，迈蒙尼德仅在其中七章提到"柏拉图"这个名字。[2] 不过，仔细考察柏拉图在《迷途指津》中的现身，可以发现他总是出现在《迷途指津》的关键论题中：从自然科学与"开端论"的等同关系来看，自然科学显然是《迷途指津》的重要论题；其后，柏拉图的名字还出现在迈蒙尼德讨论"创世抑

---

[1] 迈蒙尼德对思辨神学及其方法的集中批判，见《迷途指津》卷一73-76章。见施特劳斯，《如何着手研读〈迷途指津〉》，《论法拉比与迈蒙尼德》，页301。可以说，厘析思辨神学对哲学论证方法的误用，是《迷途指津》的写作意图之一。

[2] 《迷途指津》出现"柏拉图"这个名字的七章分别是：卷一17章，卷二6章、13章、15章、25章、26章及卷三18章。

或［世界］恒在？"以及讨论"神意"问题的各章。"创世抑或恒在？"论题居于《迷途指津》的中心位置，这意味着柏拉图在《迷途指津》里有某种核心的重要性。

现代学者中，柯亨（Hermann Cohen，1842—1918）或许是第一位强调柏拉图在《迷途指津》中的重要地位的学者。在其长文《迈蒙尼德伦理学的特征》①中，柯亨提出，迈蒙尼德的"伦理学构成其形而上学的核心甚至事实上的中心"；②与此同时，由于反感亚里士多德对柏拉图"理式"学说的拒斥，由于亚里士多德"否认伦理学的认知价值"（同上，页82），柯亨竭力切割迈蒙尼德与亚里士多德伦理学的关联，用施特劳斯（Leo Strauss, 1899—1973）的话说，"柯亨的柏拉图主义使他把迈蒙尼德理解为一个柏拉图派（Platonikers）"。③对柯亨基于新康德主义来理解迈蒙尼德的立场，青年施特劳斯作出了温厚而又尖锐的批评。在施特劳斯看来，"伦理学"从来不是迈蒙尼德思想的重点：

---

① 柯亨（Hermann Cohen），《迈蒙尼德伦理学的特征》（"Charakteristik der Ethik Maimunis"，收入 *Moses ben Maimon: Sein Leben, Seine Werke und Sein Einfluss*: Zur Erinnerung an den Siebenhundertsten Todestag des Maimonides，Band I, W. Bacher, M. Brann, D. Simonsen 编，Leipzig: Buchhandlung Gustav Fock, 1908），页63-134。

② 柯亨，《迈蒙尼德伦理学的特征》，页73。

③ 施特劳斯，《柯亨与迈蒙尼德》，李秋零译，收入《论法拉比与迈蒙尼德——施特劳斯讲演与论文集：卷三》，前揭，页45。柯亨《迈蒙尼德伦理学的特征》的英译者Almut Bruckstein甚至称，柯亨视迈蒙尼德为一个"激进的柏拉图派"（a radical Platonist），见《迈蒙尼德的伦理学》（*Ethics of Maimonides*, trans. with commentary by Almut Sh. Bruckstein, The University of Wisconsin Press, 2004），页23以降。

道德作为道德，是社会性的（sozial）——但在这种情况下，迈蒙尼德的实存-观念（das Existenz-Ideal）就明显是超道德的。人的最高可能性——在这点上，迈蒙尼德的表述毫不含混——并非在于道德行动，而在于纯粹的认知（im reinen Verstehen）。①

不过，对于柯亨的反传统观点，即"迈蒙尼德与柏拉图的一致比他与亚里士多德的一致更深"，青年施特劳斯并没有全盘否定。相反，他认为，迈蒙尼德在先知与哲人的关系问题上，对亚里士多德式的"认知高于道德行动"的观点有所"限制、质疑、根除"（页37-38）。施特劳斯指出，迈蒙尼德"先知学的巅峰是立法"（页39），进而，借助迈蒙尼德的伊斯兰哲人先驱阿维森纳的洞见，施特劳斯指明，"预言的目的无疑是政治的"（页40），而"阿维森纳按照柏拉图给予国家的指导来理解先知的作为"（页41）。沿此线索，施特劳斯留意到，在中世纪伊斯兰哲学中，"柏拉图的《王制》（或译《理想国》）实际上比亚里士多德的《政治学》的影响要大得多"，并认为这绝非偶然（页41）。由此，尽管对柯亨在论述迈蒙尼德时尊柏拉图抑亚里士多德的理由表示反对，施特劳斯还是认同柯亨关于柏拉图在迈蒙尼德《迷途指津》里的重要性的观点，② 因为——用晚年施特劳斯的语汇来说，迈蒙尼德是一位"柏拉图式的

---

① 施特劳斯，《柯亨与迈蒙尼德》，页36。下引此文，随文注明页码。关于施特劳斯此文，参刘小枫，《施特劳斯与启蒙哲学》，见《施特劳斯的路标》（增订版），北京：华夏出版社，2020，页184-239。

② 见施特劳斯，《哲学与律法——论迈蒙尼德及其先驱》，黄瑞成译，北京：华夏出版社，2013，页60。

政治哲人"。①

立足于前辈学者的研究，②本文择取迈蒙尼德提及柏拉图的几处文本，探究柏拉图在《迷途指津》中的位置，并通过疏解迈蒙尼德对各相关论题的阐述，考察他赋予柏拉图的特殊重要性。

一 柏拉图、自然科学及隐喻修辞的必要性

如前文所述，柏拉图在《迷途指津》卷一17章初次亮相。卷一17章很短，可对理解《迷途指津》的笔法和意图而言极为关键：

> 不要认为，不该向大众传授的只有神的科学。这一点在更大的程度上对自然科学同样适用。实际上，我们不断为你写下我们的断言：开端论不应在两个人在场的情况下传授。③这一点不仅对律法的遵循者有效，在古代的各种共同体里，对哲人

---

① 在其晚年自编文集《柏拉图式政治哲学研究》(Studies in Platonic Political Philosophy, Chicago and London: University of Chicago Press, 1985；中译见：张缨等译，北京：华夏出版社，2012)，施特劳斯关于迈蒙尼德《知识书》《逻辑技艺论》和《占星学书简》的几篇评注赫然在列（原文页192-209；中译页257-282）。

② Shlomo Pines在《译者导言：〈迷途指津〉的哲学资源》里，考察了迈蒙尼德论及柏拉图时可能参考的文本资料，见前揭，页lxxv-lxxvi。值得指出的是，像大多数学者那样，Pines认为，"毫无疑问，在迈蒙尼德看来，作为一个自然学家（physicist）和形而上学家，柏拉图的位级远远比不上亚里士多德"（页lxxv），不过，基于施特劳斯的研究，Pines承认，在政治哲学方面，由于法拉比对迈蒙尼德的决定性影响，"退一步说的话，迈蒙尼德也算一个柏拉图派"（页lxxxvi）。

③ 出自《密释纳·节仪》(Mishnah, Ḥagigah) 2.1.1。另见《巴比伦塔木德·节仪》(B.T. [Balonian Talmud], Ḥagigah) 11b。

和有学问的人一样有效。因为，他们将自己有关首要原理（the first principles）的言辞隐藏起来、呈现为谜语。因此，柏拉图和他的前辈将质料称为女性、将形式称为男性。你知道，受制于生成和衰朽的存在物的原理有三：质料、形式以及总是与质料相联的特定的匮乏（Particularized Privation）。……甚至那些就算清楚阐明事物也不会被指控败坏｛青年｝的人，也采用比喻式措辞，乃至诉诸明喻来进行教导，那对我们这些律法的遵循者来说，就更有义务不公开陈述这样的事——不向没有理解力的大众或是那些对此事的想象跟我们的意图不符的人公开陈述这样的事。这一点你也要知道。（《迷途指津》卷一17章，页44-45/42-43）

这一章中出现了很多概念，除了"形式"等极少数例外，"神的科学"、"自然科学"，与"自然科学"相等同的"开端论"，以及"质料"和"匮乏"等概念在《迷途指津》正文里都是初次被提及。这一章有两个相互关联的重点。首先当然是自然科学，由于迈蒙尼德将拉比传统里禁止公开传授的"开端论"等同于自然科学，因此，自然科学的教导也不应公开。至于为何自然科学不应该公开传授，迈蒙尼德的说法是，即使在有些古代哲人那里，自然科学也没有得到直白的传授。正是在此语境下，他指出："因此，柏拉图和他的前辈将质料称为女性、将形式称为男性。"

柏拉图在这里成为此章两个重点的过渡和汇聚处。迈蒙尼德用柏拉图例示，即便深悉自然科学的哲人也使用谜语和比喻，"甚至那些就算清楚阐明事物也不会被指控败坏｛青年｝的人，也采用比喻式措辞"，遑论"我们律法的遵循者"。在迈蒙尼德看来，为了"不向没有理解力的大众"公开陈述自然科学这样的事，在哲学写作中应该使用比喻式语言，这是卷一17章的另一个重点。

从细节上看，迈蒙尼德将比喻"将质料称为女性、将形式称为男性"归于柏拉图似乎并不确切，因为"质料"和"形式"是亚里士多德的概念，实际上，亚里士多德对质料和形式这组概念有过类似的比喻。[①] 不过，如皮纳斯（Pines）等学者指出的，柏拉图在《蒂迈欧》里确实有过类似的比喻，[②] 只不过，柏拉图使用的词是"接收者"（ὑποδοχή）和"母亲"：

> 因此，让我们言说生成得可见的东西的母亲和接收者——它完全不被感受为土或气或火或水，或任何那些生成为这些东西的结合物或组成部分的东西。[③]

这里，柏拉图将作为可见物的基质的"接收者"与"母亲"相提并论：不同于土、气、火、水等元素，也不同于这些元素的合成物，这个"接收者"虽不可见，却分有可理知者。后世的柏拉图主义者和新柏拉图主义者将柏拉图的"接收者"等同于亚里士多德的

[①] 亚里士多德，《物理学》192a20–23，参 James T. Robinson，《评〈迷途指津〉卷一17章中迈蒙尼德笔下的柏拉图的文献来源》（"Some Remarks on the Source of Maimonides' Plato in *Guide of the Perplexed*", in S. Berger, M. Brocke and I. Zwiep eds., *Zutot* (2003)，页54。另参亚里士多德，《论动物的生成》730b1–12，中译见亚里士多德，《动物四篇》，译，北京：商务印书馆，页401–402）。参 Jacob Klein,《亚里士多德导论》（"Aristotle: An Introduction," in *Lectures and Essays*, edited by Robert B. Williamson and Elliott Zuckerman, Annapolis, MD: St. John's College Press, 1985），页182–183。中译见《雅各布·克莱因思想史文集》，张卜天译，长沙：湖南科学技术出版社，2015，页172–173。

[②] Shlomo Pines,《〈迷途指津〉的哲学资源》，页lxxvi。

[③] 柏拉图，《蒂迈欧》51a4–7，叶然译，《柏拉图全集》（中短篇作品·下），刘小枫编，北京：华夏出版社，2023，页1251。中译略有改动。

"质料"($ὕλη$),或许这是迈蒙尼德在卷一17章归于柏拉图的比喻的间接来源。

对理解迈蒙尼德在卷一17章讨论的"自然科学"来说,尤为重要的是认识到,柏拉图笔下的蒂迈欧讨论他比喻为母亲的"接收者"时,举的例子是水、火、土、气这四元素,而有关四元素的知识当然属于跟我们所见的生成世界相关的自然科学。

按罗宾逊(James Robinson)的研究,迈蒙尼德在卷一17章关于柏拉图的比喻很可能来自伊斯兰哲人法拉比。在法拉比为亚里士多德著作《辨谬篇》(*Sophistical Refutations*)所写的提要里,他用来为隐喻举例时提到了柏拉图:

> 隐喻(metaphor)的一个例子是柏拉图关于质料所说的,即它是母亲和女性。他还称它[引按:质料]为乳母,而他[引按:柏拉图]称形式为男性;并且[他说]女性渴望男性。[①]

被称为(仅次于亚里士多德的)"第二导师"的法拉比是迈蒙尼德极为尊崇的哲人,迈蒙尼德尤其称赞其逻辑学著作,[②]故而,存在

---

① Al-Fârâbî, *Kitāb al-amkina al mughlata*[Book on Captious or Misleading Topics], ed. R. al-'Ajam, in al-Mantiq 'ind al-Fārābī II, Beirut 1987, 134. 转引自 James T. Robinson,《评〈迷途指津〉卷一17章中迈蒙尼德笔下的柏拉图的文献来源》,页55。

② 在写给《迷途指津》希伯来语译者Samuel ibn Tibbon的书信中,迈蒙尼德称:"一般而言,我建议你仅研读由学者阿布·纳萨尔·阿尔法拉比所著的逻辑著作,因为他所写的一切——尤其《存在物诸法则》(*The Principle of Existing Things*)——都犹如精细的面粉。"见《迈蒙尼德书信选》(*The Letters of Maimonides*, trans. and ed. by Leon D. Stitskin, New York: Yeshiva University Press, 1977),页135。

这样的可能性：在《迷途指津》卷一17章，迈蒙尼德采用法拉比著作中的例子来说明隐喻对哲学修辞的重要性。

不过，迈蒙尼德以柏拉图名义所说的比喻究竟是否出自法拉比为《辨谬篇》所写的提要，还值得推敲。如果追索《迷途指津》展开"开端论"的内在脉络，可以看到，在具体讨论"开端论"与自然科学之关系的那章（卷二30章），迈蒙尼德首先讨论了创世与四元素的关联。①在他的解读中，《创世记》开篇两节——"起初，上帝创造天与地，上帝的气（rûaḥ）[又译作"风"或"气"]运行在水面上，地是混沌空虚、渊面黑暗"，其中的"地""气"和"水"均指四元素意义上的地、气、水。至于"火"，迈蒙尼德认为，"渊面黑暗"的"黑暗"乃是"火"的喻指，因为"黑暗"和"火"都具有透明的特征（卷二30章，页321–323/350–351）。考虑到柏拉图的《蒂迈欧》中也有大量篇幅讨论四元素，迈蒙尼德引述柏拉图在《蒂迈欧》中的隐喻来说明传授"自然科学"需要使用隐喻式语言，很可能并非偶然。

显然，迈蒙尼德认同柏拉图所使用的笔法：自然科学不应以直白的语言书写。在此章最后，迈蒙尼德提到，即便那个"不会被指控败坏{青年}的人"也使用明喻、暗喻，何况"我们这些律法遵循者"。这句话需要从反面去读：谁受控败坏青年？柏拉图的老师苏格

---

① 迈蒙尼德在卷二30章使用总计16个祈使式的短语——"在这些事中你应当知道/你应当反思的是……"来开启一个新的文段，在《迷途指津》里，仅在论述"神车论"的卷三7章出现三个相继的同类短语。迈蒙尼德用"气、火、水、地"四元素释读《创世记》头两节的内容，出现在第1–3个以"这些事中你应当知道……"为标志的文段。迈蒙尼德在论述"开端论"和"神车论"语境中对该短语的使用，参张缨，《自然与律法——迈蒙尼德〈迷途指津〉解读》，上海：上海三联书店，2023，页112以降及页151。

拉底。用施特劳斯的话来讲，自然科学让大众无法消受，具有败坏的效果，因为"自然科学影响对律法意义的理解，影响对律法［之所以］该被遵守的根据（grounds）的理解，……，一言以蔽之，自然科学搅乱习性（upsets habits）"。①

无论如何，《迷途指津》首次提及柏拉图的用意在于，借助柏拉图这个中介，一方面为"自然科学"与"开端论"的后续讨论作铺垫，另一方面用柏拉图的隐喻修辞为迈蒙尼德自己在《迷途指津》中使用的寓意笔法正名。②

二 柏拉图与"创世抑或恒在？"

柏拉图在《迷途指津》里最显著的现身出现在卷二13章，此章位于全书的中心位置，从而使其讨论的论题也一并具有某种核心地位。③ 在卷二13章，迈蒙尼德列举并阐述了关于"世界恒在抑或被造就"的三种意见，④ 在这三种意见中，柏拉图的意见位于中心。按

---

① 施特劳斯，《如何着手研读〈迷途指津〉》，《论法拉比与迈蒙尼德》，前揭，页311。

② 这里值得指出，具体而言，柏拉图使用"接收者–母亲"的比喻是为了将抽象的概念形象化，而在迈蒙尼德那里，比喻的作用在于隐匿自然科学的真相。不过，就真正哲学的写作艺术而言，两位哲人的笔法当然是一致的。

③ 《迷途指津》的真正中心在何处是一个可争议的问题，按施特劳斯为《迷途指津》所作的谋篇图式，卷三1–7章讨论的"神车论"可以是另一种中心。见施特劳斯，《如何着手研读〈迷途指津〉》，页301–303。关于迈蒙尼德在宇宙生成问题上的思想史背景及意义，参董修元，《迈蒙尼德宇宙生成论思想研究》，上海：上海三联书店，2022。

④ 在开启这个问题时，迈蒙尼德的表述特别有意思："在所有那些相信神的存在人中，关于世界的恒在抑或其在时间中被造就，有三种意见"（卷二13章，260/281）——留意"世界的恒在"位于"它｛世界｝在时间被造就"之前。

迈蒙尼德的说法，柏拉图的意见属于"所有我们曾听说其报道并见识其论述的哲人们的意见"，位于柏拉图的意见前后的，分别是"所有信仰摩西律法的人的意见"以及"亚里士多德及其追随者和注疏家们"的意见。这样一种划分，以及迈蒙尼德在其后各章依照此划分对"创世抑或恒在？"问题的阐析，给《迷途指津》的读者们带来了巨大的疑问和解释空间，其中最大的问题当然是：在这三种意见里，迈蒙尼德自己究竟持何种立场？当然，这个问题的前提是，可以设想迈蒙尼德本人并不真正认同摩西律法关于上帝从"无中创世"的意见。对我们来说，与此相关的问题是：柏拉图的意见是否真的如某些学者认为的那样，是迈蒙尼德自己的"秘密立场"？[①] 进而，在迈蒙尼德讨论创世问题的整个部分，柏拉图究竟扮演了怎样的角色？

首先，让我们看看迈蒙尼德对关于"创世抑或恒在"问题的三种意见的具体表述：

> 第一种意见是所有信仰我们的导师摩西（愿他安息）的律法的人的意见，即，世界作为整体——我指的是除上帝（愿他得享尊崇）以外的每一个存在者——由上帝从纯粹和绝对的无中使之存在，并且，{在此之前}惟有上帝（愿他得享尊崇）存在，别无其他——既没有天使也没有天球，亦没有天球之内的基质。在此之后，经由他的意志和意愿，他从无中使所有存在物如其所是地存在，时间本身也是受造物之一。因为时间是运

[①] 例如，当代学者中，Herbert Davidson 就认为，"柏拉图的意见"是迈蒙尼德关于创世的"秘密立场"。见 Herbert Davidson, "Maimonides' Secret Position on Creation," in *Studies in Medieval Jewish History and Literature*, ed. Isadore Twersky, Cambridge: Harvard University Press, 1979, 16–40。详见后文论析。

动的产物，而运动是被移动之物的偶性。……

这是{三种}意见中的一种。无疑是我们的导师摩西（愿他安息）之律法的根基，它仅次于对［上帝的］单一性的信仰这个根基。

……

第二种意见是所有我们曾听说其报道并见识其论述的哲人们的意见。他们说，上帝会从无中使一物存在{这种意见}是荒谬的。进而，在他们看来，同样不可能的是一物将消亡并归于无。我指的是，被赋予质料和形式的某个存在物，会从那种质料的绝对的非存在中产生，或者，它会消亡为那质料的绝对的非存在。……持有这种意见的人相信，天也受制于生成和消亡，不过，它并非从无中生成，也不会消亡于无。

属于这派的人自己也分为几个流派。但在此论章里提及他们的不同流派及意见毫无用处。然而，这一派持有的普遍原则跟我告诉你的一样。这也是柏拉图所相信的。因为，你会发现，亚里士多德在《物理学》(*Akroasis*) 里{将此意见}与他相联，说他——我指的是柏拉图——相信天受制于生成与消亡。你同样会发现，他的学说呈现于他的《蒂迈欧书》里。但是，他并不相信我们所相信的，并非如不考察各种意见且在思辨中做不到精确的人所想；他［这解释者］想象我们的意见跟他［柏拉图］意见是相同的。但并非如此。对我们来说，我们相信在绝对的非存在之后，天从无中得到生成，而他相信从其他事物中它得以存在和生成。这就是第二种意见。

第三种意见是亚里士多德、他的追随者和他作品的注疏家们{的意见}。他{亚里士多德}所断言的东西，刚才提及的属于那派的人也如此断言,即被赋予质料的事物绝不能从无质料的事物中获得存在。他还进一步说,天绝不受制于生成与消亡。他关于这一点的意见可以归纳如下。他认为,作为整体的、如其所是的这个存在者,从未曾停止其存在,也将不会如此{停止存在};持存的、不受制于生成和消亡的事物——亦即天——同样不会停止存在;时间和运动是持存且永久的,不受制于生成和消亡;同样,受制于生成和消亡的事物及月亮天球之下的事物,不会停止存在。……他认为,正如神不可能变为非存在,他的本质也不会经历变化,在他{神}之内有一个意志经历变化或从他那里浮现出一个新的意志也是不可能的。与此相应,随之必然的是,作为整体的这个存在者从未在当下曾停止存在,且它在未来也会如其所是地永恒存在。(卷二 13 章,260-264/281-284)

详尽摘引迈蒙尼德自己的表述是为了更好地体会他的修辞。第一种意见相对简单也容易理解。摩西律法的信仰者认为,世界是上帝从无中创造的,迈蒙尼德对这种意见的解释主要事关"时间":正如他在说明第三种意见即亚里士多德及其追随者的意见时所说,按亚里士多德的看法,时间跟运动一样是恒的,故而他强调说明,按照摩西律法信仰者的意见,时间也由上帝从无中所造。关于第一种意见,还需要留意的是,迈蒙尼德指出,这是摩西律法的根基之一,但在重要性上,"无中创世""仅次于对[上帝的]单一性的信仰这个根基"。这句话看似闲笔,却对理解迈蒙尼德的立场极为重要。

柏拉图的名字仅在第二种意见的中间才出现。这种意见首先是以"所有哲人"的名义出现的——这里要问的问题是:亚里士多德这个"哲人中的首领"（卷一5章，页31/29）[①]是否属于"所有哲人"的行列？从字面上看，亚里士多德理当属于"所有哲人"，从迈蒙尼德对第二种意见的陈述看，亚里士多德显然也会认为"无中生有"是荒谬的，即使神也"不可能"使"非存在"变为存在物。关于柏拉图，迈蒙尼德在此章还提到这样几点：其一，柏拉图关于世界起源的观点来自他的对话著作《蒂迈欧》；其二，迈蒙尼德从亚里士多德的《物理学》获悉，在"天体是否生成和消亡"的问题上，亚里士多德不同意柏拉图的观点；其三，有人认为，柏拉图的意见跟"我们的意见"一致，但迈蒙尼德指出，"并非如此"。

沿着亚里士多德与柏拉图在"天体是否恒在"问题上的分歧，迈蒙尼德引入了关于"创世抑或恒在？"的第三种意见。在陈述第三种意见时，迈蒙尼德尤其强调，亚里士多德认为"无中生有"是不可能的，且作为整体的世界的永恒存在具有必然性。

综合来看迈蒙尼德对这三种意见的表述，可以观察到的是，由于柏拉图在《蒂迈欧》里描述了宇宙及其中万物在一位神匠的理性谋划下由原始的质料所形成的故事，他关于世界之起源的意见被置于坚持"无中创世"的律法的意见与坚持世界恒在的亚里士多德的意见的中间。看上去，这样一种三分法很公允也很合理。不过，略加细察就能认识到，在迈蒙尼德的表述中，柏拉图的意见离亚里士多德的意见更近。一方面，由于迈蒙尼德断然否

[①] "哲人中的首领（raʾīs）"是迈蒙尼德自己在《迷途指津》正文第一次提及亚里士多德时对他的称呼（不过，他在那里没有提亚里士多德的名字），Shlomo Pines 将之译为 the chief of the philosophers，施特劳斯译作 the prince of the philosophers [哲人中的君主]，见《如何着手研读〈迷途指津〉》，页321。

认"我们的意见"与"柏拉图的意见"一致的看法,因此,在他看来,这是"不考察各种意见且在思辨中做不到精确的人"的想象。另一方面,尽管柏拉图与亚里士多德在天是否恒在的问题上有分歧,可迈蒙尼德清楚指明,"在我们看来,那些相信天必然从一事物而生成并消亡于一事物的人,与相信亚里士多德亦即相信天并不受制于生成和衰朽的人之间并无区别"(卷二13章,页264/285);尤其是,按迈蒙尼德的说法,包括柏拉图和亚里士多德在内的"所有哲人"都拒绝"从无中生有"的可能性:"无"究竟能否生"有",这是问题的核心。

然而,如果在核心问题上,柏拉图和亚里士多德的意见一致,两者共同对立于摩西律法的意见,[①] 那么,何以迈蒙尼德要将柏拉图的意见与亚里士多德的意见分开,单独列出?要回答这个问题,我们需要深入探究迈蒙尼德论述"创世抑或恒在?"问题的后续章回,尤其是其中再度提到柏拉图的地方。

卷二13章之后,迈蒙尼德用一整章陈述亚里士多德及其后继者在世界恒在问题上的几种论证方法。[②] 需要留意的是,迈蒙尼德在此

---

① Roslyn Weiss 清楚看到,在关于宇宙创生的问题上,迈蒙尼德那里真正的意见只有两种而非三种,基于迈蒙尼德在卷二25章对柏拉图的意见的补充,她认为,真正与律法的意见相对立的只有亚里士多德的意见。见 Roslyn Weiss, "Natural Order or Divine Will: Maimonides on Cosmogony and Prophecy," *Journal of Jewish Thought and Philosophy* 15.1 (2007), 1, 21–26, 对此观点的厘析,详见后文。关于学界对迈蒙尼德在宇宙创生及预言问题上提出的各"三种意见"的可能的对应关系,最新阐析见 Dong Xiuyuan[董修元], "Maimonides' Cosmogony–Prophetology Puzzle: Revisiting the Traditionalist Approach," *Aleph* 22.1–2 (2022), 101–123.

② 注意,迈蒙尼德在"论证"(arguments)与"证明"(demonstration)之间作出严格区分,详见后文。

章提及"思辨神学家们（Mutakallimūn）中的一个聪明人"，他试图针对亚里士多德后学的某个论证世界恒在的推理，确立"世界从时间中被造是可能的"。不过，这位思辨神学家的回应遭到了迈蒙尼德的驳斥（卷二14章，页266/287）。

随后，迈蒙尼德在卷二15章开头以显著的方式指出：

> 此章的目的是要清楚表明，亚里士多德并不拥有关于世界恒在的证明（demonstration），因为他理解这一点。进而，在这点上他没错，我指的是，他自己知道，他在这一点上并不拥有证明，而他提出的那些论证和证据只不过是出现在头脑中且灵魂所倾向的东西。亚历山大[①]认为，它们较少引发疑问。然而，亚里士多德不可能相信这些命题是证明，因为亚里士多德正是教导人类证明的方法、规则和条件的那个人。
>
> 让我提到这一点的是这样的事实，即亚里士多德的后世追随者们相信，亚里士多德已经证明了世界的恒在。绝大多数相信自己在进行哲思的人追随亚里士多德，在这一点上视其为权威，他们认为他提到的所有事都构成令人信服的证明，对此无可置疑。他们认为，不赞同他，或者假设在某个问题上还有他没有勘破的隐匿的观点或错误的想象，都是可耻的。出于这个理由，我认为，挑战他们的意见并且向他们解释亚里士多德本人并没有声称他在这个问题上有证明是有必要的。由此，他在《物理学》里说："所有在我们之前的物理学家都想象，运动并不受制于生成和消亡，除了柏拉图，他相信运

[①] 指阿芙洛狄西阿的亚历山大（Alexander of Aphrodisias，活跃于公元2世纪晚期至3世纪早期），古代著名的亚里士多德注疏家。

动受制于生成和消亡,并且,在他看来,天同样受制于生成和消亡。"这是他说的原话。① 可以确定的是,若是在这个问题上有确定的证明,亚里士多德就没必要用这样的事实,即他之前的物理学家们与他持有同样的信念,来支持他的意见。他也不会需要在那段话里就贬抑不同意他的人及其意见的不值一提做出他所做的所有断言。因为,当某事得到证明,其正确性不会因所有知识人的一致同意得到增长,其确定性也不会因此得到加强。即便地球上所有人都不同意,其正确性也不会消失、其确定性也不会被削弱。(卷二15章,268-269/289-290)

迈蒙尼德此章的用意显得奇怪,他明明在前一章陈述了不下四种亚里士多德及其追随者对时间恒在、运动恒在、天恒在从而世界恒在的论证,为什么忽然又要强调,亚里士多德没有证明世界恒在?从这段引文可以直观看出的是,迈蒙尼德在这里对亚里士多德既有赞美,更有维护。在迈蒙尼德眼里,亚里士多德是证明的方法、规则和条件的教导者,他不可能像思辨神学家那样去进行不符合证明规则的无效证明。进而,迈蒙尼德在这里也坦承自己充分肯定逻辑证明的有效性:某命题一经证明,其正确性就无关有多少人赞同

---

① 按Pines的说法,迈蒙尼德对亚里士多德《物理学》相关文本的引述并不准确(页290注2)。亚里士多德的原话是:"至于说到时间,除了一个人之外所有的学者都一致认为它不是产生得来的。德谟克利特也正是以此为根据证明:不可能所有的事物都是产生而成的,因为时间就不是产生得来的。只有柏拉图一个人主张时间是产生得来的,他认为宇宙是产生得来的,时间和宇宙同时生成。"见亚里士多德,《物理学》卷八,251b15-19,张竹明译,北京:商务印书馆,1982,页220。当然,迈蒙尼德读到的《物理学》应该是阿拉伯语译本。

它，换言之，真理是匿名的。① 另一方面，对于将亚里士多德视为权威，认为他说过的话一定正确这种态度，迈蒙尼德明确提出了自己的批评。

在此章，柏拉图出现于亚里士多德引文里。柏拉图的名字在这里是串起卷二13章与卷二15章的线索——在两处，"柏拉图"都跟亚里士多德《物理学》的相关论述相关。可以说，亚里士多德对柏拉图关于运动和时间之生成与否的异议，构成了迈蒙尼德将两者划分为两种意见之代表的出发点。然而，我们或许记得，迈蒙尼德非常清楚柏拉图是比喻修辞的大师，柏拉图的话不一定应该从字面上去理解。

无论如何，这一章最奇怪的地方还不是柏拉图，而是开头出现的亚历山大（见上述引文）以及最后出现的法拉比——对迈蒙尼德所理解的柏拉图及柏拉图式政治哲学而言，法拉比的相关作品至关重要。② 在卷二15章接近结束的地方，当再度重申亚里士多德本人并不认为他拥有关于"世界的恒在、各天球的运动之差异的原因以及

---

① 参施特劳斯，《法拉比的〈柏拉图的哲学〉》，张缨译，《论法拉比与迈蒙尼德》，页211。

② 施特劳斯在《法拉比的〈柏拉图的哲学〉》一文中指出，"毫无疑问，理解迈蒙尼德的哲学背景的恰切开端（亦即惟一不带任意性的开端）在于：必须从分析法拉比的《各种政治制度》出发"，因为《各种政治制度》（亦名《存在物诸法则》）是迈蒙尼德本人特别首肯的法拉比著作。不过，在施特劳斯写作此文的1945年，尚无法拉比《各种政治制度》的完备编校本，所以，他此文的焦点是法拉比笔下的柏拉图，因为他认识到，"法拉比用作其典范的不是任何他所知晓或我们所知晓的亚里士多德著作，而是柏拉图的《王制》(*Republic*)以及（在较低程度上）《法义》(*Laws*)"，并且，"不仅在自己最重要的几部著作中，法拉比呈现哲学教诲的方式紧随柏拉图，他还持有这样的观点，即柏拉图的哲学是真正的哲学"。见《法拉比的〈柏拉图的哲学〉》，页189。

各种智能存在者的有序布局这些主题"的证明时,迈蒙尼德又引了一段亚里士多德《论题篇》(*Topics*)中的原话,并出人意料地提到法拉比的名字:

> 你知道他{亚里士多德}文本中的如下言辞:"至于说我们不具有论证的或在我们看来太大的事物,我们很难说:何以如此?例如,当我们说:世界是恒在的么——抑或不是?"[①] 这是他的原话。然而,你知道阿布·纳萨尔[阿尔法拉比]清楚表明的对这个例子的解释以及这个事实,他认为,这个想法——亚里士多德会怀疑世界是恒在的——是可耻的。他对盖伦(Galen)极为鄙视,因为后者说,这是一个疑难问题,对此没有已知的证明。在阿布·纳萨尔看来,清楚明白的是,已经由证明所证实的是,天体是恒在的,而在其内部的存在物受制于生成和消亡。(卷二15章,270/292)

迈蒙尼德用亚里士多德自己在《论题篇》里的话为证据,说明亚里士多德本人不具有关于世界恒在的证明,这是一个看上去很有力的证据。可是,考虑到迈蒙尼德对法拉比极度尊敬和推崇,他在这里引入法拉比作为持相反观点的亚里士多德注疏家的代表,就显得很奇怪。法拉比在这里的出现显得在呼应本章开头出现的亚历山大。在前面一段引文中,我们看到,迈蒙尼德以看似不经意的方式提到,亚历山大认为,亚里士多德在世界恒在问题上"提出的论证和证据……较少引发疑问"。跟法拉比一样,在诸多亚里士多德的

[①] 亚里士多德,《论题篇》104b15以降。Pines指出,此段引文大致准确(页292注12)。

注疏家中，亚历山大是迈蒙尼德最推崇的之一，[①]因此，迈蒙尼德在卷二15章的首尾分别提到，在亚里士多德是否拥有世界恒在的证明这个问题上，亚历山大和法拉比都与他自己所强调的"意见"相反，这一点非常值得推敲。

看来，在世界恒在的问题上，迈蒙尼德的言辞显得瞻前顾后，迷雾重重。

迈蒙尼德在卷二15章首尾对亚历山大和法拉比的反常提及，令我们回想起在《迷途指津》卷二导言中，迈蒙尼德一开始就提出，亚里士多德及逍遥学派为证明"神的存在、神既非有形体亦非某有形体内的力（force in a body）以及神的单一性"——在迈蒙尼德那里，这三条是摩西律法的首要根基——提出了25个前提，[②]对此他补充道：

> 我们还将允诺给他们一个前提，因为正如我将表明的，通

[①] 在致Samuel ibn Tibbon的书信里，迈蒙尼德指出："如我之前所指出的，亚里士多德的著作是关于科学的所有著作的根源和根基，可是，它们很难理解，除非有亚历山大、泰米斯提乌斯（Themistius）以及阿威罗伊的那些注疏的帮助。"见 Letters of Maimonides，页136。另见 Shlomo Pines，《〈迷途指津〉的哲学资源》，页lix。按Pines的研究，在迈蒙尼德上述书信提到的三位注疏家里，泰米斯提乌斯的名字在《迷途指津》里仅提到1次（卷一71章），且仅仅用来呼应亚里士多德的某个观点，阿威罗伊则根本没有被提到；与此相对照的是，迈蒙尼德在《迷途指津》里多次提及亚历山大及其著作，其中既包括关于亚里士多德作品的注疏，也包括亚历山大本人的作品，比如《论神意》(On Providence)。Pines认为，"有可观的证据表明，他［迈蒙尼德］的个人观点及他对亚里士多德学派的构想决定性地受到亚历山大的影响"。见Pines，《〈迷途指津〉的哲学资源》，页lxiv。

[②] Pines指出，在迈蒙尼德之前，似乎没人提到过这"25个或26个'前提'"（页235注2），因而，对这些前提的归纳应是迈蒙尼德的原创。

过它，我们探究的诸对象①将得到证明；这个前提就是世界的恒在。(卷二导言，页221/235）

在一一陈述亚里士多德及其学派的25个前提之后，迈蒙尼德表示，他还要加上"第26个前提"，即亚里士多德所说的"时间和运动是恒在的、在现实中持久存在的"。他指出，"亚里士多德认为它是正确且最适合相信的"（卷二导言，页224-225/239-240）。随后，在《迷途指津》卷二1章，迈蒙尼德陈述了对上帝存在、上帝无形体以及上帝的单一性的哲学式证明，而他用来证明上帝存在的那个决定性前提，正是他本人在卷二导言提出的第26个前提，即运动具有持久存在或者说亚里士多德意义上的世界的恒在。然而，在此值得留意的是，迈蒙尼德所称为神并证明其存在的，是引起天球运动的第一因（卷二1章，页228-229/244-246）。

在施特劳斯看来，迈蒙尼德在卷二1章基于世界恒在的前提证明的是哲人之神——"不动的推动者"——的存在，这个神并非圣经中的上帝，并非通过其意志创世的上帝。②迈蒙尼德当然深悉"意志的上帝"与"理智的上帝"（或者说圣经的上帝与哲人之神）之间的区别。由此，他关于上帝存在的证明显然在刻意模糊这种区别。然而，与此同时，他当然也深知，在最根本的对立即创世抑或恒在的问题上，有些表态不容含混。

仿佛知道自己的读者会有疑惑，对于自己刻意回避去肯定关于世界恒在的证明的奇怪举动，迈蒙尼德在后文辩解道，这不是由于在《托拉》里有关于创世的记载，而是他完全可以像在上帝无形体

---

① 即前述上帝存在、上帝无形体、上帝的单一性这三点。
② 施特劳斯，《如何着手研读〈迷途指津〉》，页352。

问题上那样，用比喻方式来解释圣经，从而消除对创世文本的字面理解，继而肯定世界恒在为真。迈蒙尼德解释说，有两个理由使他没有那样做。第一个理由是："上帝没有形体"已经得到证明，因此与之相反的文本就必然不为真，因而这类文本必须以比喻方式来解释。然而，由于"世界恒在"没有得到证明，与之相反的意见即创世就是可能的，因而，涉及创世的文本就不能够用比喻的方式来解释（卷二25章，页302/328）。

接下来，迈蒙尼德陈述了他不愿肯定世界恒在已得到证明的第二个理由：

> 第二个理由如下：我们相信神没有形体，这一点不会摧毁律法的任何根基，也不会使任何先知的声称变得不实。……另一方面，以亚里士多德所认识的方式相信〔世界的〕恒在——按照这种信仰，世界按必然性存在，〔事物的〕本性根本不会改变，事件的惯常之道不会因任何事物而得到修正——则会摧毁律法的原则，且必然使每一种神迹变得不实，并且将律法促成的希望和威胁降格为蠢话，除非——凭上帝！——人们以比喻方式解释神迹，像伊斯兰内在论者（Islamic internalists）那样；然而，这会导致某种疯狂的想象。（卷二25章，页302/328）

这可谓理解迈蒙尼德有关"创世抑或恒在？"问题的立场的最重要文本。迈蒙尼德明确指出，他不愿意肯定世界恒在已经得到亚里士多德及其后继者的证明，是因为一旦亚里士多德所理解的世界恒在得到肯定，就必须承认世上万物按其本性的（或曰自然的）必然性存在，这就必然导致没有任何神迹可能为真——包括从无中创世这个最大的神迹。如果所有神迹都不为真，那么，建立在神迹基础上的预言和启示当然也不可能为真,这当然会摧毁摩西律法赖以持存的根基,继而使摩西律法在律法信仰者眼中失效:让人失去希望的帮助和律法的约束,两者同样会为摩西律法所凝聚起来的共同体带来灾难。迈蒙尼德深知,一个有责任感的哲人不会随意地去破坏共同体的信仰根基。

三 柏拉图与矛盾修辞

当柏拉图的名字再次出现于《迷途指津》中时,迈蒙尼德对"创世抑或恒在"的讨论已进入到一个新的阶段。按施特劳斯对《迷途指津》谋篇所列的"图式",卷二25章以降的数章,《迷途指津》的论题是"创世与律法"(Creation and the Law)。[①] 正是在此论题中,迈蒙尼德接连提到了柏拉图的名字。紧接着上节的引文,迈蒙尼德继续道:

> 然而,要是有人按照我们所解释的第二种意见,亦即柏拉图的意见,相信[世界的]恒在——照此意见,天同样受制于生成与衰朽——这种意见就不会摧毁律法的根基,不会使神迹变得不实,而是让它们变得可接受。与这种意见相一致,以比喻的方式解释圣经也会变得可能。(卷二25章,页302/328)

这段话让柏拉图的意见与另两种意见,即律法的意见与亚里士多德的意见之间的关系变得扑朔迷离起来。如果说,在卷二13章,迈蒙尼德呈现的柏拉图的意见更接近亚里士多德的意见,在这里,

---

[①] 施特劳斯,《如何着手研读〈迷途指津〉》,页302。

由于柏拉图的意见"不会摧毁律法的根基,不会使神迹变得不实",他似乎又更靠近律法一些。尤其是在卷二25章最后,迈蒙尼德还提了柏拉图一句:

> 因为,若是时间中的创造——即便是柏拉图所理解的创造——得到了证明,哲人们在这一点上向我们所作的所有过于草率的宣告都会变得无效。同样,若是哲人们成功地证明亚里士多德所理解的恒在,则作为整体的律法将会变得无效,人们转向其他意见。我因此向你解释,一切都系于这个问题。(卷二25章,页303/330)

魏斯据此认为,卷二25章呈现的柏拉图修正了卷二13章中柏拉图的意见给读者留下的他与亚里士多德为伍的印象,她认为,这个新形象体现了迈蒙尼德对柏拉图的真正定位,即柏拉图站在律法那边。在魏斯看来,柏拉图与亚里士多德关于天是否受制于生成与消亡的分歧是"不可兼容的"。[①]

然而,迈蒙尼德未必这么理解柏拉图与亚里士多德的分歧。Weiss没有提到的是,就在之后的那章,迈蒙尼德再次提到柏拉图的名字,可是这次,柏拉图不再以律法亲近者的面貌出现。卷二26章伊始,迈蒙尼德说:

> 我曾看到拉比埃利艾泽(Rabbi Eliezer the Great)的一个陈述,出现在以《拉比埃利艾泽的章句》著称的《章句》

---

① Roslyn Weiss, "Natural Order or Divine Will: Maimonides on Cosmogony and Prophecy," 23–26.

（Chapters）内，那是我所见过的由我们的导师摩西之律法的追随者所写的最奇怪的陈述。听一下他所作的陈述。他说："诸天从何而受造？从祂衣袍的光里。……地从何而受造？从祂荣耀宝座下的雪里。……"① 这就是那个文本所作的陈述。但愿我知道那位先贤所相信的。难道他相信，某物从无中产生是不可能的，必然有物质使生成事物从中造就？难道出于这个理由，他寻求发现诸天与地从何而受造？然而，无论这个答案的结果是什么，应当这样问他：祂衣袍的光从何而受造？荣耀宝座下的雪从何而受造？荣耀宝座本身从何而受造？可是，倘若他希望将祂衣袍的光认定为非受造物，类似地也把荣耀宝座认定为非受造物，这将是巨大的龃龉。因为，他将由此承认世界是恒在的，即便它是按柏拉图的意见所构想的［恒在］。（卷二26章，页304/330-331）

这里，迈蒙尼德借犹太先贤拉比埃利艾泽的"天问"提示读者，即便在信仰摩西律法的先贤中，也会有人怀疑"无中生有"的创世不可能，进而相信世界的恒在。律法所教导的"无中创世"意味着，除了上帝，一切都是受造物，然而，拉比埃利艾泽的那些问题隐含了对此原则的质疑，他设想"诸天与地"——上帝最初的造物——由上帝"衣袍的光"所造，等等。就此，迈蒙尼德继续追问："上帝衣袍的光"又出自什么？这样追问下去，只能得出上帝的创世并非"无中生有"这个结论，而这个推论显然与律法的原则"龃龉"。

正是在这个推论的语境中，迈蒙尼德再度提到柏拉图的名字，若是拉比埃利艾泽认定"上帝衣袍的光"或"上帝的荣耀宝座"并

---

① 《拉比埃利艾泽的章句》第III章。见 Pirkê de Rabbi Eliezer. The Chapters of Rabbi Eliezer the Great, trans. Gerald Friedlander, London: Kegan Paul, Trench, Trubner & Co. Ltd., 1916, 页15-16。

非受造物，那么他就不得不承认世界是恒在的，即便这是"按柏拉图的意见所构想的恒在"。显然，柏拉图在这里又重回哲人的行列，支持世界恒在的立场。

在上述引文之后，迈蒙尼德接着表明，其他的先贤们认定"荣耀宝座"属于受造事物，然而，圣经却没有将之与创世相连，仅有的例外是大卫的诗句："圣主在诸天竖立他的宝座"（《诗篇》103：19），而《耶利米哀歌》中的呼告"圣主啊，你将存到永远，你的宝座将代代持存"（5：19）则印证了世界的"向后恒在"（eternity a parte post）。"向后恒在"意味着世界有一个起点和开端，但这个世界会恒久持存。随后，迈蒙尼德继续探究：

> 若是拉比埃利艾泽相信宝座的向后恒在，那么，后者必定是上帝的一个属性，而非一个受造物。可是，一个事物怎么可能从某种属性里产生？最奇怪的是他的说法"祂衣袍的光"。总而言之，这个陈述确实会搞乱一个有学问的律法遵循者的信仰。在我看来，对此没有比喻式解释能令人信服。我向你提到它，以便你不会在这一点上犯错。（卷二26章，页304-305/331）

迈蒙尼德的推理是，按照圣经所肯定的那种"向后恒在"，[①] 能够"恒在"的惟有上帝和上帝的属性，因而，除非拉比埃利艾泽陈述中的"上帝的荣耀宝座"指上帝的属性，不然他的问题就会有违"无中创世"的律法原则，从而"搞乱有学问的律法遵循者的信仰"："有学问的律法信仰者"正是《迷途指津》的典型读者，因为，普通

---

① 在《迷途指津》卷二28章，迈蒙尼德以更详尽的方式论述了"向后恒在"的圣经证据。

信仰者不会费神去思考"无中创世"或"世界恒在"这样的问题，而真正有学问的、懂得自然科学的"知识人"也不需要迈蒙尼德的如此"指津"。① 无论如何，迈蒙尼德有意保护律法及其遵循者的信仰，这一关切溢于言表。

随后，迈蒙尼德话锋一转，指出：

> 然而，其作者无论如何帮了我们的大忙，他清楚指明，诸天的质料不同于地的质料，它们是两种完全相异的质料。（卷二26章，页305/331）

这句话实际上才是此章的核心。迈蒙尼德在这里回到了自然科学的主题：质料。拉比埃利艾泽的"天问"帮助他说明，"诸天"即"各天球"的质料不同于"地上事物"的质料。他指出，"诸天"的质料即拉比埃利艾泽所言"祂衣袍的光"，而"地"的质料"在荣耀宝座之下"。在此章最后，迈蒙尼德进一步表示，拉比埃利艾泽的陈述说明，所有天上事物共有同一种质料，地上事物同样如此，从而就整个有形世界而言，一共有两种质料（卷二26章，页305/331–332）。

从《迷途指津》的整体来看，卷二26章的内容，尤其涉及两种质料的内容，是迈蒙尼德后续讨论"神车论"的一个重要铺垫。② 不过，鉴于迈蒙尼德指出拉比埃利艾泽的陈述有承认世界恒在的嫌疑，他将其陈述解释为对两种质料的比喻式描述，实际上直指柏拉图的宇宙创生模式：造物主通过早已存在的质料制造了这个有序的世界。

---

① 参施特劳斯在《如何着手研读〈迷途指津〉》里对《迷途指津》的不同"讲述对象"的详细厘析，页309–314。

② 见《迷途指津》卷二27章、28章，卷三2章、6章。参张缨，《自然与律法——迈蒙尼德〈迷途指津〉解读》，前揭，页146–147。

如果创世之际，质料已经存在，那么显然，这是一种"向［创世］前的恒在"（eternity a parte ante）而非"向后恒在"。

回到柏拉图这个主题。至少从字面上看，迈蒙尼德在卷二25章和26章三次提到柏拉图时，出现了明显的归类上的出入。他在卷二25章末第二次提到柏拉图时，不仅将柏拉图与"创造"相连，而且将柏拉图置于哲人的对立面，表示一旦"无中创世"得到证明，哲人们关于世界恒在的一切说法都会失效。然而，在卷二25、26两章提及柏拉图的另外两个场合，他又把柏拉图与"世界恒在"相连。何以迈蒙尼德如此公然地在相继的两章自相矛盾？

《迷途指津》中的自相矛盾绝非出自作者的粗心或失误。迈蒙尼德说过，"本论章的遣词绝非随意选取，而是带有高度的准确性和极度的精确，小心避免疏于解释任何隐晦的观点"（"本论章指南"，页15/15），也就是说，《迷途指津》没有闲笔。进而，他在"［本论章］前言"指出，有七种原因可以解释某个作品里出现的自相矛盾，而《迷途指津》里的自相矛盾要么是出于"教导和使人理解""某个难解的晦涩主题"的必要性，要么是出于

> 在论及极为晦涩的事物时，有必要隐匿一些部分并揭示其他部分。面对某些权威论述时，这种必要性有时要求讨论在一个确定的前提下展开，而在另外场合下，这种必要性则要求讨论在与第一个前提相矛盾的另一个前提下展开。在这些情形中，俗众肯定不会意识到这种矛盾；相应地，作者会竭尽全力使用某种布局隐匿这些矛盾。（［本论章］前言，页19–20/18）

"创世抑或恒在"的问题当然是"极为晦涩的事物"，迈蒙尼德用柏拉图作为主张"无中生有的创世"的律法意见与坚持自然的必

然性的亚里士多德意见之外的另一种意见的代表，是为了"隐匿一些部分并揭示其他部分"。问题是，他要隐匿什么，又要揭示什么？

按迈蒙尼德的说法，究竟"诸天"是创生的抑或是恒在这个问题，无论律法的观点还是亚里士多德的观点都不能得到证明，因此两者都只能被视为假设，而要在两种都不能证明的对立意见之间作出选择，应当选择疑问较少的那种。他表示，亚里士多德的意见"疑问较多且对应当持有的上帝信仰有害"，因此，律法的意见较为可取（卷二22章，页295/320）。可是，这个选择真的是迈蒙尼德本人在这个问题上的立场么？无论如何，"无中创世"没有得到证明这一点，解释了何以迈蒙尼德将之视为"仅次于上帝单一性的律法根基"：由于上帝的单一性能够得到证明，它就在知识的等级上具有更高的位置。

再回到卷二25、26两章对柏拉图的三次提及，可以辨析出，如果脱离字面上的关联，无论"柏拉图所理解的创造"还是"柏拉图的意见所构想的"世界恒在，两者指向的是同一种"意见"，即卷二13章所陈述的归于柏拉图的"第二种意见"。实际上，在"创世抑或恒在？"问题上，卷二26章对柏拉图的最后一次提及可谓一处点睛之笔。如前文所阐析，在展现拉比埃利埃泽"天问"的语境中，迈蒙尼德一方面提及柏拉图，另一方面将此"天问"解释为关于两种质料的区分，这种布局让我们可以认清，柏拉图的意见事实上应归入"世界恒在"的大类。也就是说，在迈蒙尼德那里，柏拉图终究还是跟亚里士多德站在一起：他们同属哲人的行列。然而，如迈蒙尼德在卷二15章所言，亚里士多德所代表的关于世界恒在的观点没有给神迹和启示留下任何余地，也就是说，没有给摩西律法借以立足的原则留下任何余地，因此，为了同时保护哲学与律法，迈蒙尼德不得不提出柏拉图的意见作出两种对立意见的中间值。在迈蒙尼德笔下，柏拉图所代表的意见一方面由于认同"世界的创造"而接近律法的意见，另一方面又由于此创世模式需要"前创造的质料"而可归入支持"世界恒在"的意见之列。

在整个"创世抑或恒在"的问题上，迈蒙尼德试图隐匿的是亚里士多德及其追随者拥有世界恒在的证明这一点，因为这一点一旦得到肯定，律法的根基将无法"合理地"维系。然而，借助提及亚历山大和法拉比的相反观点，迈蒙尼德向深知他偏爱这两位前辈读者暗示了他否认关于世界恒在的证明的真正用心所在。

余 绪

本文对《迷途指津》里的柏拉图形象作了择取式的考察，主要的焦点在于柏拉图与自然科学的关系、柏拉图的比喻修辞以及柏拉图的"创世"学说这几个方面。[1] 如前文的解读所示，尽管柏拉图在《迷途指津》里很少出现，可他的每次出场都非同小可地重要。

柏拉图对迈蒙尼德的意义首先在于他的非论说式哲学写作的笔法。如迈蒙尼德在第一次提及柏拉图时所言，柏拉图使用明喻、暗喻等等修辞手法来阐述自然科学的概念，他肯定也了解，柏拉图用对话的方式书写哲学著作。从迈蒙尼德自己在《迷途指津》里所使用的各种笔法来看，[2] 柏拉图在写作方式上显然对他影响至深。

其次，柏拉图的写作艺术，以及这种写作艺术所传达的他对哲

---

[1] 在《迷途指津》里，柏拉图还出现在迈蒙尼德讨论"天使"——或更确切说，分离理智（卷二6章）——以及"神意"的语境中（卷三18章）。关于迈蒙尼德对神意的讨论，参张缨，《自然与律法——迈蒙尼德〈迷途指津〉解读》，前揭，第六章，页163-203。

[2] 关于迈蒙尼德的各种修辞笔法，详见施特劳斯，"《迷途指津》的文学特征"，《迫害与写作艺术》，刘锋译，北京：华夏出版社，2012，页31-91。

学与"城邦"(包括城邦宗教)间不可调和的冲突的认识、他身为政治哲人的审慎,同样对迈蒙尼德影响至深。如前文所提,迈蒙尼德的《迷途指津》具有双重任务,即同时捍卫摩西律法与哲学,本文的阐析表明,这一点尤其体现在迈蒙尼德呈示和讨论"创世抑或恒在?"问题时刻意地既隐又显,甚至自相矛盾的笔法中。

另一方面,关于柏拉图对迈蒙尼德的影响,深受施特劳斯的划时代研究影响的迈蒙尼德学界有一个颇为流行的观点,认为经由法拉比的中介,迈蒙尼德采纳了柏拉图《王制》中的"哲人-王"形象,将摩西刻画为集"立法者-哲人"为一体的先知。施特劳斯在其早期著作《哲学与律法》(*Philosophy und Gesetz*,初版于1935年)中的确极富洞见地提出,"中世纪的伊斯兰和犹太哲人比现代哲人'更原始'……因为他们都是柏拉图的学生而非基督的门徒"。[①]他认为,按照伊斯兰的亚里士多德派哲人的学说,"先知集哲人与立法者于一身,是教法的宣告者",这样的学说"通过迈蒙尼德移植到犹太教"(页55),与此相应,他表示,在迈蒙尼德那里,"先知无条件地超越了(überlegen)哲人,当然也首先超越了其他人"(页87)。在发表于1936年的法语文章《简评迈蒙尼德和法拉比的政治科学》里,施特劳斯更是直言"只有摩西的预言才是立法性的"(législatrice),进而,"只有摩西才是柏拉图意义上的哲人-立法者或法拉比意义上的'元首'",不过,施特劳斯很清楚,"迈蒙尼德并没有明确地说出这一点"。[②]这一点非常明确,迈蒙尼德从未在《迷途指津》里称摩西为哲人。

[①] 施特劳斯,《哲学与律法——论迈蒙尼德及其先驱》,页54-55,重点为原文所有,下同。下引此书,随文注页码。

[②] 施特劳斯,《简评迈蒙尼德和法拉比的政治科学》("Quelques Remarques sur la Science Politique de Maïmonide et de Farabi", *Revue des Etudes Juives*,卷100[1936],页1-37),程志敏译,庄奇校,《论法拉比与迈蒙尼德》,页75。

对于青年时代的这些论断，晚年施特劳斯不再无条件支持。一个明显的标志是，在1938年以后发表的关于迈蒙尼德的论著中，他不再称迈蒙尼德笔下的摩西为"先知-哲人"，尽管施特劳斯在写作于1960年的《如何着手研读〈迷途指津〉》里依然重申，在一众先知里，迈蒙尼德赋予摩西独一无二的至尊地位，乃因为摩西是"立法式先知"，可他同时表示，"正因为他的预言臻于法的巅峰，它反映了法的限度"。① 在这篇最能体现对《迷途指津》的深刻理解的长文里，施特劳斯还提出，《迷途指津》不仅暗示圣经内外都有"超越摩西的进步"，而且迈蒙尼德本人的《迷途指津》就标志着这种超越的"终极一步"。② 也就是说，晚年施特劳斯不再认为摩西"超越了哲人"，是人之完善的最高代表。显然，对迈蒙尼德预言学说之隐微教诲的理解让施特劳斯认识到，迈蒙尼德无意让摩西承担"哲人-先知"的角色。

值得指出的是，将摩西与其他先知相区分，将其抬升到至尊地位，的确是迈蒙尼德的首创，③ 在他之前的犹太教传统里，摩西并无此独一无二的至尊地位。迈蒙尼德这么做的理由正是施特劳斯所

---

① 施特劳斯，《如何着手解读〈迷途指津〉》，页329。

② 同上，页327-340。参张缨，"施特劳斯如何识读迈蒙尼德的《迷途指津》"一章，见《自然与律法——迈蒙尼德〈迷途指津〉解读》，页284-318，犹见298以降。

③ 对摩西至尊地位的强调贯穿迈蒙尼德主要著作，见 Maimonides, *Commentary on Mishnah*, Helek: Sanhedrin, Chapter X, trans. Arnold J. Wolf, in *A Maimonides Reader*, ed. Isadore Twersky, Springfield, NJ: Behrman House, Inc., 1972, 页417-423, 419；以及 Moses Maimonides, "Fundamental Principles of the Torah (Yesodei ha-Torah)," VII. 6, in *Mishneh Torah, The Book of Knowledge*, New, Corrected Edition, trans. Moses Hyamson, 页43a；中译见迈蒙尼德，《论知识》，董修元译，济南：山东大学出版社，2015，页33-34。

指出的：对犹太教来说，摩西是"立法式的先知"——律法的至尊地位要求"带来"律法的先知摩西获得相应的至尊地位。施特劳斯同样没有看错的是，迈蒙尼德的确是通过以法拉比为首的伊斯兰亚里士多德派哲人的论著认识到，柏拉图的《王制》尤其《法义》对"哲人-立法者"的刻画值得效法。

施特劳斯之所以改变自己对迈蒙尼德预言学说的解释，是因为他逐渐辨识出，尽管有无数的文本证据表明迈蒙尼德赋予摩西独一无二的地位，可迈蒙尼德并没有真正给予摩西"最完善者"的地位，在《迷途指津》里，迈蒙尼德暗示，亚伯拉罕才是先知中更具思辨天赋，拥有关于上帝的更高知识，从而也更完善的人。看出这一点的施特劳斯在他的晚期文章中提示读者，亚伯拉罕求告的上帝是"那超道德的整全之上帝"（God of the transmoral whole），而非赐予律法的上帝。① 最终，对"柏拉图式政治哲人"的写作艺术的真正理解，让施特劳斯认识到，在迈蒙尼德那里，先知并没有"超越"哲人。

对迈蒙尼德来说（或许在同样的意义上对施特劳斯来说），柏拉图是其显白教诲与隐微教诲之间的那个"雅努斯"：他既面向律法的信仰者，又面向律法遵循者中潜在的哲人。由此，柏拉图成为迈蒙尼德同时捍卫律法与哲学的指路人与路标。

---

① 施特劳斯，《如何着手解读〈迷途指津〉》，页329-330。参张缨，《自然与律法——迈蒙尼德〈迷途指津〉解读》，前揭，页240-261。

思想史发微

抒情诗中的交流观念：品达与策兰

佩恩（Mark Payne）撰

王越凡 译

1962年3月22日，策兰（Paul Celan）在给夏尔（René Char）的信中写道：

> 夏尔，我们还记得你第一次来访，也记得你书里的句子。草昂起了头。第二首《奥林匹亚凯歌》的核心（heart）就在其中，就像它的弓（bow）。①

---

① 策兰信件的文本及其德语翻译和传记笔记，见于 *Paul Celan—Die Goll-Affäre: Dokumente zu einer "Infamie,"* ed. Barbara Wiedemann（Frankfurt: Suhrkamp, 2000），pp.573–577；另参 *Paul Celan, Gisèle Celan-Lestrange: Correspondance (1951–1970)*, vol. 2, *Commentaires et illustrations*, ed. Bertrand Badiou and Eric Celan, Paris: Seuil, 2001, pp.535–537。

策兰当时正深陷"高尔事件",他被高尔(Yvan Goll)的遗孀指控剽窃了已故丈夫的作品。策兰写给夏尔的信不是对自己的任何诗歌立场的辩驳或解释,而是一种团结的姿态(a gesture of solidarity),这种姿态能够唤起诗人在自己诗歌中不可磨灭的存在:

> 如你所知,诗歌无法脱离诗人而存在,无法脱离诗人自身(his person)——脱离他的自我(the self)。

他建议夏尔留心那些想要模仿他的人,因为真正的理解所采取的形式不是模仿而是回应:

> 对于你作品中的那些我无法理解,或者说尚未理解的部分,我的回应是尊重和等待:一个人永远不能假装完全掌握——这是对栖居于或将要栖居于诗人中的未知的不尊重。

在这封(从未被寄出的)信的最后,他回忆了夏尔第一次拜访他家的场景,以及夏尔在他展示的《祝蛇健康》(A la santé du serpent)复印件上的题词:"献给吉瑟尔(Gisèle)和策兰,为你们值得信赖的友情,为那屈身后又昂起头的草。"

据策兰在信中的回忆,屈身的草源于夏尔的献词,而引用品达的第二首《奥林匹亚凯歌》的则是策兰自己。品达诗歌的"心"是什么,他所说的"弓"又是什么?这首凯歌写给阿克拉加斯(Acragas)的西西里城(Sicilian city)的统治者忒戎(Theron),纪念他在公元前476年的那场奥林匹亚竞技中的赛车胜利。诗歌描述了命运的变迁,这是品达主题中最受喜爱的一个,然而,这一主题在此处被赋予一种特殊的变化,即意想不到的反转导致的精神痛苦:

在正义和非正义中所做的事，即使是万物的主宰都不能抹去这些行为的结果。但侥幸的话，它们可能被遗忘。因为无论何时，当来自神性的部分发散出高贵的勃兴，那被压抑着的亟待再次爆发的痛苦就会消逝在高尚的欢愉之中。（行15–22）①

品达继续说，所以塞墨勒（Semele）的凡胎肉体终结于宙斯的雷电，而如今她和他们永生的孩子狄俄尼索斯（Dionysus）生活在一起；俄狄浦斯（Oedipus）在互相残杀中失去了孩子，因为他杀死了自己的父亲拉伊俄斯（Laius），但如今，他们的后代因竞技的胜利为家族带来了荣耀。极乐岛（Islands of the Blessed）上那些遭受了苦难但在审判中被证明为正义的人们，在身后得到了回报，所以遭到妒忌者攻击的善良的忒戎终会得到正义，因为"就像沙子无法计量，谁能计算出它为别人带去了多少欢乐"？

我们很容易就能想到当时这首诗对策兰的吸引力。我把诗中为不公正的苦难辩护这一主题视为策兰所谓的诗之"心"。那么"弓"又指什么呢？在诗的末尾，品达提到了他箭筒中的"向有识之士言说"的"许多迅疾的箭"。弓不是侵略的象征，而是诗的交流能力的象征，它把思想加速传递给善于倾听的人，不论这些人是谁，无论他们身在何方。所以他说，他会以一颗温柔之心把箭瞄准阿克拉加斯，这样那些贬低忒戎的人可能就会明白，在一百年的时间里，这座城市都没有诞生出一个比他的朋友忒戎更慷慨的人。既然这首诗的"心"之所以吸引策兰是因为它与策兰当下的处境有关，那

---

① 品达，第二首《奥林匹亚凯歌》，行15–22，见于 *Pindari carmina cum fragmentis: Pars I Epinicia*, ed. B. Snell and H. Maehler, Leipzig: Teubner, 1987，英文译文由作者译自希腊原文。

么,它之所以吸引策兰,也是因为它那来自远方的突如其来的交流意境,因为它概括了策兰最为珍视的、他本人关于诗作的信念,而这一切也可能在作者与读者之间实现这种意想不到的乌托邦式的交流。① 1958年,策兰获得布莱梅文学奖(Literature Prize of the city of Bremen),在获奖演说上,他第一次公开表达了这一信念:

> 一首诗,是语言的一种实例,因此从本质上说,诗是一种对话,是一封装在瓶子里的信。它被扔进了大海,怀着漂泊到某个地方的希望,或许是冲上心灵的海岸,不过这种希望并不总是那么强烈。②

在策兰1960年10月获得毕希纳奖(Büchner Prize)时所作的题为"子午线"(The Meridian)的演说中,这一画面有着更为丰富的概念性表达:

> 诗是孤独的。它孤独且"一直在途中"。它的作者陪伴着它。这难道不是把已经在此处、在它的开端的诗,置放在了相遇和"相遇的神秘"之中吗?一首诗意蕴着另一首诗,它需要这个他者,需要一个对立面。它走向它,也预示着它。③

对策兰而言,这首诗是"一个人的语言",当它在"命名与言说

---

① 比较 Wiedemann, *Paul Celan—Die Goll-Affäre*, p.577, n. 9。

② Paul Celan, "Speech on the Occasion of Receiving the Literature Prize of the Free Hanseatic City of Bremen," in his *Collected Prose*, trans, Rosmarie Waldrop, Riverdale-on-Hudson, NY: sheep Meadow Press, 1986, pp.34–35.

③ Paul Celan, "The Meridian," ibid., p.49.

的我"的周围推演出"你"时，便成了对话。

抒情诗的声音是文学批评中最古老的问题之一，然而没有任何迹象表明这一问题将会得到解决。在《王制》(Republic)第三卷，柏拉图提出一个问题，"谁说出了诗"(who speaks a poem)是文学分类和经验的基础：诗的措辞或是源于诗人自己（好事），或是源于诗人以外的人（坏事）；无论哪一种情况，我们都会根据诗所宣称的存在于诗中的更理想世界的真理来判断（或编辑）这首诗。亚里士多德在《论诗术》(Poetics)中继续了这种分类，但转换了两者的价值高下：诗人只有在讲故事时才是一位真正的诗人；当这些故事不通过间接的陈述，而是通过虚构的人物直接表达出来时，诗人才做到了最好。荷马之所以是最好的诗人，就是因为他最像一个剧作家；他让位于笔下的人物，自己则尽可能地少说话。

对于亚里士多德而言，叙事文学的重要性不在于诗人对他的主题的看法，所以从概念上说，就不在于他试图与任何特定的读者就此诗交流什么，而是在于他的作品在何种程度上能够成为一个独立于其创造者的故事世界。亚里士多德把作者、故事世界和非特定读者之间的关系想象成一个三角形，在这一三角关系中，诗人创造了一个充满虚构细节的世界，它可以作为许多读者的反思对象和自我认识的工具，这些读者的反应可视为对行动中的人物的普遍性肯定。如果这种肯定没能成立，我们也可以退居到欣赏这件作品的创作工艺这一次要乐趣中。诗人与听众之间的交流最好是间接的，也许最好被视为无效的：这是一个独立于创造者的故事世界，它与史诗交流的语用学很好地契合在一起——诗人不是在对听众，而是在对缪斯说话，听众是无意中听到了这段对话，而不直接参与对话。

从这个角度看，抒情诗之所以在《论诗术》里不受重视的原因就显而易见了。品达和萨福(Sappho)几乎没有消失在他们创造的故事世界背后。不论是萨福关于海伦的"最美的是你所爱之物"（Sappho，16），或是品达就荷马对埃阿斯（Ajax）的误读的思考（第七首《涅嵋凯歌》，行20–30），故事世界都消失在了诗人之思的背后。可以说，诗人已经占领了对小说世界的诠释，而在亚里士多德看来，这应该是读者的工作。与亚里士多德的观点相反，在抒情诗中，不论言说诗歌的"我"的地位如何，诗歌都是诗人直接提出现实世界的真理的领域。即使这里的"我"是评论戏剧的歌队（chorus），是"职业的"而非"私人的""我"，它也不会产生亚里士多德所认为的那种作为叙事诗的终极目标的虚构话语，在虚构话语中，对真理的评估只能就虚构的言说者及其所栖居的世界来展开。

《论诗术》提供了一种虚构理论并高度肯定了它的价值，但没有提及我们所说的诗，即抒情诗。亚里士多德通过把叙事诗置于一个超越性的证明（verification-transcendent）领域来回应它的批评者：我们认为没有必要去验证这类诗歌所包含的个体命题的真伪，因为我们只关心叙述的故事所再现的真实——诗中描绘的那类人物是否会在其所处条件下按照诗中所展示的方式行事。通过这种方式，文学可以成为一种有用的认知工具。与之相反，抒情诗是一种直接提出普遍真理的话语，而不是让普遍话语从对虚构世界的哲学反思中显现出来。

亚里士多德把诗歌看成是真实/虚假区别之外的虚构话语，这给我们留下了一个关于抒情诗歌地位的大问题，这一问题还远远没有被充分概念化。在提出我们重新处理这一问题的想法之前，让我简要回顾一下二十世纪一些最有影响力的理论家们的处理方式。我将从英伽登（Roman Ingarden）开始。

如果比较在文学作品中出现的陈述句（肯定命题），我们马上就会发现,尽管它们有着相同的形式,甚至乍看之下有着相同的内容,但它们本质上并不相同:那些出现在科学作品中的陈述句是逻辑意义上的真正的判断,它们以严肃的口吻来论说,不仅指出什么是真实,而且它们自身就是真命题或假命题;但出现在文学作品中的陈述句就不是纯粹的肯定命题,另一方面,也不能被认为是严肃的命题或判断。为了在意义单位层面上充分把握陈述句的本质和它们在文学作品中的作用,我们必须明确出现在文学作品中的陈述句的特殊变体。[①]

在英伽登的行文里,他所谓的"文学的"很明显是指"虚构的"。他的"文学作品"是指虚构作品(novel,页167),他心中的判断是由人物塑造出来的:

> 因此,正如批评家和历史学家经常做的那样,虚构人物的判断不可以超出特定作品所划定的边界,也不可以被解释为对现实世界的判断,或是解释为作者对与现实世界有关的具体问题的观点。(页172)

非常正确,我们也会这样认为。然而当英伽登回应汉堡(Käte Hamburger)对他作品的批评时,他显然也把抒情诗视为虚构作品:

> 在我看来,抒情诗和史诗或戏剧诗一样都是"模仿",它所呈现的"非真实性"(unreal)类似于戏剧或史诗所呈现世界;

[①] Roman Ingarden, *The Literary Work of Art*, trans. George A. Grabowicz, Evanston, IL: Northwestern University Press, 1973, p.160.

抒情诗只是在呈现方式和呈现内容上有所不同。不过这又会使我们离题太远。(页178)

与英伽登不同,汉堡注意到了"备受争议的抒情诗中的'我'"不是虚构的言说者,而是真正的"陈述的主体"(statement subject):

> 当我们考察对一首诗的体验时,它似乎主要被定义为一种现实陈述来体验,就像通过口头或信件来交流的对具体体验的描述一样……具体把抒情诗与虚构作品或戏剧的体验区分开来的是,我们"不会"把一首诗的陈述视为假象、虚构或幻觉。①

目前为止,这些观点都没有问题。然而汉堡继续说:"当我们分析陈述的意义时……我们扩充了这一初步体验,我们既不用从诗中得到也不期望从诗中得到任何客观的现实或真实。"我们应该只关注诗歌的"怎么样"(how),而不是"是什么"(what):

> 如果有人给我们一个具体而生动的描述,说明从一件艺术品、大自然或从生活的任何其他乐趣的体验中所获得的享受,我们可能会发现,我们对人的主观印象和他表达这些主观印象的方式更感兴趣,而不是那些激发他的实际事物;我们可能会说"他对聚会的描述多么令人愉快,听他说话真是一种享受"。这一来自日常经验的普通例子表明了我们体验抒情诗的走向,这种走向甚至在我们解释抒情诗的意义之前就已经确定了。然

---

① Käte Hamburger, *The Logic of Literature*, trans. Marilynn J. Rose, Bloomington: Indiana University Press, 1973, pp.269–271.

而，在这些不属于诗意的描绘的例子中，相较于"是什么"，我们可能对"怎么样"更感兴趣，但现实中，这个"是什么"仍与"怎么样"联系在一起……另一方面，就像我们已经说过的，在抒情诗的特定语境中，这是一首诗的事实使我们摆脱了所有对于"是什么"的内在价值的"兴趣"（从康德美学经验的意义而言），也就是摆脱了对于"是什么"在现实语境中的价值的兴趣。（页270）

虽然抒情诗中的言说者是一个真正的"陈述主体"，但汉堡认为，这是我们对于陈述本身的兴趣的局限，而作为思想的诗应该融入审美体验之中。

同样，看似曾对理解文学交流的语用学大有裨益的言语行为理论，要么忽视了抒情，要么重述了常见的误读。就虚构作品而言，言语行为理论倾向于通过展示文学叙事与现实生活叙事在形式与虚构方面的许多共同点，来解构亚里士多德把叙事文学等同于虚构的观念。从言语行为理论家的角度来看，文学虚构也只是在叙述程度上有别于普通语言叙事——即便有区别的话：

> 虚构或"模仿"的言语行为几乎在任何话语领域中都能找到，我们产生并解释这些言语行为的能力必须被看作是我们正常语言和认知能力的一部分，而不是这种能力的一些特殊副产品。[①]

[①] Mary Louise Pratt, *Toward a Speech Act Theory of Literary Discourse*, Bloomington: Indiana University Press, 1977, p.200.

普拉特（Mary Louise Pratt）的作品通过证明存在着一个"与虚构的言说者正在做什么有关的真实世界"（同上，页207），消解了常见的对虚构与文学的混同。她把自己的文学话语的言语行为理论限定在了虚构作品中。其他言语行为理论家寻找抒情诗与真实世界的联系的努力并不令人信服。莱文（Samuel Levin）简要解答了一首诗是什么样的言语行为这一问题，从而用一种不同的理论概括了英伽登的论述：

> 这种表达方式的语言之外的力量（illocutionary force）是诗人把自己传送或投射到一个想象的世界，他可以任意把它塑造成与我们的世界不同的样子。这是一个不能通过船只或飞机到达的世界，因此是一个通常向我们关闭的世界。这是一个只有诗人，或是诗人所传送的他自己的形象，才能知晓的世界，我们只能从诗人的叙述中发现它。[1]

与莱文一样，欧曼（Richard Ohmann）也使抒情言语行为的本质呈现出了虚构或模仿的状态：

> 文学作品是一种从使［言说者］言语之外的行为（illocutionary acts）成为可能的情况和条件中抽象或分离出来的话语，因而它是一种没有言语之外的行为的话语。……作者"假装"展开论述，读者接受这种假装……文学作品是一种话语，但它的句子缺

---

[1] Samuel Levin, "Concerning What Kind of Speech Act a Poem Is," in *Pragmatics of Language and Literature*, ed. T. A. Van Dijk, North Holland Studies in Theoretical Poetics 2, New York: American Elsevier, 1976, pp.107–141.

少通常和它们联系在一起的言语之外的行为。它的言语之外的行为是"模仿的"。……文学作品没有陈述、命令和承诺等等。[1]

这显然不足以作为抒情交流的解释,原因不一而足。首先,以品达的诗歌为例,它们歌唱真正体格健壮的胜利者,诗中纪念胜利者的指示具有真正的言语之外的行为,而这些诗(在任何通常的理解中)依然是文学。它们在现实的社会情境中践行了现实的社会功能,理解这种功能是古典学家通常关注的任务。但如果我们对抒情诗的"是什么"和"怎么样"都感兴趣,那么我们坚持对于"是什么"的有意义的叙述主要甚至只是在于揭示作品在其直接的历史背景下的实际作用,这是否正确?换言之,有没有一种抒情交流的理论,能够有效地处理横向和纵向的诗歌接受,而不是把前者理解为对过剩的后者的控制?

策兰赞许这首留意日期的诗。诚然,即使诗的接受者像策兰的瓶子意象或品达的弓箭意象那样,模糊或者未知,一首源于诗人交流当下境况的需要的诗,依然对于他把抒情诗理解为真正的交流而言至关重要。抒情诗的神秘之处在于,即使缺少面对面交流的语境的支持,这种直接交流依然可以进行。是什么让这一切发生的呢?策兰的回答令人惊讶,因为它产生于一场对于乍看之下很成问题的观点的讨论,他把抒情诗说成是乌托邦式的谈话,即抒情诗明显不同于普通语言。

在那场题为"子午线"的演讲中,策兰提到"词汇的困难、句法的更快速的流动,和更清醒的省略的意识,其中的任何一方都不

---

[1] Richard Ohmann, "Speech Acts and the Definition of Literature," *Philosophy and Rhetoric* 4 (1971), pp.13–14.

应该被低估"（48）。当然，这些特点在古代的抒情诗中也能找到，策兰宽慰道，它们只是间接影响了现代诗歌"强烈的沉默的倾向"，这种倾向在古代抒情诗中（尤其是在品达的作品中）肯定无法找到。但是，诗歌的陌生性，它与普通语言的距离，不应该把我们引向形式主义，认为抒情诗是一种与人类交流无关的特殊的艺术语言。诗歌的陌生性并未把它束缚在一种无法交流的客体性中，相反，正是这种陌生性促成了与他者的接触。我要再次引用"子午线"演讲里的句子：

  女士们，先生们，如今人们普遍抱怨诗歌**晦涩难懂**（obscurity）。……如果诗歌本身并非如此，那么这种晦涩既是源于（也许是诗歌自己造成的）陌生性和距离，也是为了一次相遇。（页37）

  这首诗的陌生性是为了他者，即读者而存在的。因为这种陌生性，他者在接近它时必须全神贯注，而由此产生的自我悬置也使得对话和相遇得以发生。正是抒情诗的"怎么样"让我们能够通达抒情诗的"是什么"。策兰笔下看似多愁善感之物——抒情交流向对话的趋同——其实是最大的力量，因为它注意到了抒情表达的陌生性，却没有因此导致我们偏离诗歌语言的理论。策兰的笔下既有抒情的声音，又有陌生的声音。他解释了一个关键的事实，即在抒情诗中，这种陌生性开放了多种语义的可能性，而这些可能性在普通语言中通常是无法实现的。

  我在上文所引用的品达的第二首《奥林匹亚凯歌》中的段落是这些可能性的一个明显的例子：

  在正义和非正义中所做的事，即使是万物的主宰都不能抹去这些行为的结果。但侥幸的话,它们可能被遗忘。因为无论何时,当来自神性的部分发散出高贵的勃兴,那被压抑着的亟待再次爆发的痛苦就会消逝在高尚的欢愉之中。

从策兰的"子午线"演讲的角度来看,我们最好把那些以为可能是属于艺术语言的特征,例如拟人化,理解为普通语言,它以不同的方式发挥作用,让我们能够分享他人体验和理解世界的不同方式。在品达的表达中有一些新的东西:它产生于抒情诗的特殊语言,且只能在抒情诗的特殊语言中被体验。这里有一种特殊的观念,它使得抒情诗成了语义活动的场域,而在其他的对话中,这种语义活动不可能产生。比较一下策兰自己诗中的这个例子:

> 阳光的丝线
> 悬于灰黑色荒地。
> 如树一般高
> 思想
> 抓住了轻快的音调:
> 人类的远方,
> 仍有歌曲吟唱。[①]

在我看来,对这首诗的任何回应都必须注意策兰说的"人类的远方"是什么意思,并把它视为一种对我们与诗人共同所处的世界的非虚构表述。它和品达所说的是同一种真实,两者操用的语言形

---

① Paul Celan, *Gedichte in zwei Bänden, Zweiter Band*, Frankfurt am Main: Suhrkamp Verlag, 1975, p.26.

式也显然相同。

如果这些例子看起来太极端，太容易被一种特殊的风格所解释，那么不妨考虑一下史蒂文斯（Wallace Stevens）那首诗的开头："树叶凋零，我们回到了/一种淡漠的感觉。仿佛/我们已经达到想象的尽头，/在迟钝的感知中失去活力。"[1]虽然思想（除了最后一行——"在迟钝的感知中失去活力"）在表达上不尽然是"诗意的"，但它仍然只能在诗中才能表达。这首诗假定了"想象的尽头"的"一种淡漠的感觉"。它打破了概念，尽管它不像品达的宣言那么张扬。特别要指出的是，史蒂文斯的诗采用只有抒情诗才能做到的方式来创造观念的词汇，这样，它就把我们吸引到了与作者的对话之中，与作者讨论作为概念工具的词汇是否有效或是有所助益。

因此，如果那些在抒情诗中可以言说的语辞在别处不可言说，那么无论抒情诗的形式为何，我们都可以认为它提供了某种特定内容。我们还能怎样定义这一特殊内容，它究竟为什么对我们如此重要呢？为了和哲学相区别，我想把这个内容称为概念词汇表（conceptual vocabulary），一个不相互矛盾的思想体系终于形成了。虽然我一直在谈论的诗人的概念表达（conceptual formulations）并不成体系，但它们也不是附带现象（epiphenomenal）。尽管这些表达结合了典型的概念表述里的陈述——关于品达作品中的神话人物，以及斯蒂芬和策兰笔下中的诗人自身，这些表述还是呈现了人类生活的一般真理，虽然它们可以出现在相关的叙述和对它们的反思中，但它们在其他地方也必然可见。我认为我们尚未形成一种好的方式来命名抒情诗的概念资源。在我看来，所有可用的术语，格言、警

---

[1] Wallace Stevens, "The plain sense of things," lines 1–4, in his *Collected Poems,* New York: Knopf, 1964, p.502.

句、座右铭等等,都不能捕捉到具有独特抒情性的、那种突然产生新概念的可能性的感觉。已有的术语把普遍性且先入为主的、众所周知的与平凡普通的事物等同了起来,然而,我们这里说的却是与众不同的、意想不到的和不可思议的东西。

现在,我想转向读者,从接受的角度来探讨一下我在这里定义的抒情诗。如我们所见,策兰把诗视为对话,但这首诗是从诗人自己的时间和地点出发的,它接近读者的独特方式在"命名与言说的'我'"的周围推演出了"你"。策兰这样设想这首诗中的"你":

> 但这个"你"通过被命名和被言说而产生,并把差异性带入了当下。甚至在诗歌的此时此地(诗只有唯一的、独特的、瞬间的当下),在这种直接性和切近性中,差异性也有自己专属的东西:它的时间。[1]

我认为这表明如果诗人需要言说,读者就有必要去倾听,去发现诗歌中所包含的专属于他们自己的瞬间——否则,它怎么能够成为"交流"而不仅仅是一个演讲呢?对策兰而言,这是"不可避免的问题",这是每首诗,"甚至最没有野心"的诗,都会提出的"过分的想法"。这就是"有着意象与修辞"的诗歌对于所有意象与修辞的意图;这是"所有修辞与隐喻都想到达"的地方,也为在这种特别的相遇之后所展开的"拓扑研究"(topological research)提供了基础。

在我看来,有一位读者很好地接续了策兰的思想,他就是德里达(Jacques Derrida)。在一篇体现我们与抒情诗的相遇之本质的论文中,德里达把他对策兰的一行诗的阅读与伽达默尔(Hans-Georg

---

[1] Celan, "The Meridian," p.50.

Gadamer)的诠释学所设想的回应进行了对比。通过引用诗的开头"伟大、光辉的穹顶",德里达描述了他对最后一行诗"世界消失了,我必须背负着你"的回应:

当我第一次发现这首诗的时候——我承认这是个失误——那迷人的篇章就在最后一行突然跃起。在稍后提出的假设中,我贪婪地为自己挪用了大量意义,诸如许多场景、舞台和可能的世界,诸如许多能够让诗中的"我"和"你"指向这个世界上的任何人与物的地方,它们始于文学史或生活中的诗人、诗歌,抑或读者,它们存在于诗歌世界和人类世界之间,甚至在那已不复存在的世界之外。①

小说家库切(J. M. Coetzee)让他笔下的一个人物在阅读诗歌的过程中谈到了"一闪而过的启示和一闪而过的反应",这种体验不同于我们对其他写作方式的反应。② 德里达称之为"传播式的阅读-书写"(disseminal reading-writing),也就是发现诗歌中多余或过剩的意义,虽然它以所有常见的方法论为根据,但这种书写不能被降解为这些方法论。因为正是在这种过剩中,诗歌的权利(Anspruch)(也即它的命令或挑衅)形成了:

分析的应用面很广。事实上也必须如此。不过这并不冒险。它属于可估计的保证和可判定的证据的秩序。对于诗歌的权利

---

① Jacques Derrida, "Rams: Uninterrupted Dialogue — Between Two Infinities, the Poem," in *Sovereignties in Question: The Poetics of Paul Celan*, ed. Thomas Dutoit and Outi Pasanen, New York: Fordham University Press, 2005, pp.148–149.

② J. M. Coetzee, *Disgrace*, New York: Penguin, 1999, p.13.

（Anspruch）或是对于读者或反对者的内部对话，有着不同的解释学回应。这种反应，这种责任，可以不间断地追求到无限，从意义到意义，从真理到真理，除了字母和诗歌的正式编排所赋予的规律之外，没有任何可计算的规律。①

尽管德里达把自己对策兰诗歌的反应与"可估计的保证和可判定的证据的秩序"区分了开来，他仍然处于"子午线"演讲的抒情阅读的对话性理解中。他坦言，事实上，这种对话是以对意义的热切占有而进行的。

为了论证德里达在这方面与"子午线"演讲非常接近，我比较了德里达对策兰诗歌的阅读与对诗的现象性甚至物质性存在的坚持，其实有些理论家已经表示过对"可估计的保证和可判定的证据的秩序"的不满。在《文学空间》(*The Space of Literature*) 中，布朗肖（Maurice Blanchot）对比了两种读者，一种是"尚未到来的读者"，这种读者觉得文学作品是"与他无关的作品"，故而和文学作品保持了距离；另一种是实际读者（actual reader），这种读者及时抓住了利用这一作品的机会，"减少并消除了所有距离"。②对布朗肖来说，文化对文学作品的占有愈发减少了在文本内部体验文学作品的可能性：

> 那些没有意义、真实和价值，但又使居于其中的一切具有意义的东西，成了那种既言说真实也言说虚假的语言，人们阅读这种语言从而得以受教、博闻与育心……作品不是从纯然的、

---

① Derrida, "Rams," p.152.

② Maurice Blanchot, *The Space of Literature*, trans. Ann Smock, Lincoln: University of Nebraska Press, 1982, pp.201–204.

没有内涵的肯定中获得它的全部实在,而是变成了恒久的实在,其中包含着许多从时间运动中得到的意义,或是根据文化形式和历史紧急性而体察到的不同的意义。通过所有这些使作品变得可以把握——使它不再是作品而存在,而是致力于世界上各种作品的丰富方式的作品——的事物,它开始为读者服务。它参与了公众的对话。它表达或驳斥普通的言论;它使人慰藉,使人快乐,使人厌烦,这一切不是由于它自身的存在,而是由于它的内容,最后都归于它所反映的共同的语言和当下的真实。此时,被阅读的已不再是那个作品,而是每个人重新考虑过的思想,是我们更加习以为常的共同习惯,是继续编织着我们的每一天的日常生活。这一作品本身就非常重要,不应该被诋毁,但是在这一语境下,艺术作品和阅读都不在场。(页205-206)

布朗肖对比了作品的存在和每一种语言可能表达的意义。撇开那海德格尔式的措辞,布朗肖似乎提倡审美体验,[①]而由于这种和作品的相遇与日常经验和日常交流有着绝对的差异,所以它阻止了作品在读者的世界中产生任何有意义的结果。这种相遇颇具顿悟的本质,来自不同存在论领域的思想在自我保护的深幽处相遇。这一经验中的作品的与众不同之处在于它无法孕育:"纯然的、没有内涵的肯定"与"许多从时间运动中得到的意义"相抗衡。

基于这种无法孕育的特性,策兰拒绝赋予诗歌以艺术品的地位:

[①] 比较 Hans Ulrich Gumbrecht, *Production of Presence: What Meaning Cannot Convey*, Stanford University Press, 2004, pp.57-58。在这本书中,对作品的在场的渴望结合了对无休止地诠释 Jean-Luc Nancy 引文之内涵的厌倦。我借用 Gumbrecht 的"顿悟"(epiphany)一词来形容这部作品的理想表现形式。

你会记得，艺术是一个傀儡般的、抑扬格的、五音步的，且没有后代东西——最后一个特点在皮格马利翁（Pygmalion）和他的雕像的神话故事中得到了验证。[1]

策兰期望"艺术-简约，艺术-自由"（同上，页47）那样的诗，这不仅跟他那众所周知的与诗歌修辞格的决裂有关，[2] 根本上说，也跟他拒斥关注诗歌物质性的先锋派有关。[3] 对策兰而言，这两种方式都阻碍了诗人和读者之间的初次相遇，他坚持认为诗歌是由文字构成的形式，而不是两个人用来进行高效的跨时空交流的方式。策兰认为这种交流是基于一种共同的需要，也就是诗人说话的需要和读者倾听的需要。策兰指出，读者把自己最重要的东西，即他的时间，带到了诗中。他为什么要这样做，为什么不直接服从诗歌和诗歌的时间，就像布朗肖所坚持的那样？这或许是因为读者在他自己和他的时间里有一些需要，这是诗对读者的回答，正如品达的诗对策兰的回答一样。策兰对作者和读者的坚持是对诗歌在时间中所做的工作的投入，尽管他由此意识到了每个普通读者所深谙的——这部作品不能局限于或受控于任何特定的社会、历史或文化语境：它是乌托邦式的。

---

[1] Celan, "The Meridian," 37.
[2] 这一决裂早在1958年就已得到了证实：策兰谈到寻找"'一种更加阴郁的'语言，它和那多或少伴随着最可怖事物的'谐音'没有任何共同之处，却依然想找到其'音乐性'"。（"Reply to a Questionnaire from the Flinker Bookstore, Paris, 1958," in *Collected Prose*, 15）
[3] 在一封写给Hans Bender的信中，策兰嘲讽地说到了"胡乱摆弄着所谓文字材料的经验"，那些经验"在每个抒情的街角"都能发现（"Celan to Bender, Paris, May 18, 1960," ibid., 26）。

肯定作者和读者之间的这种乌托邦式交流是"子午线"演讲的核心。在文章的剩余部分，我想提供一种方式，或许能够以此扩展策兰对这种交流的理解。在《偶然、讽刺与团结》(Contingency, Irony, and Solidarity)一书中，罗蒂（Richard Rorty）解释了他提出的"诗性文化"（poetic cultures）一词。有些文化缺少包含着它们的自我理解的主体话语或主体叙事。我们的文化是一个，古希腊或许是另一个，虽然罗蒂没有明言。他认为，在这样的文化中，大多数人在（广义的）文学文本里寻找使他们能够自我理解和自我塑造的语言。[1] 罗蒂以类似于其他二十世纪哲学家的语言学转向的方式，讨论了我们与世界的关系如何变得不仅仅是由语言来调解，而且由语言所构成。然而，罗蒂特意把自己与维特根斯坦（Wittgenstein）作了区别，罗蒂拒绝把比喻这种工具视为一种方法，来理解我们与世界的关系如何因概念语言的革命而改变。

维特根斯坦在词汇和工具之间的类比有一个明显的缺点。在选择或发明用来完成工作的工具之前，工匠通常知道他要做什么工作。相反，像伽利略、叶芝或黑格尔（"诗人"，在我的广义定义中，就是"创造新事物的人"）这样的人，在发展语言从而完成要做的事情之前，通常不能明确地表达自己具体想要做什么。他的新词汇第一次使形成词汇自己的目的成为可能。词汇是一种工具，用于做一些在形成特定的描述之前无法想象的事情，而词汇自己就可以提供这些描述。（页12–13）

---

[1] Richard Rorty, *Contingency, Irony, and Solidarity*, Cambridge University Press, 1989, pp.12–27, 39–43, 75–76.

罗蒂的叙述对于思考诗歌的概念词汇大有裨益，因为它不仅设想了这种概念词汇可能成为认知工具的方式，从而使读者找到方向，同时它也深知不能纯工具性地去理解这种词汇的发明。于是，它开启了一种有用的方式来思考灵感在这一过程中的角色，允许新的概念资源空前涌现。

在同一部作品的后半部分，罗蒂继续思考特定的读者如何把这些概念资源实现为自己的实存的词汇。罗蒂叙述的关键在于，他把道德生活看作一种存在于某种特定文化的资源与个体需求及倾向之间的受限制的对话，这种对话导致了他称之为个体的"终极词汇表"（final vocabulary）的胡乱堆砌：

> 所有的人都各自带有一套证明其行为、信仰与生活的词汇表。这些词表达了我们对朋友的赞美和对敌人的蔑视，我们长期的计划，我们最深刻的自我怀疑和最高的希望。它们言说着我们生活的故事，有时是前瞻性的，有时是追溯性的。我把这些词称为"终极词汇表"。
>
> 如果人们质疑这些词的价值，那么它们的使用者就没有非循环论证的来源，从这一意义上说，词汇是"终极的"。这些词是使用者能够用语言表达的；词语之外就只有无奈的被动或诉诸暴力。终极词汇里的一小部分由空泛、灵活和普遍存在的术语组成，如"真实""善良""正义"和"美丽"。大部分则包括更厚重、更严格和更狭义的术语，例如"基督""英国""专业标准""正直""仁慈""革命""教会""进步""严谨"和"创造性的"。这项工作由更狭义的术语完成。（页73）

这种观念非常民主（它在叙述道德生活时没有区分知识分子和其他人），但同时又非常现实。无论如何，它符合目前为止我所认为的大多数人的道德生活的实际样态，只要它承认这种生活是由一种和语言的关系来调节的；对语言的使用者而言，这种关系有一部分是自愿的、选择性的，有一部分是不透明的、无法接近的——因为许多使我们的自我从精神信念中形成的道德倾向是无意识的，所以它们无法在我们面前变得透明。

关于时间（从历史的角度来看，它必须超越自己的瞬间）、概念需要和诗歌生产力的主题在罗蒂的阅读叙述中扮演了一个角色，在我看来，这个角色很像它们在策兰的叙述中所扮演的角色。两者的叙述都没有那种出现在瞬间的顿悟中的对诗歌词汇的迷恋，而是有着一种我们如何长期与文学相处的感觉。罗蒂和策兰都为我们提供了一种有效思考多元文学反应的方法，它使水平和垂直接受之间的差异最小化。我们对抒情诗的体验不仅仅是一种正式的联系，我们赞成、接受甚至把它的概念资源用作我们自己的真理词汇。从这一意义上说，对这些资源的历时性的纵向接受只是在具体结果上，而不是在性质上，这有别于在同一时期的横向接受。生产是这两个问题的核心，这是我最后想要强调的我们与抒情诗的关系——就像我们与叙事文学的关系一样多产，对此，我们有更充分的理论解释。在这一点上，我们可以清楚地知道，历史决定论所自称的在文学接受的横向（horizontal）方面的局限性中丢失了什么。新形式主义或新物质主义的局限性可能没有那么大，但是，只要这些方法以牺牲诗歌的交流能力为代价，来鼓励人们专注于诗歌的物质性，策兰和罗蒂就会提醒我们错过了什么。

# 旧文新刊

齊詩鈐

邵瑞彭 撰 趙冠軍 校録 潘 林 整理

［整理者按］西漢四家《詩》中，《齊詩》尚恢奇，多言天人之理，然後來失傳已久，雖輯佚者夥，難尋條貫。民國學者邵瑞彭（1887-1937，字次公）著《齊詩鈐（qián）》，旨在"理董舊文，探究微旨，以明推數之法"。鈐者，鎖鑰也，故此作可謂治《齊詩》之綱要，"於陰陽三五之故，窮源竟流，若示諸掌"。蒙文通先生在《井研廖季平師與近代今文學》一文中對邵氏之學評價甚高："《齊詩鈐》之作，深合齊學家法"，"亦襲清儒之前功，而後有此創獲"；邵氏堪爲"今世齊學一大師"也。

原文刊於《儒效月刊》第二卷第二期至第九期（大衆出版社，1946）。可惜原文已非足本（第九期文末標"未完"），竟無從補闕，好在主體規模已具。今據上述期刊原文進行整理，其中腳注部分係整理者所加。

叙略第一

陰陽五行之説，九流百家所不能外。西漢今學諸儒，以之説經，於齊爲盛，謂之齊學，《詩》其一也。《齊詩》與魯、韓二家皆今文，漢初并立學官。齊人轅固生，孝景時以治《詩》爲博士。授夏侯始昌，始昌授后蒼，蒼授翼奉、蕭望之、匡衡，而奉獨聞。

奉與京房同時。房受《易》焦延壽，延壽從孟喜問《易》，喜從田王孫，得《易》家候陰陽灾異書。父孟卿，即后蒼所從受《禮》者。奉受《詩》於后蒼，又與房同善風角。《七録》有《風角雜占五音圖》十三卷，京、翼二家撰。故知奉兼明《孟氏易》。夏侯始昌傳《尚書》出於陰陽，奉學出於始昌，是又旁綜伏氏之學。奉奏封事[1]以《春秋》有灾異與《易》有陰陽、《詩》有五際并舉。《春秋》公羊家亦齊學，孟卿又曾受公羊於嬴公，則奉之言灾異，亦本於胡、董也。奉有《孝經説》一篇，與長孫氏、江翁、后倉稱四家。疑后、翼二家皆屬齊學，爲《孝經緯》所從出。漢世言《齊詩》者，轅固而下，惟翼氏成一家之言，其餘諸家所不能及。

東漢順帝時，郎顗上封事據《齊詩》説。顗父宗學《京氏易》，善風角、星算、六日七分。顗少傳父業，兼明經典，故其學能入齊家之室。

兩漢師儒所可考見者二十餘人，傳授不明者數人。師法既微，

---

[1] 封事，密封的奏章。

典藉復堙，所説之義，難尋條貫，要皆轅、翼之支流耳。

漢世言《齊詩》之書，《漢志》有《詩經》齊家二十八卷，《齊后氏故》二十卷，《齊孫氏故》①二十七卷，《齊后氏傳》三十九卷，《齊孫氏傳》二十八卷②，《齊雜記》十八卷。《漢紀》云轅固生作《詩内外傳》，或即二十八卷之本。孟康注《漢書》，尚引《内傳》之文。

又有翼氏《風角書》，孟康《漢書注》、蕭吉《五行大義》皆引之。《隋志》天文家《翼氏占風》一卷。五行家《風角要候》十一卷，翼奉撰。《風角鳥情》一卷，翼氏撰。《風角雜占五音圖》五卷，翼氏撰；梁十三卷，京房撰，翼奉撰。皆翼氏書也。

《詩緯》有《推度災》《汎歷樞》《含神霧》三種，皆出齊家。桓寬《鹽鐵論》所説詩義及陰陽五行諸説，班固《白虎通·五行》《性情》諸篇，亦齊學也。東漢伏黯《齊詩解説》九篇、伏恭《齊詩章句》、景鸞《交集》，皆早佚。《隋志》云："《齊詩》，魏代已亡。"實則師法久微，東漢之世，即失傳授。以鄭康成、宋均之博學，尚多未了，豈不難哉！

宋王應麟作《三家詩考》，逸文遺義，略見網羅，明董斯張爲之補苴。近世諸儒繼之，如余蕭客、范家相、盧文弨、王謨、阮元、趙紹祖、伯桐③、馮登府、周邵運、陳喬樅、丁晏、江瀚諸家，采摭字句，無關宏旨，其餘輯考《詩緯》諸家亦然。

自黃道周撰《三易洞璣》，采齊家之説，孔廣森始推篇第，以談四始五際。雖不能當，已開後人研治途轍（《經學卮言》）。嗣是程瑶田（《困學紀聞箋》）、陳壽祺（《左海經辨》）、蔣湘南（《七

---

① 《齊孫氏故》："齊"，原誤作"長"，據《漢書·藝文志》改。
② 二十八卷："八"，原脱，據《漢書·藝文志》補。
③ 伯桐，當指林伯桐（1775—1845），字桐君，號月亭，廣東番禺（今屬廣州）人。於諸經無所不通，尤精於《毛詩》，著有《毛詩通考》等。

經樓文鈔》)、鄒漢勛(《讀書偶識》)、魏源(《詩古微》)、劉寶楠(《愈愚錄》)、曹籀(《石屋叢書》)、黃以周(《儆季雜著》)、皮錫瑞(《詩經通論》)、劉師培(《齊詩國風分主八節考①》《二雅分主八節考②》)、廖平(《六譯館叢書》)、顧震福(《齊詩遺説續考》)等，雖有論列，未臻絶詣。壽祺、師培，較爲有得。

迮鶴壽作《齊詩翼氏學》，壽祺子喬樅作《齊詩翼氏學疏證》，又作《齊詩遺説考》及《詩緯集證》。二氏皆造專書，迮氏志在推究陰陽之數，以定值歲，其術未精，不能復齊家之舊，愚取其"《文王》《鹿鳴》不爲始"一語而已；喬樅之書，以疏證爲事，於推數之法，未嘗措意，亦非齊家之真也。然《齊詩》之學，二千餘年，堙滅不傳。黃、孔發其端，迮氏致其思，喬樅勞其力。兹四家者，其倡導之勛，正未敢或忘之。

近人陳漢章作《齊詩發微》，曾廣鈞治翼氏學，積稿甚多。二家之書，未得寓目，不皇贅議。

今之所治，在理董舊文，探究微旨，以明推數之法。上纂轅③、翼之絶學，下導來者之先路。至若漢世諸儒遺説與推數無涉者，非其所亟，無待縷陳；近儒之言，各有短長，簡策具在，亦不羅列。讀吾書者，參五④觀之，自能明辨。

古人以天地互配陰陽，天圓地方，故八卦、九疇、五行、十二辰等數，皆緣方位而起。一切陰陽家言從此曼衍，要以《大易》⑤《洪範》爲其淵源。然則所謂陰陽家，乃六藝之餘裔，儒家之別派也。

---

① 考，《劉申叔遺書·左盦外集》等刊本作"説"。
② 考，《劉申叔遺書·左盦外集》等刊本作"説"。
③ 轅，原誤作"轄"。前文轅、翼并稱，據改。
④ 參五，參合錯雜，典出《易·繫辭上傳》："參伍以變，錯綜其數。"
⑤ 《大易》，即《周易》。

《齊詩》以五行十二辰爲主，四始五際等義因之以興，推之亦通於《易》象。值旬之法，猶《孟氏易》之六日七分；值歲之法，猶《易緯》之卦爻主歲。

以陰陽家言説經，不獨今學爲然，古學如《毛詩》《左傳》亦間有之，而《周禮》制度尤與陰陽家言關連至切。所當知者，西漢陰陽家言出於鄒衍，傅會黄帝，中及夏禹，下涉墨翟，其踪迹猶可尋繹。迨劉向略變舊説，故《左傳》《周禮》往往暗合向説。東漢古學所據陰陽家言與向爲近，即緯書亦有二源，不可不察也。鄒説以五行相勝爲主，劉説以五行相生爲主。《齊詩》不主五德，與二家微異。凡緯書所述五德次序，其合於向説者，非今學舊説。

陰陽五行之説，可信與否，姑不深論。以陰陽五行説《詩》，爲得爲失，亦不具言。今以明辨《齊詩》本真爲主，使佚文碎義，皆有條貫可尋，見一斑而全豹可知，睹一牙而象大可想，猶之求鄣[①]制於龜甲，搜史篇於銅器云爾。

遺説第二

《齊詩》既亡，其遺説百不存一。今所據爲典要者，寥寥數事。"集微揆著"，其用無窮；窺見一斑，何異全豹？爰剌取群書，録之如次。其與愚所説無關者闕焉。

翼奉奏封事曰：

臣聞之於師曰：天地設位，懸日月，布星辰，分陰陽，定四時，列五行，以視聖人，名之曰道。聖人見道，然後知王治

---

① 鄣（yī），通"殷"，商朝都邑。

之象；故畫州土，建君臣，立律曆，陳成敗，以視賢者，名之曰經。賢者見經，然後知人道之務，則《詩》《書》《易》《春秋》《禮》《樂》是也。《易》有陰陽，《詩》有五際，《春秋》有災異，皆列終始，推得失，考天心，以言王道之安危。臣奉竊學《齊詩》，聞五際之要《十月之交》篇，知日蝕地震之效，昭然可明；猶巢居知風，穴處知雨，亦不足多，適所習耳。"（《漢書·翼奉傳》）

緯《含神霧》曰："《詩》集微揆著，上統元皇，下叙四始，羅列五際。"宋均注曰："'集微揆著'者，若'綿綿瓜瓞，人之初生'，[1]揆其始，是必將至著，王有天下也。"（《初學記》二十一、《太平御覽》六百九、《困學紀聞》三）

右通論

《詩緯·推度災》曰："建四始五際而八節通[2]。"（《初學記》二十一、《太平御覽》六百九、《困學紀聞》三）

《詩緯·汎歷樞》曰："《大明》在亥，水始也；《四牡》在寅，木始也；《嘉魚》在巳，火始也；《鴻雁》在申，金始也。"（《毛詩·國風·關雎》正義）

鄭康成《六藝論》引《春秋緯·演孔圖》曰"《詩》含五際六情"，《汎歷樞》曰：

午亥之際爲革命，卯酉之際爲改正。辰在天門，出入候聽。

---

[1] "綿綿瓜瓞，人之初生"，語出《詩·大雅·綿》。
[2] 通，原脫，據《初學記》等引《詩緯·推度災》補。八節，指春分、秋風、夏至、冬至、立春、立夏、立秋、立冬八個節氣。

卯，《天保》也；酉，《祈父》也；午，《采芑》也；亥，《大明》也。然則亥爲革命，一際也；亥又爲天門，出入候聽，二際也；卯爲陰陽交際，三際也；午爲陽謝陰興，四際也；酉爲陰盛陽微，五際也。(《毛詩·國風·關雎》正義)

《春秋緯·演孔圖》曰："《詩》含五際六情，絶於申。"宋均注曰："申，申公①也。"(《文選·陸機〈文賦〉》注)

《詩緯·推度災》曰："卯酉之際爲改正。"(《五行大義·論七政》)

《詩内傳》曰："五際，卯、酉、午、戌、亥也。陰陽終始際會之歲，於此則有變改之政也。"(《漢書·翼奉傳》注孟康説，又《後漢書·郎顗傳》注引誤爲《韓詩外傳》)

朗顗條便宜七事曰：

臣伏惟漢興以來三百三十九歲，於《詩三基》②，高祖起亥仲二年，今在戌仲十年。《詩汎歷樞》曰："卯酉爲革政，午亥爲革命。神在天門，出入候聽。"言神在戌亥，司候帝王興衰得失，厥善則昌，厥惡則亡。"

又曰："臣以爲戌仲已竟，來年入季。"

---

①　參陳漢章《詩學發微》(載《陳漢章全集》第一册，浙江古籍出版社2006年版)："申公，當是申仲之誤。……六情貪狼之水生於申。四始申爲金始，即廢即興。故五際自申而後，酉仲、戌仲、亥仲皆嗣申仲之絶而興。"

②　《詩三基》，《汎歷樞》的別名（錢大昕説）。陳喬樅《詩緯集證》引孔廣森曰："其法以三十年管一辰。凡甲子、甲午旬首者爲仲，甲戌、甲辰旬首者爲季，甲申、甲寅旬首者爲孟。率十年一移，故謂之三基。"基，通"朞"或"期"。

又曰：

　　夫賢者，上以承天，下以爲人。不用之，則逆天統，違人望。逆天統則灾眚降，違人望則化不行。灾眚降則下吁嗟，化不行則君道虧。四始之缺，五際之厄，其咎由此。(《後漢書·郎顗傳》)

《詩緯·汎歷樞》曰："凡推其數皆從亥之仲起，此天地所定位，陰陽氣周而復始，萬物死而復蘇，大統之始，故王命一節爲之十歲也。"(《後漢書·郎顗傳》注)

《汎歷樞》曰："神在天門。"宋均注曰："神，陽氣，君象也。天門，戌亥之間，乾所據者。"(《後漢書·郎顗傳》注)

《詩緯·含神霧》曰："天不足西北，無有陰陽消息，故有龍銜火精以往照天門中。"(《山海經·大荒北經》注、《文選·雪賦》注、《楚辭·天問》補注)

右四始五際及推數

《詩緯·推度灾》曰："立火於《嘉魚》，萬物成文。"宋均注曰："立火，立夏火用事；成文，時鮮潔有文飾也。"(《玉燭寶典》四)

《詩緯·推度灾》曰："金立於《鴻雁》，陰[①]氣殺，草木改。"宋均注曰："金立，立[②]秋金用事也。"(《玉燭寶典》七)

《詩緯·推度灾》曰："節分於《天保》，微陽改刑。"宋均注曰："節分，謂春分也。榆莢落，故曰改刑也。"(《玉燭寶典》二)

《詩緯·推度灾》曰："《四牡》，草木萌生，發春近氣，役動下

[①] 陰，原脫，據《玉燭寶典》補。
[②] 立，原誤作"主"，據《玉燭寶典》改。

民。"宋均注曰："大夫乘四牡行役，倦不得已息，如正月物動不止，故以篇繫此時也。"(《玉燭寶典》一①)

《詩緯·汎歷樞》曰："楊（原作"梅"，誤，以意改正）柳驚春，牛羊來暮。"(《說郛》)

《詩緯·汎歷樞》曰："天霜樹落葉，而鴻雁南飛。"(《說郛》)

《詩緯·推度災》曰："十月之交，氣之相交。周之十月，夏之八月。"(《毛詩·小雅·十月之交》正義)

右八節

翼奉奏封事曰："詩之爲學，性情而已。五性不相害，六情更興廢。觀性以曆，觀情以律。"又曰：

知下之術，在於六情十二律而已。北方之情，好也；好行貪狼，申子主之。東方之情，怒也；怒行陰賊，亥卯主之。貪狼必待陰賊而後動，陰賊必待貪狼而後用，二陰并行，是以王者忌子卯也。《禮經》避之，《春秋》諱焉。南方之情，惡也；惡行廉貞，寅午主之。西方之情，喜也。喜行寬大，巳酉主之。二陽并行，是以王者吉午酉也。《詩》曰："吉日庚午。"上方之情，樂也；樂行奸邪，辰未主之。下方之情，哀也；哀行公正，戌丑主之。辰未屬陰，戌丑屬陽，萬物各以其類應。

又曰："人以律知人情，王者之秘道也。"

又曰：

―――――

① 一，原誤作"二"，據《玉燭寶典》改。

辰爲客，時爲主人。見於明主，侍者爲主人。辰正時邪，見者正，侍者邪；辰邪時正，見者邪，侍者正。忠正之見，侍者雖邪，辰時俱正；大邪之見，侍者雖正，辰時俱邪。即以自知侍者之邪，而時邪辰正，見者反邪；即以自知侍者之正，而時正辰邪，見者反正。辰爲常事，時爲一行。辰疏而時精，其效同功，必參五觀之，然後可知。故曰：察其所繇，省其進退，參之六合五行，則可以見人性，知人情。難用外察，從中甚明。（《漢書·翼奉傳》）

翼氏五性：肝性靜，靜行仁，甲己主之；心性躁，躁行禮，丙辛主之；脾性力，力行信，戊癸主之；肺性堅，堅行義，乙庚主之；腎性敬，敬行智，丁壬主之。"（《五行大義·論配藏府》；《漢書》注晉灼説，依陳氏訂正①）

翼奉曰：

東方性仁情怒，怒行陰賊主之；南方性禮情惡，惡行廉正主之；下方性信情哀，哀行公正主之；西方性義情喜，喜行寬大主之；北方性智情好，好行貪狼主之；上方性惡情樂，樂行奸邪主之。

貪狼主求索財物，既云貪狼，理然求須。② 陰賊主於劫盜，此亦不疑。廉貞主上客遷召。寅爲陽始，午爲陽盛，故稱上客。既有廉貞之性，理自召任高遷。寬大主酒食慶善。寬大多所容

---

① 陳氏，指陳喬樅，訂正文本載於氏著《齊詩翼氏學疏證》。下同。
② 陳喬樅《齊詩翼氏學疏證》案語云："'理然求須'句文譌脱不可讀，疑當作'理然求索財物'，然猶是也。"

納，故有善慶，善慶必置酒食。奸邪主疾病，淫淫欺欺，故因邪惡而生，^①邪惡必生疾病。公正主執仇諍諫，正故能爭，公故能執仇讎也。

情好者，水生申盛子^②。水性觸地而行，觸物而潤，多所好，故爲好。多所好，則貪無厭，故爲貪狼，申子主之。

情怒者，木生亥盛卯，性受水氣而生，貫地而出，故爲怒。卯木生于子水，與卯還自相刑，亥又自刑。是以陰氣相賊，故爲陰賊，亥卯主之。貪狼必得陰賊而後動，陰賊必得貪狼而後用。二陰并行，是以王者忌于子卯相刑之日也。

情惡者，火生寅盛午，火性炎猛，無所容受，故爲惡。其氣清明精耀，以禮自整，故爲廉貞，寅午主之。

情喜者，金生巳盛酉，金爲寶物，見之者喜。又喜以利刃加於萬物，故喜。利刃^③所加，無不寬廣，爲器則多容受，故爲寬大，巳酉主之。二陽并行，是以王者吉於午酉之日。

情樂者，謂北與東，陽氣所萌生，故爲上，亦主中央。未，窮木也；辰爲水窮也。木落歸本，水流歸末，故木刑在未，水刑在辰，盛衰各得其所，故樂。水窮則無隙不入，木上出窮，則旁行爲斜，故爲奸邪，辰未主之。

情哀者，謂南與西，陰氣所萌生，故爲下。戌，窮火也；丑爲金窮也。金剛火強，各歸其鄉，故火刑在午，金刑在酉。

---

① 陳喬樅《齊詩翼氏學疏證》案語云："'淫淫欺欺'，疑亦字誤，原文當是'奸邪主疾病淫佚，淫佚故因邪惡而生……'"

② 盛子，原誤作"盛于亥"，據中村璋八《五行大義校注》（汲古書院1998年增訂版）、陳喬樅《齊詩翼氏學疏證》（《皇清經解續編》本）改。

③ 利刃："刃"，原脱，據中村璋八《五行大義校注》、陳喬樅《齊詩翼氏學疏證》補。前文亦云"利刃"。

金火之盛而被自刑，至窮無所歸，故曰哀。火性無私，金性剛斷，故曰公正，戌丑主之。(《五行大義·論性情》，依陳氏訂正)

翼奉奏事曰：

木落歸本，故亥、卯、未木之位，刑在北方。亥自刑，卯刑在子，未刑在丑。水流向末，故申、子、辰水之位，刑在東方。申刑在寅，子刑在卯，辰自刑。金剛火強，各還其鄉，故巳、酉、丑金之位，刑在西方。巳刑在申，酉自刑，丑刑在戌，寅、午、戌火之位，刑在南方。寅刑在巳，午自刑，戌刑在未[①]。(《五行大義·論刑》)

翼氏《風角》曰：

木落歸本，水流歸末，故木刑在未，水刑在辰，盛衰各得其所，故樂也。水窮則無隙不入，木上出，窮則旁行，故爲奸邪。金剛火強，各歸其鄉，故火刑於午，金刑於酉。午酉，金火之盛也。盛時而被刑，至窮無所歸，故曰哀也。火性無所私，金性方剛，故曰公正。(《漢書·翼奉傳》注孟康説，依陳氏訂正)

翼奉曰：

[①] 未，原誤作"卯"，據中村璋八《五行大義校注》、陳喬樅《齊詩翼氏學疏證》改。

好則膀胱受之，水好前，故曰好；怒則膽受之，少陽始盛，萬物前萌也；惡則小腸受之，夏長養萬物惡僞，故曰惡；喜則大腸受之，金爲珍物，故皆喜；樂則胃受之，土生養萬物，上下皆樂；哀則三焦受之，陰陽之府，陽牲陰終，其官室竭，故曰三焦，故哀悽也。

又云："喜氣爲暖，當春；怒氣爲晴，當秋；樂氣爲陽，當夏；哀氣爲陰，當冬。"（《五行大義·論性情》）

翼氏云：

肝之官尉曹，木性仁，尉曹主士卒，宜得仁。心之官戶曹，火性陽，戶曹主婚道之禮。肺之官金曹，金性堅，主銅鐵。腎之官倉曹，水性陰凝藏物，倉曹冬收也。先王以冬至閉關，不通商旅，慎陰凝也。脾之官功曹，土性信，出稟四方，功曹事君，以信授教四方也。

尉曹以獄司空爲府，主士卒獄閉逋亡。與之奸，則螟蟲生。木性靜，與百姓通，則蠶食於民，從類故蟲。

戶曹以傳舍爲府，主名籍，傳舍主賓客。與之奸，則民去鄉里。戶曹主民利戶口，奪民利，故悉去之。

倉曹以厨爲府，主廩假，厨主受付。與之奸，則賊盜起。倉曹收以民租，侵尅百姓，故窮。

功曹以小府爲府，與四曹計義，小府亦與四府利用，故小府倉出納主餉種。功曹有二府，所以爲五官六府，游徼、亭長、外部吏，皆屬功曹。功曹職在刑罰，內爲奸，故虎狼盜賊殺奪於民，上奸下亂也。

金曹以兵賊嗇夫爲府，主討捕。與之奸，則城郭盜賊起，

施舍兩偏。金曹主市租侵奪，故上下相承，市賈不平。(《五行大義·論諸官》，依陳氏訂正)

翼奉曰：

　　五行在人爲性，六律在人爲情。性者，仁、義、禮、智、信也；情者，喜、怒、哀、樂、好、惡也。五性處內御陽，喻收五藏；六情處外御陰，喻收六體。故情勝性則亂，性勝情則治。性自內出，精自外來，情性之交，間不容系。(《五行大義·論性情》)

右性情及刑

四始五際第三

　　四始五際之說，《齊詩》之本也。其名屢見於書傳，其義則晦而弗彰。今尋繹舊文，述其義例如次：

　　四始者，水、木、火、金四行之始也：水行亥、子、丑三辰，亥爲之始；木行寅、卯、辰三辰，寅爲之始；火行巳、午、未三辰，巳爲之始；金行申、酉、戌三辰，申爲之始。土王四季，故不爲始。應諸《詩》篇，"《大明》在亥，水始也；《四牡》在寅，木始也；《嘉魚》在巳，火始也；《鴻雁》在申，金始也"。[①]

　　五際者，五行之際也。亥屬水爲一際，卯屬木爲二際，午屬火爲三際，酉屬金爲四際，辰戌屬土爲五際。"卯酉之際爲革政，(一

---

① 語出《詩緯·汎歷樞》。

作"革政",又作"改政"。)午亥之際爲革命。辰在天門,出入候聽。"① 天門者,戌也。自卯至酉,自酉至卯,自午至亥,自亥至午,自辰至戌,自戌至辰,皆歷十二辰之半周。酉金勝卯木,故爲革故;亥水勝午火,故爲革命。辰戌皆土,不能相勝,合爲一際,以司出入,故戌之象爲天門。戌在酉亥之間,辰亦在卯午之間。卯、酉、午、亥之行,其出入必經乎辰戌。(《説文》云:"卯爲春門,萬物已出;酉爲秋門,萬物已入。"然則卯從辰出,酉從戌入;午亥之例,當亦相同。)辰戌之際,其作用與其餘四際不同也。應諸《詩》篇,《大明》在亥,水之際也;《天保》在卯,木之際也;《采芑》在午,火之際也;《鶴鳴》在酉,金之際也;《祈父》在戌,土之際也。

　　四始之説,未有異詞。五際則理深旨奧,學者往往不能了悟。舊説所傳,亦有歧誤。《詩正義》引鄭康成説:"亥爲革命,一際也;亥又爲天門,二際也;卯爲陰陽交際,三際也;午爲陽謝陰興,四際也;酉爲陰盛陽微,五際也。"此疑有誤字。鄭引原文疑作"辰爲天門,二際"。辰戌同際,舉辰足以賅戌,猶之《詩内傳》舉戌不舉辰也。但"辰爲天門",語似欠愜。緯言"辰在天門",以辰戌對衝,辰轉位至戌,故曰"在"。若言"爲",則失其義。舊説戌亥爲天門,辰巳爲地户,或單稱戌爲天門,辰爲地户,雖理取通變,而名實終不宜紊耳。

　　鄭引《汎歷樞》曰:"卯,《天保》也;酉,《祈父》也;午,《采芑》也;亥,《大明》也。"辰戌未舉篇名,緯文顯有缺泐。以今所推,《祈父》之篇,第一次在戌,第二次在申,第三次在午,萬難推之在酉,而酉季實爲《鶴鳴》。凡緯所舉篇名,以配始際者,其在

---

① 語出《詩緯·汎歷樞》。

《小雅》，多以第一次所推爲准，故知酉際必舉《鶴鳴》也。《祈父》乃舉以配戌季者，當時緯文殘佚，"酉"字之下，奪"鶴鳴"二字，"祈父"之下奪"戌也"二字，誤合爲一，致貽巨繆。鄭君不知五際有戌，遂漫説之。故於辰際亦不能舉篇名，爰□[①]正之於此。

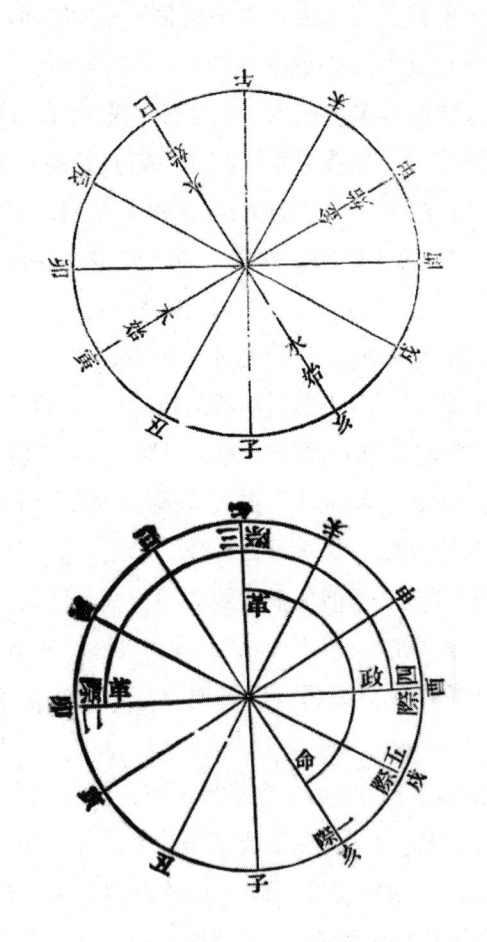

---

① □，原文字迹模糊不清。

篇第值歲第四

《齊詩》之難説者，莫如篇第。若依緯説，四始五際，所值篇名，一次推之，終不能合。近儒疑其篇第，與《毛詩》不同，非也；迮氏串入笙詩[1]，分陰陽、大小數進退之例推之，不依十二辰之次第，亦非也。

《齊詩》值歲，止取《小雅》《大雅》。今以二《雅》一百又五篇，依迮氏説，去《鹿鳴》《文王》二篇，實得一百又三篇。以配十二辰，辰各三節。自《小雅·四牡》至《大雅·召旻》，從寅仲起，推遍三次：第一次《四牡》在寅仲，至《召旻》在子仲。其間《四牡》在寅，《天保》在卯，《嘉魚》在巳，《鴻雁》在申，《鶴鳴》在酉，《祈父》在戌，均與緯合。第二次《四牡》在子季，至《召旻》在戌季。其間《采芑》在午，與緯合。第三次《四牡》在亥孟，至《召旻》在酉孟。其間《大明》在亥，與緯合。於是以《詩》爲綱，列爲《篇第表》。

據郎顗説，一辰分爲孟、仲、季，《顗傳》注引《汎歷樞》云："王命一節，爲之十歲。"可知節者，孟、仲、季之通名。一辰分孟、仲、季三節，一節計十年也。然則詩一篇值十年，推遍一次，一百又三篇，積一千又三十年。推遍三次，共積三千又九十年矣。

今更以十二辰爲綱，列爲《十二辰配詩表》，從寅仲起，至寅孟止。第一周《四牡》至《小弁》，第二周《巧言》至《苕之華》，

---

[1] 笙詩，《毛詩·小雅》有《南陔》《白華》《華黍》《由庚》《崇丘》《由儀》六篇，皆有目無辭，朱熹等人以爲古者鄉飲酒、燕禮皆用以配他詩，以笙奏之，一歌一吹，故稱笙詩。

第三周《何草不黃》至《天保》，第四周《采薇》至《蓼莪》，第五周《大東》至《旱麓》，第六周《思齊》至《嘉魚》，第七周《南山有臺》至《小明》，第八周《鼓鐘》至《文王有聲》，皆滿十二每辰三節之數。惟第九周《生民》至《召旻》，尚在酉孟，此後無詩可配。凡推遍一周十二辰三十六節，配詩三十六篇，積三百六十年。若推滿九周，共積三千二百四十年。而自酉仲至寅孟無詩可配者一百五十年，實得三千又九十年，即《篇第表》三次之總數也。

每辰自仲節推起，而以孟節爲之上一辰。劉歆《三統曆》亦用此例。一元三統，甲子天統爲仲統，甲辰地統爲季統，甲申人統爲孟統。然則仲、季、孟者，猶言天地人也。又曆術舉正於中，冬至中之首，即以當歲首。中、仲義通，《易》象以四正應四仲，亦此旨耳。（伏、董説，正以人地天爲次，與劉曆不同。）

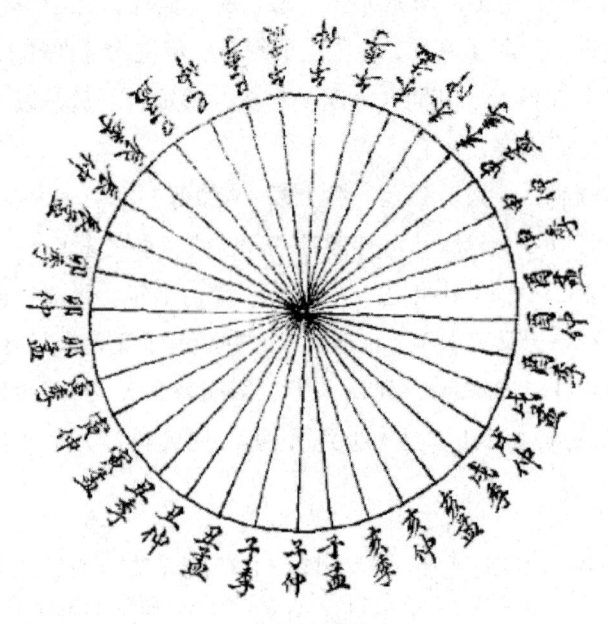

每辰三節圖

篇第表

篇第	第一次	第二次	第三次
四牡	寅仲	子季	亥孟
皇皇者華	寅季	丑孟	亥仲
常棣	卯孟	丑仲	亥季
伐木	卯仲	丑季	子孟
天保	卯季	寅孟	子仲
采薇	辰孟	寅仲	子季
出車	辰仲	寅季	丑孟
杕杜	辰季	卯孟	丑仲
魚麗	巳孟	卯仲	丑季
嘉魚	巳仲	卯季	寅孟
南山有臺	巳季	辰孟	寅仲
蓼蕭	午孟	辰仲	寅季
湛露	午仲	辰季	卯孟
彤弓	午季	巳孟	卯仲
菁菁者莪	未孟	巳仲	卯季
六月	未仲	巳季	辰孟
采芑	未季	午孟	辰仲
車攻	申孟	午仲	辰季
吉日	申仲	午季	巳孟
鴻雁	申季	未孟	巳仲
庭燎	酉孟	未仲	巳季

续表

篇第	第一次	第二次	第三次
沔水	酉仲	未季	午孟
鶴鳴	酉季	申孟	午仲
祈父	戌孟	申仲	午季
白駒	戌仲	申季	未孟
黃鳥	戌季	酉孟	未仲
我行其野	亥孟	酉仲	未季
斯干	亥仲	酉季	申孟
無羊	亥季	戌孟	申仲
節南山	子孟	戌仲	申季
正月	子仲	戌季	酉孟
十月之交	子季	亥孟	酉仲
雨無正	丑孟	亥仲	酉季[①]
小旻	丑仲	亥季	戌孟
小宛	丑季	子孟	戌仲
小弁	寅孟	子仲	戌季
巧言	寅仲	子季	亥孟
何人斯	寅季	丑孟	亥仲
巷伯	卯孟	丑仲	亥季
谷風	卯仲	丑季	子孟

① 酉季，原誤作"酉仲"，據上下文推例改。

续表

篇第	第一次	第二次	第三次
蓼莪	卯季	寅孟	子仲
大東	辰孟	寅仲	子季
四月	辰仲	寅季	丑孟
北山	辰季	卯孟	丑仲
無將大車	巳孟	卯仲	丑季
小明	巳仲	卯季	寅孟
鼓鐘	巳季	辰孟	寅仲
楚茨	午孟	辰仲	寅季
信南山	午仲	辰季	卯孟
甫田	午季	巳孟	卯仲
大田	未孟	巳仲	卯季
瞻彼洛矣	未仲	巳季	辰孟
裳裳者華	未季	午孟	辰仲
桑扈	申孟	午仲	辰季
鴛鴦	申仲	午季	巳孟
頍弁	申季	未孟	巳仲
車舝	酉孟	未仲	巳季
青蠅	酉仲	未季	午孟
賓之初筵	酉季	申孟	午仲
魚藻	戌孟	申仲	午季
采菽	戌仲	是季	未孟

续表

篇第	第一次	第二次	第三次
角弓	戌季	酉孟	未仲
菀柳	亥孟	酉仲	未季
都人士	亥仲	酉季	申孟
采綠	亥季	戌孟	申仲
黍苗	子孟	戌仲	申季
隰桑	子仲	戌季	酉孟
白華	子季	亥孟	酉仲
綿蠻	丑孟	亥仲	酉季
瓠葉	丑仲	亥季	戌孟
漸漸之石	丑季	子孟	戌仲
苕之華	寅孟	子仲	戌季
何草不黃	寅仲	子季	亥孟
大明	寅季	丑孟	亥仲
綿	卯孟	丑仲	亥季
棫樸	卯仲	丑季	子孟
旱麓	卯季	寅孟	子仲
思齊	辰孟	寅仲	子季
皇矣	辰仲	寅季	丑孟
靈臺	辰季	卯孟	丑仲
下武	巳孟	卯仲	丑季
文王有聲	巳仲	卯季	寅孟

续表

篇第	第一次	第二次	第三次
生民	巳季	辰孟	寅仲
行葦	午孟	辰仲	寅季
既醉	午仲	辰季	卯孟
鳧鷖	午季	巳孟	卯仲
假樂	未孟	巳仲	卯季
公劉	未仲	巳季	辰孟
泂酌	未季	午孟	辰仲
卷阿	申孟	午仲	辰季
民勞	申仲	午季	巳孟
板	申季	未孟	巳仲
蕩	酉孟	未仲	巳季
抑	酉仲	未季	午孟
桑柔	酉季	申孟	午仲
雲漢	戌孟	申仲	未季
崧高	戌仲	申季	未孟
烝民	戌季	酉孟	未仲
韓奕	亥孟	酉仲	未季
江漢	亥仲	酉季	申孟
常武	亥季	戌孟	申仲
瞻仰	子孟	戌仲	申季
召旻	子仲	戌季	酉孟

十二辰配詩表

辰與節	第一周	第二周	第三周	第四周	第五周	第六周	第七周	第八周	第九周
寅仲	四牡	巧言	何草不黃	采薇	大東	思齊	南山有臺[①]	鼓鐘	生民
寅季	皇皇者華	何人斯	大明	出車	四月	皇矣	蓼蕭	楚茨	行葦
卯孟	常棣	巷伯	綿	杕杜	北山	靈臺	湛露	信南山	既醉
卯仲	伐木	谷風	棫樸	魚麗	無將大車	下武	彤弓	甫田	鳧鷖
卯季	天保	蓼莪	旱麓	嘉魚	小明	文王有聲	菁菁者莪	大田	假樂
辰孟	采薇	大東	思齊	南山有臺	鼓鐘	生民	六月	瞻彼洛矣	公劉
辰仲	出車	四月	皇矣	蓼蕭	楚茨	行葦	采芑	裳裳者華	泂酌
辰季	杕杜	北山	靈臺	湛露	信南山	既醉	車攻	桑扈	卷阿
巳孟	魚麗	無將大車	下武	彤弓	甫田	鳧鷖	吉日	鴛鴦	民勞
巳仲	嘉魚	小明	文王有聲	菁菁者莪	大田	假樂	鴻雁	頍弁	板
巳季	南山有臺	鼓鐘	生民	六月	瞻彼洛矣	公劉	庭燎	車舝	荡

[①] 南山有臺:"臺"原誤作"周",據《毛詩正義》改。

续表

辰與節	第一周	第二周	第三周	第四周	第五周	第六周	第七周	第八周	第九周
午孟	蓼蕭	楚茨	行葦	采芑	裳裳者華	泂酌	沔水	青蠅	抑
午仲	湛露	信南山	既醉	車攻	桑扈	卷阿	鶴鳴	賓之初筵	桑柔
午季	彤弓	甫田	鳧鷖	吉日	鴛鴦	民勞	祈父	魚藻	雲漢
未孟	菁菁者莪	大田	假樂	鴻雁	頍弁	板	白駒	采菽	崧高
未仲	六月	瞻彼洛矣	公劉	庭燎	車舝	蕩	黃鳥	角弓	烝民
未季	采芑	裳裳者華	泂酌	沔水	青蠅	抑	我行其野	菀柳	韓奕
申孟	車攻	桑扈	卷阿	鶴鳴	賓之初筵	桑柔	斯干	都人士	江漢
申仲	吉日	鴛鴦	民勞	祈父	魚藻	雲漢	無羊	采綠	常武
申季	鴻雁	頍弁	板	白駒	采菽	崧高	節南山	黍苗	瞻卬
酉孟	庭燎	車舝	蕩	黃鳥	角弓	烝民	正月	隰桑	召旻
酉仲	沔水	青蠅	抑	我行其野	菀柳	韓奕	十月之交	白華	
酉季	鶴鳴	賓之初筵	桑柔	斯干	都人士	江漢	雨無正	綿蠻	
戌孟	祈父	魚藻	雲漢	無羊	采綠	常武	小旻	瓠葉	
戌仲	白駒	采薇	崧高	節南山	黍苗	瞻卬	小宛	漸漸之石	

续表

辰與節	第一周	第二周	第三周	第四周	第五周	第六周	第七周	第八周	第九周
戌季	黃鳥	角弓	烝民	正月	隰桑	召旻	小弁	苕之華	
亥孟	我其行野	菀柳	韓奕	十月之交	白華	四牡	巧言	何草不黃	
亥仲	斯干	都人士	江漢	雨無正	綿蠻	皇皇者華	何人斯	大明	
亥季	無羊	采綠	常武	小旻	瓠葉	常棣	巷伯	綿	
子孟	節南山	黍苗	瞻仰	小宛	漸漸之石	伐木	谷風	棫樸	
子仲	正月	隰桑	召旻	小弁	苕之華	天保	蓼莪	旱麓	
子季	十月之交	白華	四牡	巧言	何草不黃	采薇	大東	思齊	
丑孟	雨無正	綿蠻	皇皇者華	何人斯	大明	出車	四月	皇矣	
丑仲	小旻	瓠葉	常棣	巷伯	綿	杕杜	北山	靈臺	
丑季	小宛	漸漸之石	伐木	谷風	棫樸	魚麗	無將大車	下武	
寅孟	小弁	苕之華	天保	蓼莪	旱麓	嘉魚	小明	文王有聲	

毛詩大序疏證

邵瑞彭 撰　潘　林 整理

［整理者按］邵瑞彭（字次公）認爲，《毛詩大序》之説往往"與三家相通，尤多符於緯候，惟四始六義名同實異耳"，於是徵引鈎稽文獻（多屬《齊詩》説），爲《大序》疏證，以會通今、古之學。原文刊於《南金雜志》第三期，一九二七年十月印行。本文據此整理，其中脚注部分係整理者所加。

《毛詩》有序，鄭康成《詩譜》、王肅《家語·弟子解注》、蕭統《文選》、梁元帝《金樓子·立言篇》并以爲子夏作；《後漢書·儒林傳》《經典釋文》引或説，并以爲衛宏作；《隋書·經籍志》以爲子夏所創，毛公及衛宏又加潤益。

若《大序》《小序》之分，則始於《釋文》舊説："起至'用之邦國'焉，名《關雎》序，謂之《小序》。自'風，風也'訖末，名爲《大序》。"今按《大序》者，全書之序；《小序》者，每篇之序；《關雎》爲全書之首。故既有《小序》，復綴《大序》於其篇首，久之誤合爲一。《釋文》分之，其說了然。朱子作《詩序辨說》，以"詩者，志之所之"至"《詩》之志①也"爲《大序》，其餘首尾爲《關雎》之《小序》；其分別較《釋文》微有不同，而以此篇爲二序，所合則一也。

《大序》何人所作，迄無定說。據愚所知，其說往往與三家相通，尤多符於緯候，惟四始六義名同實異耳。爰爲之疏證，以通今古之郵。或曰愚之爲此言，在申今文之說，以證《詩序》之僞，竊不敢承。

風，風也，教也。風以動之，教以化之。

《後漢書》寇榮、蔡邕兩傳注并引翼奉云："凡風者，天之號令，所以譴告人君者也。"寇榮、張奐兩傳并云風爲號令。

《蔡邕傳》云："風者，天之號令，所以教人也。"

《郎顗傳》云："風者號令，天之威怒，所以感悟人君忠厚之戒。"

按，序以《國風》取義於天之風，又引伸其義爲教。號令、譴告，即教也。

詩者，志之所之也，在心爲志，發言爲詩。

《御覽》六百九引《春秋說題辭》云："詩者，天地之精，星辰之度，人心之操也。在事爲詩，未發爲謀，恬淡爲心，思慮爲志。故詩之爲言志也。"

《藝文類聚》五十六引《詩含神霧》云："詩者，天地之心。"

情動於中，而形於言，言之不足，故嗟嘆之；嗟嘆之不足，故永歌之；永歌之不足，不知手之舞之、足之蹈之也。

---

① 《詩》之志也："志"，通行本作"至"，《文選》李善注本則作"志"。下同。

《文選·四子講德論》①注引《樂緯·動聲儀》云："詩人感而後思，思而後積，積而後滿，滿而後作。言之不足，故嗟嘆之；嗟嘆之不足，故詠歌之；詠歌之不足，不知手之舞之、足之蹈之也。"

情發於聲，聲成文，謂之音。治世之音安以樂，其歌和；亂世之音怨以怒，其政乖；亡國之音哀以思，其民困。

　　《樂記》《史記·樂書》《説苑·修文篇》并云："凡音，生人心者也。情動於中，故形於聲（故，《説苑》②作而）。聲成文，謂之音。是故治世之音安以樂，其政和；亂世之音怨以怒，其政乖；亡國之音哀以思，其民困。"

　　《説郛》述《詩含神霧》云："治世之音温以裕，其政平；亂世之音怨以怒，其政乖。"

**　　故正得失，動天地，感鬼神，莫近於詩。**

　　《翼奉傳》曰："《詩》有五際，推得失。"

　　《續漢書·禮儀志》注③引《樂叶圖徵》云："夫聖人之作樂，④不可以自娛也，所以觀得失之效者也。"

　　《翼奉傳》又曰："人氣内逆則感動天地。"

**　　先王以是經夫婦，成孝敬，厚人倫，美教化，移風俗。**

　　《匡衡傳》云："始乎《國風》，原性情⑤而明人倫也。妃匹⑥之

---

①　《四子講德論》："德"，原作"法"，據《文選》改。
②　《説苑》，原作《誰苑》。按，《説苑·修文篇》原文："情動於中，而形於聲。"據改。
③　注，原缺。後《樂叶圖徵》引文出《續漢書志》劉昭注，據補。
④　夫聖人之作樂："人之"，原作"今"，據《續漢書志》劉昭注改。
⑤　性情，《漢書·匡衡傳》原作"情性"。以下"性情"，古籍原文亦皆作"情性"。
⑥　妃匹，原作"匹配"。殿本《前漢書》校勘記引宋祁曰："'匹配'，當作'妃匹'。"據改。

際，生民之始，萬福之原。婚姻之禮正，然後品物遂，而天命全。"

《文選·笙賦》注引《樂動聲儀》云："樂者，移風易俗。"

《説郛》述《樂稽耀嘉》云："先王之德澤在民，^①民樂而歌之以爲詩，説而化之以爲俗。"

故《詩》有六義焉：一曰風，二曰賦，三曰比，四曰興，五曰雅，六曰頌。

本疏引《春秋演孔圖》云："《詩》含五際六情。"宋均注云："六情即六義也，一曰風，二曰賦，三曰比，四曰興，五曰雅，六曰頌。"

按，六情乃《齊詩》説，謂喜、怒、哀、樂、好、惡，見《翼奉傳》及《白虎通》。宋均以毛義説《齊詩》，是爲誤證。或者齊學亦有六義，即比附於六情，宋氏因其名相同，遂以毛義解之；猶之毛、齊二家，皆有四始，名同而實異也。

上以風化下，下以風刺上，主文而譎諫，言之者無罪，聞之者足以戒，故曰風。

《説郛》述《含神霧》云："上以風化下，下以風刺上，主文而譎諫，言之者無罪，聞之者足以戒。"

高誘注《淮南·説山篇》云："夫理性情，動天地，感鬼神，莫近於樂。^②上以風化下，下以風刺上，故曰風也。"

吟詠情性，以風其上，達於事變，而懷其舊俗者也。

翼奉云："詩之爲學，性情而已。五性不相害，六情更興廢。"

匡衡云："始乎《國風》，原性情而明人倫也。"

《演孔圖》云"《詩》含五際六情"，《樂記》亦言"先王本之性

---

① 《樂稽耀嘉》，原作《動聲儀》；先王之德澤在民，原作"先王之法釋征民"。據《説郛》（一百二十卷本）引《樂稽耀嘉》改。

② 高注原作："夫理性情，動天地，感鬼神，莫近於詩。樂風，……"

情"作樂。

《内則》疏及成伯璵《毛詩指説》引《含神霧》云:"詩者持也,在於敦厚之教自持其心,諷刺之道可以扶持邦家者也。"

《文選·笙賦》注①引《樂動聲儀》云:"所謂事俗者,若齊俗好獵②,陳俗利巫也。先魯後殷,新周故宋。然宋,商俗也。"

頌者,美盛德之形容,以其成功,告於神明者也。

《古微書》述《含神霧》云:"頌者,王道太平,功成治定而作也。"

是謂四始,《詩》之志也。

按,四始之義,《大序》以《國風》《小雅》《大雅》《頌》爲四始,與《齊詩》以《大明》在亥爲水始,《四牡》在寅爲木始,《嘉魚》在巳爲火始,《鴻雁》在申爲金始,③義異名同,然《故訓傳》中,并無一語及四始者。六義四始等説,絕似今文學者之語,而與古文説不類,此一疑竇也。

《周南》《召南》,正始之道,王化之基,是以《關雎》樂得淑女以配君子,憂在進賢,不淫其色。哀窈窕,思賢才,而無傷善之心焉,是《關雎》之義也。

匡衡云:"孔子論《詩》以《關雎》爲始,言太上者,民之父母,后夫人之德不侔乎天地,則無以奉神靈之統,而理萬物之宜。"

《御覽》一百四十五引《詩緯·推度灾》云:"《關雎》知原④,冀得賢妃,正八嬪。"

由上列諸證觀之,《詩序》雖古文説,而與齊義至近。緯説固齊義,翼、匡諸家,亦皆《齊詩》師儒也。

---

① 注,原脱。後《樂動聲儀》引文出《文選·笙賦》李善注,據補。
② 好獵,《文選》通行本作"奢"。
③ 《齊詩》四始説見《詩·國風·關雎》孔疏引《詩緯·汎歷樞》。
④ 知原,原作"有原",據《太平御覽》引文改。

评 论

演说术：雅典民主的桥梁

——评奥博《民主雅典的精英与大众》

李贺 撰

自1972年芬利（Moss Finley）的《古代民主与现代民主》出版以来，对于古今民主制度的对比之作层出不穷，该话题也成为20世纪西方古典学界研究的热点之一。这些研究主要分为两个方向。其一是差异论，即认为古代民主与现代民主有根本差异，不可等而论之，代表作品是芬利的《古代民主与现代民主》。芬利认为古代民主是全体公民参与的民主，真正具有民主的性质，而现代民主则徒有其名。其二是延续论，即认为现代的代议制民主与古代的直接民主具有一定程度的延续性，我们依然可以从雅典的民主中学习必要的社会-政治经验。奥博（Josiah Ober）这本《民主雅典的精英与大众：演说术、意识形态和人民权力》（以下简称《精英与大众》）就诞生在20世纪后半叶关注古今民主对比的学术浪潮之中，是延续论的代表作。①

《精英与大众》首次出版于1989年,甫一出版即在古典学界引起巨大轰动,广受赞誉,②当年便获得国际古典学界最负盛名的古德温奖。这本书一反传统对雅典民主制的制度层面的分析,突破性地把"精英与大众的关系"作为理解雅典民主制的关键钥匙。

奥博提出,虽然在民主雅典,平等主义是最基本的宪法原则,但民众之间存在事实层面因能力、财富和身份所造成的不平等,因此公民虽然没有法律制度上的区别,却存在社会层面的区分——精英公民和非精英公民(即大众),并且二者之间的利益不可避免发生冲突。但在雅典的平等主义基本原则之下,自由辩论是民主的政治基石,城邦的主要决策机构是公民大会和战神山议事会,城邦的主要公共决策由公民大会所发表的演说决定。因此,在这样的基本民主政治结构和制度之下,演说术就成为最重要的政治技艺,是雅典精英与大众沟通的主要方式,是雅典民主得以有效运行的桥梁。精

---

① 奥博,《民主雅典的精英与大众:演说术,意识形态和人民权力》,何典译,郑州:郑州大学出版社,2022年。

② 尤尼斯表示,《精英与民众》从意识形态入手"开辟了解决雅典问题的新途径",详见 Harvey Yunis, "Review of *Mass and Elite in Democratic Athens: Rhetoric, Ideology, and the Power of the People*," by J. Ober, *Classical Philology*, vol. 86, no. 1, 1991, pp. 67–74, p. 69。亨特也表示,"从意识形态入手,奥博此书提供了从符号系统或表征世界进入雅典民主的入口",详见 Virginia Hunter, *The Classical Journal*, vol. 86, no. 4, 1991, pp. 360–362;汉森认为,奥博对演说术和说服的分析是雅典民主最重要的方面,也是本书中最好的部分,详见 Hansen, M. H. "Athenian Democracy – Josiah Ober: *Mass and Elite in Democratic Athens: Rhetoric, Ideology, and the Power of the People*. Princeton University Press, 1989," *The Classical Review* 40.2 (1990): 348–356, 356;福德赞誉此书实现了古典学和社会学的跨界,详见 Steven Forde, "Athenian Democracy Revisited," *The Review of Politics*, vol. 52, no. 4, 1990, pp. 631–633, p. 631。

英与大众通过演说术在彼此互动中形成民主社会的共同意识形态，二者关系的博弈也主要呈现在意识形态中：大众通过意识形态保障公民的合法权益同时限制精英的特权，精英也通过在意识形态层面的妥协，在维持自己的精英特权的同时避免直接的阶级冲突；精英与大众的相互妥协共同成就了雅典民主社会的稳定与平衡。

在本书中，奥博从对雅典民主的关注出发，主要讨论了三个问题。一、古今民主的对比。雅典的"直接民主"和现代的"代议制民主"的同异，二者之间是否存在社会-政治层面的相关性？鉴于古今关于民主讨论的"是是非非"，① 奥博在第一章清楚地表明，在这本书中他试图通过细致考察民主雅典的社会根基和内部运转模式，来辨析古今民主在理论原理和实践层面的同异，厘清关于民主的真相。二、精英与大众的关系。这是本书讨论的核心问题，奥博把"精英——大众"的互动关系作为分析雅典民主的关键因素，通过讨论"雅典政治社会背景下各精英集团与大多数普通公民之间的关系"来探究雅典民主的本质。三、民主的稳定性。在社会存在明显的贫富差距，精英与大众之间存在明显利益冲突、关系紧张的前提下，雅典人何以有效维持民主社会的平衡与稳定近二百年？

作为一位古典学学者，雅典民主是奥博关注的重点之一，《精英与大众》是他的第二本书，也是他的成名作，在这本书之后，奥博又继续出版了5本与希腊民主相关的专著：1996年出版《雅典革命：古希腊民主和政治理论论文集》(*The Athenian Revolution. Essays*

---

① 奥博，《民主雅典的精英与大众》，前揭，页1："今天，'民主'这个词几乎总是带有积极的含义。民主政体——公元前5世纪的反常事物，古代哲人轻视的理念，18世纪政治争论中被滥用的名词——现在几乎被普遍认为是最可取的人类政治组织形式了。"后文出自同一文献的引文，随文夹注简称"《精英与大众》"和页码。

on Ancient Greek Democracy and Political Theory）；1998年出版《民主雅典的政治异见者：对大众政治的知识批判》(Political Dissent in Democratic Athens: Intellectual Critics of Popular Rule)；2005年出版《雅典的遗产：共存政治论文集》(Athenian Legacies: Essays on the Politics of Going on Together)；2008年出版《民主与知识：古典雅典的创新与学习》(Democracy and Knowledge: Innovation and Learning in Classical Athens)；2017年出版《自由主义之前的民主》(Demopolis: Democracy Before Liberalism)。因此，相对于传统的古典学者，奥博无论是从研究方向还是研究方法上，都更倾向于一位"经世致用"的学者；奥博的古典学研究始终关注古代政治理论及实践与现代政治的相关性，正如他在采访中所说：

> 我认为我的论著的一个共同之处在于：一方面，我有考虑古代与现代的差异；另一方面，我也试图展示人类发展具有延续性。……尽管每一种文化及每一个历史时间段都具有独特性，但我们不能因为这些独特性而放弃更深刻的、从总体上去认识人类的可能性。我认为我们可以做的是，通过研究古代去认识人类能做什么，人类是如何组织起来的。①

《精英与大众》呈现了奥博所说的"延续性"特征，奥博试图在本书中分析雅典民主的运行模式，以此来呈现雅典民主与现代民主的异同，希望达到以史为鉴的效果。一方面，奥博强调古今民主在对"人民"(dēmos) 和"民主"(dēmokratia) 的基本理解上保持了一致，即一般来说，"人民"意味着所有公民的整体，公民资格是与

---

① https://www.thepaper.cn/newsDetail_forward_20027700.

生俱来的，与财富的多少无关；在民主社会，所有公民，无论贫富，理论上在国家政策的制定上都享有同样的发言权；并且，民主社会以"平等主义"为基本意识形态，当精英人物的特权与公民的共同权利或非精英公民的个人权利发生冲突时，应当限制并约束精英及其特权。另一方面，奥博也强调雅典的"直接民主"与现代的"代议制民主"有着许多显著区别，如雅典并没有形成事实上牢固的统治精英集团，在公民身份政策上远不如现代民主国家那么包容等。

奥博强烈反对任何在雅典民主和现代民主的关系问题上持绝对相似或绝对差异的观点，他谨慎且乐观地表示：

> 雅典可以纠正文化沙文主义者持有的只有现代西方世界的经验才有当代价值的观点。在清晰地辨别原理与实践方面的异同之后，我们可以使雅典的民主更容易理解，并使其成为民主国家的公民进行政治分析和行动时方便援用的工具。(《精英与大众》，页9)

由此可以看出奥博的持中立场，他虽然重视向雅典学习，但在研究中始终保持清醒理智的态度。比如他在论述教育精英问题时说：

> 对能力与教育这一话题在公共话语中的处理方式的分析，揭示了雅典政治经验与当代民主的实践之间既有连续性，也有间断性。(同上，页191)

这是奥博关于古今民主之对比的最清晰的立场表达。

奥博对于文化延续性的关注也体现在这本书的研究方法中。一定程度上，这本书在古典学研究方法上实现了突破性的改革，为古典学的交叉学科研究做了先锋示范。这本书研究的是公元前5世纪到前4世纪的雅典民主政治的运行，是古典学、历史学与政治学的交叉，但奥博突破性地把古典学的古典语文研究方法与年鉴学派的历史社会学研究和文学理论中的接受理论融合在一起。

古典语文学研究强调古典文本注疏，对文本的细致分析和解读是基本功。《精英与大众》把精英与大众的关系作为研究雅典民主政治的切入点，认为精英与大众之间的沟通是雅典民主有效运行并维持稳定的关键，而在口头文化为主的雅典，演说作为民主政治的结构性要素，是精英与大众沟通的主要桥梁，能够呈现民主雅典的意识形态变化，重构彼时的社会舆论和道德准则。因此，奥博把"阿提卡演说合集"作为重点分析文本和理论依据，并辅以其他古代哲学、历史和肃剧及谐剧著作，如亚里士多德的《政治学》《修辞学》，普鲁塔克的《希腊罗马名人传》等。阿提卡演说合集收录了10位演说家的约150篇演说，基本都是精英演说家面向大众口头表演出来的演说，包含展示型、审议型和庭辩型演说，而奥博借助对不同类型演说的分析，来实现对雅典社会不同维度的重构。①

历史社会学研究强调以史为鉴，以历史的眼光审视现代政治，始终带着比较的视野和对当下时代问题的思考，同时注重把研究放入当时的社会关系和发生背景之中。奥博在本书中强调"政治是一种内嵌在社会当中的文化现象"，要在民主雅典的社会背景下去理解

---

① 有些学者不满于奥博的研究仅以阿提卡演说合集为主要对象，且仅限于公元前4世纪，认为这样过于狭隘，缺失了对许多重要文献资料，如修昔底德或阿里斯托芬的分析，详见 Forde, "Athenian Democracy Revisited", p. 633; 参见 Hansen, "Athenian Democracy," p. 349, 汉森认为奥博的研究缺少铭文和考古证据。

精英与大众的关系,"重要的是理解普通人的'心态'"(《精英与大众》,页II)。因此,他一反传统历史学研究的历时性研究方法,而选择了共时性的研究方法,把公元前403—前322年的民主雅典作为主要研究对象。

奥博在第二章详细考察了公元前6世纪至前4世纪雅典民主"宪法"的演化过程,以及该过程中雅典群众与精英关系的历史发展。他指出,虽然雅典从公元前6世纪到前4世纪晚期保持了约两百多年的民主制,但在公元前6世纪到前5世纪这段时间,雅典民主还处于摸索中前行的状态,社会结构尚不稳定,宪法改革频频发生,雅典人还处于"群众与精英的地位寻求平衡的过程"中,身份精英、财富精英和教育精英伴随着不同阶段的宪法改革逐步形成,而群众的政治权力也逐步得到确认。但是,在公元前403—前322年这段时期,即伯罗奔半岛战争结束后到拉米亚战争之后雅典丧失独立为止,雅典社会相对稳定,没有发生彻底的宪法改革,精英与群众的关系达到了平衡。因此,这段时期可以作为研究的样本。

把"精英与群众的关系"作为研究希腊民主的切入点是《精英与大众》最具突破性的创见,但为何奥博会选择这样一个研究视角?根据奥博自己的叙述和在文本中的呈现,我们大概可以推测三个原因。

首先,奥博在采访中表示,《精英与大众》的思想起源于20世纪60、70年代,彼时正值美国民权运动高涨时期,他的父亲纳奥博(Nathaniel Ober)作为一位教育者非常关注民权问题,积极参与了当时的民权运动,是他思想的实践来源,所以他把这本书献给了他的父亲,并说:"感谢被题献者的影响,我很早就开始思考民主社会中精英的作用和平等主义的制度了。"(《精英与大众》,页I)

其次，芬利在1972年出版《古代民主与现代民主》，把古典雅典的民主经验与当时的西方政治现实联系起来，开启了西方古典学界对比古今民主的思潮。[1]但芬利此书的首要目的是反对精英民主理论，尤其是精英民主所称赞的"平民的政治冷漠"。[2]芬利作为国际共产主义运动的同情者，对精英民主的这一观点嗤之以鼻，他盛赞雅典民主是真正的民主，指出在雅典

> 人民不仅具有出任公职的资格和选举官员的权利，还具有对所有公共政策问题制定决策的权利，以及坐在法庭上对所有重要案件——民事的和刑事的、公共的和私人的——进行判决的权利。（同上，页20）

鉴于这本书影响力之大，以及奥博在《精英与民众》书中同样反对精英民主，并且对芬利书中所涉及的诸多问题均有回应，如反对芬利提出的"面对面社会"，不满于芬利没有深层次触及精英与群众关系（《精英与大众》，页13–19、26、36–39），可以推测，芬利的《古代民主与现代民主》对奥博有着深刻的理论影响。[3]

---

[1] 关于《古代民主与现代民主》在当时古典学界启发意义，参见芬利：《古代民主与现代民主》，郭小凌、郭子林译，北京：商务印书馆，2016，页v；Fears, J. Rufus. *The Annals of the American Academy of Political and Social Science*, vol. 410, 1973, pp. 197–198；Jones, Tom B. *The Journal of Interdisciplinary History*, vol. 6, no. 1, 1975, pp. 151–152.

[2] 芬利，《古代民主与现代民主》，前揭，页5–27。

[3] 尤尼斯也看到了芬利对奥博的深刻影响："奥博从芬利处继承了大部分的前提和术语，以及芬利在其职业生涯后期提出但未完全发展的基本观点：要理解雅典公民的政治行为，我们必须理解其意识形态。"详见Yunis, "Review," p. 68。

最后，20世纪60、70年代，在现象学和存在主义哲学的影响下，西方文论界出现了意义从作者到文本再到读者的转移过程，由此产生了接受理论。接受理论强调要从读者理解和接受的角度来研究文学文本，文本存在于与读者的动态互动中。奥博显然受此理论影响，"把文本视作必须根据与受众的关系来理解的象征体系"（《精英与大众》，页 II）。他选择阿提卡演说集作为主要研究对象，就是在研究过程中把阿提卡演说集视为当时雅典公民之间沟通的意识形态象征，想要通过研究演说集来分析当时演说的受众——普通雅典公民的观点、决定和行动，进而重建当时的意识形态。所以，奥博非常看重演说集中的修辞"惯用语"（topoi）和听众的反应，[①]在他看来，"惯用语"之所以被反复使用，"恰恰是因为其象征价值和其展现的影响受众的力量"（《精英与大众》，页59）。[②] 因此，通过分析"惯用语"和听众反应，并借助"想象和象征"，就可以重构精英演说家与大众的关系——奥博把这一关系看作民主雅典中最重要的政治联系。

值得注意的是，在第三章考察雅典的公共演说与普通受众的关系，以及在第四、五、六章分别考察能力精英、财富精英和身份精英与群众的关系时，奥博强调雅典民主与现代民主的主要区别：在

[①] 奥博把演说家与听众的反应看做是相互作用的，这一点受到汉森的批评。汉森表示，演说家的理想是对听众的单向输出，以获得选票，本质上并不在乎观众的反应，更不会刻意引起听众的反应，对于听众事实上的情绪和情感反应，演说家并不关注，但却不得不忍受。详见 Hansen, "Athenian Democracy," p. 350。

[②] 莫里斯在其对《精英与大众》的书评中高度赞赏了奥博对于Topoi的分析，详见 Morris, Ian. "The Power of Topoi—J. Ober, *Mass and Elite in Democratic Athens: Rhetoric, Ideology, and the Power of the People*. pp. Xviii 390. Princeton University Press, 1989, 390p." Année 1993, pp.271-283。

雅典的直接民主制度下，多数人的意见与国家决策、法律判决之间存在直接的因果关系。在雅典的公共生活场所中，从人口比例构成来说，普通民众占大多数。在这样的基本前提下，少数的精英演说家想要获得选票或庭辩胜利，就必须与群众的意识形态保持一致，所以他们就会奉承或者迎合存在于大多数人当中的意识形态，于是民众就成功地限制了精英。所以，奥博说，在理想情况下，"演说者应该纯粹地作为沉默的大众意识形态的喉舌"（205）。

奥博在这里反驳了以柏拉图为首的公元前4世纪的精英作家对演说者诉诸听众的非理性的控诉。他既为雅典普通群众也为精英演说家辩护。

一方面，与精英作家认为民众民智未开，会受到修辞学家的蛊惑和错误诱导不同，奥博相信雅典公民的集体理性和智慧。[①] 他指出，雅典人对大众集体决策的智慧有一种来自种族的自信，他们大部分人都具备基本的读写能力，虽然城邦并没有形成正式且系统的教育体系，但公民大会和民众法庭都在事实层面成为教育民众的政治机构，向民众提供基本的道德教育和价值观教育，而且雅典公民也在其履行政治职责的过程中获得实践性的政治教育。所以，雅典民众既不是愚蠢的盲目服从者，也非囿于纯粹利益衡量的实用主义的政治分析家，他们有自觉的政治和社会意识，具备较强的政治敏锐度和责任意识，清楚自己所肩负的政治职责。他们清楚修辞学家的伎俩，他们在决策时与精英演说家处于相互制衡的状态之中。并且，雅典人普遍信任集体知识、经验和公民的整体判断力。

---

① 奥博在其新书《希腊人与理性：发现实践理性》（Josiah Ober, *The Greek and the Rational: The Discovery of Practical Reason*, Oakland: University of California Press, 2022）中延伸了这一观点。

另一方面，奥博也反对韦伯把演说家视为"奇里斯玛"类型，反对芬利的工具性政治观，他再次持中地把意识形态视为二者的居间地带，为演说家辩护：

> 成功的演说家就是那些在提出切实可行的政策、捍卫自己的政策、攻击对手的政策时，能够成功地把来自大众意识形态的观念和道德原则以及实用主义连贯地、天衣无缝地糅合起来的人。（《精英与大众》，页152）

需要注意的是，奥博这里所说的"意识形态"并不具有阶级特征，他给出的定义是：

> 任何社会的成员，对人性和人的行为都会做出各自的假设，对道德和伦理有各自的观点，持有一些普遍的政治原则；这些假设、观点和绝大多数社会成员都认同的原则，再合适不过地被称为意识形态。（《精英与大众》，页45）

雅典民主社会的意识形态是在精英与大众的相互妥协中共同形成的，并且虽然精英在某种程度上享有现实的经济、教育或身份特权，但民众才是意识形态的主导者，控制着民主社会的实际运行。

在系统地分析了精英与大众的关系，通过演说术清楚地描述出雅典的政治意识形态之后，奥博成功地证明了演说术不仅是我们理解雅典精英与大众关系的手段，也是雅典人自己调节精英与大众关系的手段。奥博得出结论：雅典人之所以能够保证民主的稳定性，根本原因在于沟通，公民之间，尤其是普通公民与精英公民之间的沟通所产生的斡旋和融合力量，这种沟通所使用的语言的词汇，是由在民众法庭、公民大会、剧场和市政广场等公共场所形成并运用的象征组成的。这个沟通过程，就构成了"雅典民主政治的话语"。它是促进并维持社会和谐的主要因素，也使直接的民主决策成为可能。(《精英与大众》，页41）

奥博强调，雅典精英与大众之间的沟通是一个不断变化的、交互的过程。平等主义意识形态与精英主义意识形态共存在民主精神之内。依赖集体智慧和判断力，民众不仅能够识别修辞术的欺骗性，而且能够把修辞术的力量控制在一定范围内，使其既有利于民主城邦政治的运作，又不至于违背民众意志把民众和城邦引入歧途。

演说术在解决大众与精英之间的矛盾问题上起到关键性作用。精英演说家长期以来在大众与精英的紧张关系中创造出一套社会调解的词汇，在大众权力与精英特权合法化的基础上，通过在"虚构层面"的相互欺骗——精英在演说中强调自己与大众属于同一利益共同体，大众接受精英在演说中对其的赞誉——演说术就在大众和精英之间建构其有效的意识形态桥梁，平等主义与精英主义意识形态在演说术建构的意识形态中统一，而民众才是意识形态的最终主导者。

虽然精英与民众之间始终存在紧张的张力，但在平等主义和集体主义的意识形态下，大众运用集体权力来限制精英的行为。民众可以通过政治平等来调节实际的社会不平等，在以严密的法律和意识形态对精英进行监督的前提下，通过赋予精英以一定的特权，来换取精英所带来的某些便捷，以维持城邦民主政治机构的正常运行，缓解不平等带来的压力。大众与精英之间形成了"善意的共谋",双方都意识到阶级斗争会给城邦带来灭顶之灾,所以都选择在意识形态层面、通过象征手段来调停。二者之间的平衡通过戏剧性虚构实现妥协,这是意识形态的平衡,"是雅典直接民主能长期存在的基础"(《精英与大众》,页233)。

《精英与大众》对于雅典民主制运行模式和内部结构的研究,无论是从研究视角还是研究方法上都实现了突破性的改革,但白玉微瑕,这本书对意识形态的过度强调,对经济层面和制度层面分析的缺失,导致了潜在的唯心主义批评。[1] 而笔者对此书的主要困惑有两点。一、奥博强调剧场作为雅典民主的基本政治场所,精英与大众在"想象和象征"层面形成戏剧性虚构的妥协,从而维持了意识形态层面的一致性与平衡,但是,他对戏剧的分析无法支撑"戏剧政治"在民主雅典的意识形态方面所起到的重要转换作用。精英剧作家在戏剧中所创作的对自身情况与大众关系的虚构性描述,在何种程度上缓解了大众对精英的怀疑和警惕?雅典民众对于戏剧的观赏体验是否可以直接转换为对社会精英本身的态度?这涉及雅典民众对虚拟和现实的态度以及分区,笔者认为有待进一步的研究和分析。二、奥博对于公元前4世纪精英作家的批评在于他们斥责修辞学家诉诸非理性,但他忽视了以柏拉图为首的著作家对于修辞学家的批判,除了政治维度的考量,主要

---

[1] 详见 Hansen, "Athenian Democracy," p. 351; Yunis, "Review," p. 73; Morris, "The Power of Topoi," p. 278, 283; Stein-Hölkeskamp, *Elke. Historische Zeitschrift*, vol. 253, no. 3, 1991, pp. 699–701, p. 701; Patterson, Cynthia. Review of *Mass and Elite in Democratic Athens: Rhetoric, Ideology, and the Power of the People*, by J. Ober, *The American Journal of Philology*, vol. 113, no. 1, 1992, pp. 110–115, p. 114。

是教化层面的担忧。柏拉图批评普罗塔戈拉、高尔吉亚等智术师修辞学家，最主要的原因在于他们向城邦青年传授无视灵魂的伪善、相对主义的真理观和以欲望为主导的道德观，这样无疑会败坏城邦的道德根基。哲人的担忧不仅在当下，更在未来。

或许如奥博本人所希冀的那样，这本书经历三十多年的时间考验，确实成了用激进方法研究古典历史的样本。

（作者单位：中国社会科学院外国文学研究所博士后）

本文为中国社会科学院博士后创新项目"尼采与19世纪末欧洲的文化危机"的阶段性研究成果

如何恰当地阅读奥古斯丁

福廷（Ernest L. Fortin） 撰
董雪 译 隋昕 林凡 校

一

在我们这个世纪里，教父学研究激增，但鲜有致力于详尽、批判地考察奥古斯丁神学思想的重要著作，这或许间接体现了奥古斯丁秉赋的伟大与复杂。特塞勒（Eugene TeSelle）的近作《神学家奥古斯丁》以其值得钦佩的勇气和谦逊填补了这一明显空白。[①] 这部最

[①] *Augustine the Theologian*, New York: Herder and Herder, 1970, p.381. 这本书虽然总体上编排得当而雅致，但还是存在一些小偏差，后续版本已很好地加以修正。第6章第2节始于页319，而非目录所示的页389（页6）。页34提到了阿多（Pierre Hadot），可能不巧被写成了Père。页196的脚注12应为"引言，第2节"而不是"第1章，第2节"。页249引到奥古斯丁的《论基督教教义》

新著作作为对奥古斯丁神学思想探究的尝试极为成功,当研究者和学者搜集奥古斯丁关于这方面问题所持立场的最新的综合性资料时,这部作品有望成为学者和研究者的第一选择。奥古斯丁作为西方传统中最具开创性的思想家之一而享有荣耀,而现在他再次成为一场大规模论战的焦点,论战关乎希腊化时期基督教举步维艰的保卫者与其精力充沛、日益嚣焰的反对者之间的对立问题——在这样的情形下,《神学家奥古斯丁》就更受欢迎了。

除了吸收当代学术的许多重要成果外,特塞勒的《神学家奥古斯丁》还幸运地避免了一些缺陷,这些缺陷令波塔利(Portalié)那篇介绍奥古斯丁的文章多少有些逊色,这篇初版于1902年、长度足以成书的文章,在其他方面则都可圈可点,[①] 也一直被冠以"研究奥古斯丁不可或缺的导论"之名,得到了专家的肯定。[②] 但波塔利的文章由于明显受一些公开的偏见影响而逊色,特塞勒的书则无此缺陷:他更加认同希腊教父的神学,更敏锐地认识到奥古斯丁受益于希腊教父。这要部分归功于阿尔塔那(Altaner)的开创性研究,这个领域直到几年前都还几乎是处女地。特塞勒对奥古斯丁思想生机勃勃的特点更加敏感,而波塔利的研究则相反,他的研究常常使得奥古

(*De doctrina christiana*)时是On Christian Teaching,而他处则是On Christian Instruction。奥古斯丁在《上帝之城》的一个著名章节中提到了抢劫(latrocinia),在页271却被译成rubber bands,我猜本意是robber bands。页316的脚注7应在页315。

[①] "Augustin, Saint," *Dictionnaire de théologie catholique*, Tome 1 (Paris 1902) col. 2268–2472.

[②] E. Gilson, *Introduction à l'étude de saint Augustin*, Paris, 1947, p.329; *History of Christian Philosophy in the Middle Ages*, New York, 1955, p.591; V. J. Bourke的英译本导言"A Guide to the Thought of St. Augustine"(Chicago, 1960), xxi。

斯丁的深刻见解顺应了后世神学（尤其是经院派）的模式和成规；此书还对奥古斯丁与几个世纪后我们时代最具影响力的思想家之间可能存在的密切联系表现出恰当的兴趣。

《神学家奥古斯丁》整体上说来对历史神学或教义史的发明卓有贡献，本书集中关注奥古斯丁在严格的神学意义上的成就。这部作品不直接关心奥古斯丁的思想来源或者他著作的年代问题，除非其在某种程度上与他的思想发展有关。它也明言不会强调奥古斯丁人生经历的表面情况。至于奥古斯丁大致的生平与思想，他作为一名神职人员那种日复一日的生活的特点，还有他参与其时代的外界生活的具体细节，读者可参邦纳（Bonner）、米尔（Van der Meer）和布朗（Brown）的杰出研究。①

即使涉及奥古斯丁的神学观点，作者也基本上把自己限制在那些处于奥古斯丁眼界核心处的议题——上帝、人和宇宙，而像历史、社会与政治的神学或者教会及其圣礼这样的议题，事实上不予讨论，它们虽然也在奥古斯丁神学的范围之内，但被视为不那么根本的内容，而只是与奥古斯丁神学的实践领域联系更紧密。这本书包含两个主要部分，第一部分研究奥古斯丁的思想形成期（学徒时期），第二部分是他的成熟期（大师时期）。时间分界线是奥古斯丁就任希波主教的公元396年，据说那时他的思想倾向发生了重大的转变。这两部分之前是一个导论，包括奥古斯丁直到皈依的生平概述，以及对其思想来源的总体讨论，随后是结论，作者力图借助书中的发现来评价奥古斯丁作为神学家的优点与不足。

---

① G. Bonner, *St. Augustine of Hippo: Life and Controversies*, Philadelphia, 1963. F. Van der Meer, *Augustine the Bishop*, London and New York, 1961. P. Brown, *Augustine of Hippo, A Biography*, Berkeley, 1967.

特塞勒欣然承认，奥古斯丁不仅本身重要，对整个西方神学也很重要，无论新教还是天主教的许多方面，仿佛都是奥古斯丁著作的一系列注解（页19）。特塞勒宣称自己想从奥古斯丁那学到"一些在他那种环境下处理神学问题的方法"。因此，作者更多是揭示奥古斯丁的意图，或是按照奥古斯丁的本意去理解他的表述，而非只是复述他的话语（页24）。从这样一份研究中，我们可以希望获得一种对神学事业本质的全新洞见，进而发现自己可以站在更高的位置上，"以奥古斯丁所示的那种广博与独创的方法去重新审视问题"（页19）。一开始并不清楚作者是否把奥古斯丁的问题当作我们的问题，换句话说，当作他可能已提供或没有提供充分答案的那些永恒问题；或者更简单地说，就是奥古斯丁思想的本质（区别于它被塑造的模式或其外观）是否仍然与我们的时代直接相关。这种含混并不能通过作者在书的结尾处所作的评论得以消除，该评论的大意是，"即便我们进入一个新时代，也完全有可能发现奥古斯丁是一位可靠的向导"（页350）。

另一方面，毫无疑问，特塞勒并不仅仅是躲在奥古斯丁身后去阐述那些不总是与奥古斯丁一致的观点。尽管他尊重奥古斯丁所写的大部分内容，但每当他发现有足够的理由与其意见相左时，还是毫不犹豫地表达出来。书中没有任何一个地方公然（ex professo）讨论他接受或反对奥古斯丁具体学说所凭借的标准，而只能靠分散在全书的一系列评论来集腋成裘。择取这些评论观之，似乎可看出他个人思想的一端是奥古斯丁，另一端则是各种现代思想家，其中最著名的无疑是怀特海（Whitehead）和海德格尔（Heidegger）。

书中所用的方法是发生学或说历史学的，同时也属于结构现象学，与罗伊（O. du Roy）研究奥古斯丁早期的三位一体思想时采用的方法有些类似，在特塞勒看来，罗伊的方法相当成功。[①]通过巧妙地结合这两种方法，特塞勒能够跟随奥古斯丁思想的曲折变化，而不破坏其内在一致性，能够直观它在本质上的统一而无需从假定与其思想联姻的历史语境中去窥探。最终的成果是关于奥古斯丁思想发展的一个"电影式的"（cinematic，罗伊最先这样表达）而非概要式或全景式的描述，这一思想历程涵盖了奥古斯丁近乎五十年潮起潮落的著述活动。

这样的方法尤其适用于研究奥古斯丁，因为比起对其他古代作家，我们对奥古斯丁的思想发展及其著作年表了解更多。然而事实证明，实际运用这一方法时，常常是繁琐且危险的。如果把目光锁定在一串不断变动的目标上，历史学家在著述过程中就常常被迫数次返回同一主题。例如，三位一体这个问题在第2章讨论过，在第4章和第5章又作为新要素再次讨论，被引入奥古斯丁的体系之中。同样，罪、恩典和预定论的问题也是在第2章出现了一次，又在第6章第二次出现，在佩拉纠派（Pelagian）论战这个更明确的体系之下进行讨论。尽管在这些例子里此种方法稍显累赘，但在有些例子里该方法却正相反，有不够完整的缺陷，虽然不那么容易察觉。以奥古斯丁的基督论（Christology）为例。这一主题首先在第3章引入，作者以奥古斯丁早期著作所提供的资料为基础作了相当详尽的讨论，但却鲜有谈及奥古斯丁后期对同一问题的明确论述，那可能才代表了他思考的更成熟阶段——奥古斯丁后期的论述不说是铺好了路，也可以说预示着结合了基督教两性的卡尔西登（Chalcedon）的教义定义。

还有一个事实是，虽然奥古斯丁著作的年代基本上都已理清，

[①] *L'intelligence de la foi en la Trinité selon saint Augustin*, Paris, 1966.

但是其作品集中各个部分的创作时间,例如《书信集》(Letters)和《布道集》(Sermons),或者那些众所周知的创作周期相对较长的重要著作的创作时间,我们了解的信息还是不甚清晰。特塞勒对这一难题十分敏感,他感到,需要对《论三位一体》(De Trinitate)中较早几卷的实际创作时间作出大量推测(页223-237)。

奥古斯丁的思想来源也有类似问题,他的许多思想来源不是全部佚失了,就是仅存残篇,缺乏原本的语境,这就导致我们常常无法断定孤立残篇的作者是在以自己的名义说话,还是在讲述其他人的观点,或者仅仅是在使自己迎合听众的信念和偏见。因此,从奥古斯丁的一些引语中,可以轻易地认定波斐利(Porphyry)对巫术(theurgy)很狂热(比较页249);但奥古斯丁自己对此勉为其难,且更倾向于认为波斐利是一个理性的信徒,他对精灵现象的兴趣更多是哲思性的,而不是真的具有宗教性(《上帝之城》,10.11)。似乎不值一提的是,奥古斯丁未在某一著作中提及某一作者这件事本身,并不足以证明他没有研读过该作者,或者他在写作时没有考虑过该作者。通过把奥古斯丁首次遇到波斐利的日期向后推,特塞勒得以增强了他的一个论证,即在公元400年之后的某个时间,奥古斯丁在思想上有一个显著的演化(比较页71、110、125,页237及以下,页251)。但证据仍然只是间接推测,据此得出的结论充其量也只是一家之言。①

最后,这并不是奥古斯丁本人提倡的、在研读其他作家时似乎

---

① 这个问题的新近讨论:参 J. J. O'Meara, "Porphyry's *Philosophy from Oracles* in Eusebiu's *Praeparatio Evangelica* and Augustine's Dialogues of Cassiciacum," *Recherches Augustiniennes* 6, Paris, 1969, pp.103-139; "Studies Preparatory to an Understanding of the Mysticism of St. Augustine and His Doctrine on the Trinity," *Augustinian Studies* 1, Villanova, 1970, pp. 268 f.。

会采用的方法。单单这一点虽不足以质疑其方法的有效性，但确实引出一个问题，即这种方法能提供给我们对奥古斯丁作品的何种理解。然而，在这一点上，可以允许结果为自己辩护。一种方法毕竟只是一个工具，它的价值就像那些实践检验过的价值一样，只有在应用中才能呈现得最好。希望下述评论能够进一步厘清这个问题。

二

奥古斯丁之所以对今天的读者来说仍具有吸引力，是因为他不但持续与基督徒对话，还与异教徒对话，最重要的，是他与古代伟大的思想传统进行对话。从阿尔法里克（Alfaric）起，关于这个问题的学术论争就集中在奥古斯丁与其转型期的古典哲学的特殊关系。特塞勒的观点大概可以概括为：早期奥古斯丁坚信柏拉图主义与基督教之间存在真正的和谐，他并没有意识到他多大程度上把哲人们的学说放在圣经语境下阅读，他后来才发现，自己无意之中坚守的教诲与信仰存在冲突（比较页35、73、124、146、188、198等）。此观点大体上与奥康奈尔（Robert J. O'Connell）近期的优秀论著《圣奥古斯丁关于人的早期理论》里的见解完全一致，[1] 可以视为阿尔法里克观点的修订。根据阿尔法里克的说法，奥古斯丁佯装信仰基督教，实际上把这种信仰转换成了新柏拉图主义。这种新的解释引起的主要不是奥古斯丁的真诚问题，因为当他在人生的关键时刻领悟了基督教教义的真谛之后，他的真诚不应该再有什么大的疑问。

与阿尔法里克的见解不同，这种诚实完全可以证明奥古斯丁的

---

[1] *St. Augustine's Early Theory of Man*, Mass: Cambridge, 1968。同时见氏著 *St. Augustine's Confessions: The Odyssey of Soul*, Mass: Cambridge, 1969。

道德品质，但无助于提高奥古斯丁的思想家地位。毕竟，人们发现，很难接受年轻的奥古斯丁竟会天真地错把柏拉图哲学当成《启示录》的真理。有足够的证据表明，对话录中的奥古斯丁已经直截了当地面对了这个问题，并凭自己的想法解决了两者之间的基本分歧，虽然，相对于当代的奥古斯丁评论家，奥古斯丁在加西齐亚根（Cassiciacum）的和平环境下，出于一些更明显的原因，想要强调两者的一致之处而非分歧。这个持续不断的谜团能否最终解开，可能要取决于一个人是否具有奥古斯丁所期望的那种阅读对话的能力和意愿。这样的阅读要求一个人不但要考虑角色所说的话，还有角色本身，以及他们对别人的话所作的独特反应，他们偶尔的沉默，还有大量其他看似不重要实则透露内情的细节。

　　从这个意义上来说，莫妮卡（Monica）的例子还有她在一系列戏谑好笑的讽刺插曲中所扮演的角色尤其有启发性。莫妮卡和奥古斯丁有着共同的信仰，而信仰的方式不同。莫妮卡对科学只有轻蔑之情，而奥古斯丁却在《论秩序》（*De Ordine*）中推崇科学研究。她单纯的虔敬无需得到长篇大论的支撑。她从始至终都热爱圣经，不熟悉哲学教诲，也相信圣保罗并不想无差别地谴责所有哲人（《论秩序》2.17.46）。但是，即使她不是一个神学家，她也不是一个傻瓜。莫妮卡看穿了奥古斯丁在女人是否适合过哲人生活的问题上闪烁其辞（同上，1.11.31），当奥古斯丁轻松地宣布他准备成为莫妮卡的信徒时，她礼貌地回答说，从未听过他撒谎撒得如此之好（同上，1.11.32-33）。在对话中，奥古斯丁曾一度看到她向着一个很可能辉煌的哲学生涯进发（同上，2.1.1）。但是考虑到她的年龄、大多数人头脑中专横的习俗、真正哲学天赋的稀缺、哲学探索本身固有的诸多艰辛、漫长的学习周期所要求的从早年就必须开始的思想训练（同上，2.16.44）、想碰到智慧的门槛所需要的大量闲暇，人们也就不会意外，奥古斯丁希望对她在哲学上得救，还不如希望人们相信他一开始那个不太认真的声明。她在整个讨论过程中大部分时间都保持沉默，结束的一幕让我们明白，她更适合祈祷而非探讨学问（同上，2.20.52）。如果哲学是对死亡的准备，用柏拉图的话说就是"练习死亡"，那么可以勇敢面对死亡的莫妮卡，确实是位真正的哲人（同上，1.11.32），但她的力量明显不是来自对宇宙永恒秩序的客观思考。

在《论幸福生活》(*De Beata Vita*)里，莫妮卡扮演了一个稍有魅力的角色，但这里的她并没有什么本质不同。这部作品呈现给我们的莫妮卡更关心奥古斯丁在信仰上的忠贞，而不是调整信仰的主张使之与哲学调和。如果这件事取决于她，她肯定不会不遗余力。莫妮卡只关心论证的结论，丝毫不在意是否该仔细检验其仰赖的假设（《论幸福生活》节6、10）。随着对话的推进，她的声音变得越来越缓和，但是她的神学理论并没有得到提高。当她再次开口时，似乎唯一的目的就是希望每一个人都被谦恭有礼地对待（同上，节16）。她插话时更倾向于让讨论停下来，而非进一步深入。莫妮卡不像她被鼓励的那样去尽力驳倒对方，而是草草打发对方如同打发一位癫痫病患者，然后匆匆跑掉，大概是去准备餐食，以供大家开始下一轮讨论前享用。莫妮卡不能滋养他们的头脑，但至少可以获得填饱他们肚子的满足。

对莫妮卡的分析也不同程度地适用于对话中的其他参与者，所有人用各自之间的差异描绘出了一个整体（同上，节16）。选择这些人物，大概是用来代表对手头问题可能存在的所有反应或反应类型。从这个角度来看，两篇对话都在反复进行关于品位（taste）的教诲。除了其他内容，这两篇对话还教诲了如何谈论基督教神学最深的奥秘：假如有一位虔诚又聪明的母亲在场——但很不幸，她已经没有了接受更高教育的幸运，或者，如果在一小群很典型的基督徒的集会上——他们过基督徒生活的能力无疑优于对这种生活的理论理解，那么，在这些情形下，该如何谈论基督教神学最深层的奥秘？

如果事实就是这样，那么，奥古斯丁的写作对象和这些作品的内容一样，对于正确的理解来说十分关键。由于奥古斯丁谨慎稳妥地谈论那些最重要因而也最危险的事情，所以对话仅仅符合奥古斯丁自己的原则。一般说来，对话服从双重目的：一是在一群人之间达成一致，这些人起初还在眼下的问题上令人绝望地莫衷一是；二是为了满足好问的学生合理的好奇心，他们的头脑受到过良好的训练，对问题更为机敏，而那些缺乏教育的同伴们对这些问题仅略知一二。如果这些对话确实证明了什么，那就是：奥古斯丁在写作对话的同时，不可能不清楚圣经与哲学在理解人和宇宙上所存在的一些最重要的分歧。但是，他认为，完整、公开地揭露二者相互关系之中所蕴含的深奥的神学难题并不合适，明智的人不会期望奥古斯丁面对的读者从中能受益良多。

在此前提下，"启示会搅乱哲人们诸多轻率的判断"（页198）这个发现，不能说属于奥古斯丁所谓的成熟时期，而要追溯到他的转型期，虽然人们更有可能在其著作的空隙（interstices）中发现他在这一问题上的全部思考，而不是在他的任何明确的言辞之中。通过细致地阅读对话我们发现，奥古斯丁不仅用哲学去更好地理解他新发现的信仰——莫妮卡深厚且可敬的虔敬永远达不到这种理解，还会发现，奥古斯丁已经开始重述古典哲学的教诲以适应基督教的要求。他当然最终意识到，有必要修改一些他曾不假思索暂时接受了的哲学观点，但是记录在《修正》（*Retractationes*）和其他各处的为数不多的指责加起来，也很难构成一个对其初期基本立场的否定。如果他在后期生活中拒不接受对话中的总体教诲，那就很难设想他会为了后人费尽力气地重新编辑它们。这些对话代表了奥古斯丁的观点，因而它们提供了他关于信仰与理性关系问题的最细致而透彻的考查，且涉及这个问题的各个重要维度。

三

奥古斯丁重新解释了柏拉图哲学，较为引人注目的几个后果体现在他对《创世记》开头几章的注释之中，尤其表现在他对造物问题的处理上。他多次回到这一问题，不仅在他的几种《创世记》注释中——《驳摩尼教论〈创世记〉》（De Genesi contra Manichaeos）、《论未完成的〈创世记〉字解》（De Genesi Liber Imperfectus）、《论〈创世记〉字解》（De Genesi ad Litteram），也在《忏悔录》和《上帝之城》中。特塞勒对奥古斯丁在这方面所做的工作给予了最高赞誉。他发现奥古斯丁的释经比他的希腊前辈们要好，比如斐洛（Philo）、奥利金（Origen）和巴西略（Basil）。他断言，按照现代圣经研究的眼光来看，奥古斯丁的解释基本上是有道理的，他甚至认为，奥古斯丁

> 在谜团丛生的情况下，成功地给出了《创世记》开头几章的一个令人满意的解释，不妨这样说——这大概是在整个解释史上唯一的一次。（页198）

进一步，特塞勒坚称，奥古斯丁的观点很大一部分价值要归功于他带进文本的科学问题，他严肃对待这些问题的意愿，以及运用哲学论辩与之搏斗的能力。特塞勒在那节的大部分（页197–223）都对此仔细推敲，奥古斯丁在进行自己的工作时也采用了这种方式。读者的观感是，奥古斯丁巧妙地融合了圣经文本和哲人们的学说，或说明确表达了总体上既可在哲学上得到辩护，又与启示教诲一致

的创世观点。

不得不提,唯一的遗憾是,特塞勒的大部分分析仅限于表现奥古斯丁如何化解圣经叙述中明显的矛盾之处,用来消解他的对手们借此否认圣经权威的挑衅行为。奥古斯丁自己的思想似乎在更广的范围内展开。他把神圣文本所呈现出来的迷宫般的复杂性看成是一张"网",信仰在其中得以培养确立。但是,特塞勒并没有努力去和自己的榜样齐心协力,他指出,奥古斯丁同样也把圣经比拟成一座"枝繁叶茂的果园"(leafy orchard),① 这难免让人疑心其中藏满了禁果。

认为奥古斯丁的文本具有类似的"多维"(multidimensional)性质也算合理。要想恰当地解读出这一点,不仅必须留意大量的"哈加达"②式(haggadic)叙述和其中意味深长的教诲,还要注意这些记述隐晦提出的问题。也就是说,叙述创造出的认知状态,其预设的上帝观念,还有关于创世本身的学说,这些与认为宇宙具有永恒性的哲学观点形成了鲜明的对照,在这一话题下,圣经信仰与哲学推理之间的争论在最后的分析里被铰合在一起。就这一方面而言,《上帝之城》祈求依附于上帝的全能和经文的神圣权威(《上帝之城》11.4以下),所以比其他大多数文本更加直接地深入问题的核心。特塞勒认为,奥古斯丁之所以能取得"部分的成功,原因可能是他现在将矛头对准了奥利金"(页199),与此相应,他在文中指

---

① 《忏悔录》12.28.38。类似说法亦见 Clement of Alexandria, *Stromata* 7.18.111、6.1.2。对克雷芒(Clement of Alexandria)文本所作的简短评论,见 E. L. Fortin, "Clement of Alexandria and the Esoteric Tradition," *Studia Patristica* 9 (Berlin, 1966) 41–56。

② [校注]"哈加达"为希伯来文 haggadah 的音译,一译"哈迦达",原意为"宣讲""布道",指犹太教讲解圣经时采用的各种传奇轶事。详参舒拉基,《犹太教史》,吴模信译,北京:商务印书馆,2001。

出,奥古斯丁从早期著作到《上帝之城》对这一问题的横向讨论表明,其思想有了新的转变。但是这种差异,如果有的话,可以解释为他在不同著作或不同系列的著作里有不同的意图,这样恐怕更容易,也更自然。

显然,《创世记》注释和《忏悔录》的写作对象是基督徒,不仅包括有神学思考能力的基督徒,还包括所有具有阅读能力的基督徒。这些著作的性质本身不要求对[哲学-信仰]问题的哲学内涵进行主题式的探讨,不过,《上帝之城》明确提出,基督徒和异教徒对于本原(archai)或起源有不同解释,所以几乎无法避免对这一问题进行讨论。我们不能从奥古斯丁早期著作的沉默中推断出他并没有想通这一问题,也不能从晚期著作中观点的倾向性中推测他已经对此有了新的理解。奥古斯丁在所有文本里精心打造了一种神学,此种神学与他在异教思想来源里的任何发现都没有共同之处。奥古斯丁作品里的上帝一直是一位行动者,他被人们接受,也被人们理解。他既是莫妮卡的上帝,也是有智识的基督徒的上帝,这些基督徒会思考上帝与人关系的本质这样微妙难解的哲学和神学论题。他是一位兼济天下的上帝,他以特殊的方式掌管那些他赋予了理性和自由意志的个体的命运。他是一位有着无限权能的上帝,宇宙依仗他的"意志"而存在,凭借上帝而实现自身的圆满;这与理性的上帝相反,在理性的上帝那里,万物仅为永恒世界里可理解的必然性所支配。他也是一位颁定世间律法的上帝,人们在这种律法下生活,无论何时都应坚定服从。

考察奥古斯丁关于尘世生活的观点并不在此书的范围之内,但这样做可以揭示出其深远的实践意义,在奥古斯丁看来,《创世记》的命令(fiat)充满了实践意义。这也直接关系到完美开端的问题,这个问题构成了奥古斯丁人类学不可或缺的一部分,并再度直接与哲学观点相对抗。在哲学观点看来,即便人们能够谈论人类历史的各种起源，本质上这些起源也都处于野蛮状态，至少就这些起源中不存在哲学而言可以下此判断，因为哲学被看成是人类抵达完善状态在根本上依靠的途径。

通过这些考虑，在有意识地展现奥古斯丁的神学思考的背景下，我们再一次直面神圣权威与人类理性间的基本选择。《忏悔录》讲到用基督徒的忏悔（confessio）反对哲人的自负（praesumptio）的那一节，或许最为简明地陈述了这一选择（《忏悔录》7.20.26）。两者之间的区别从标题到《忏悔录》一书的主旨都有所展现，本书把两个独立的、看似无关的部分统一起来，第一部分首先描述了奥古斯丁的精神历程（卷1–10），第二部分处理关于《创世记》的一些章节，展现了他从人类生活的新图景出发，获得了怎样的描述人类生活的智慧。奥古斯丁可能希望"在基督教与真正的哲学之间没有对立"（页73），但是，他通过哲学在这一点上所形成的理解，远远不同于他的异教导师通过哲学所意指的内容，并且，他比任何其他人都更熟悉这一点。

四

可以从稍稍不同的角度考虑同一个基本问题，那就是奥古斯丁关于永恒不变的理念或本质存在的教诲，[1] 这曾经是古代晚期各种哲学学派内一直争论不休的问题。特塞勒像前人一样恰当地指出，对于奥古斯丁来说，柏拉图的理念（idea）成了神圣制作者心灵中的现实理念，这些理念是所有存在事物的原因，即使不是存在事物发展

---

[1] 比较《论八十三问》（De div. quaest 83）第46问；《上帝之城》，7.28、19.3等。

过程中唯一的决定力量（页214）。据说奥古斯丁的理论来源是瓦罗（Varro），且最后要追溯到瓦罗的老师——阿斯卡隆的安提俄库斯（Antiochus of Ascalon），他是第一个打破新学园怀疑主义的哲人，并开始重振旧式学园的教诲，只是现在其中混合了廊下派（Stoic）和逍遥学派（Peripatetic）的一些观点（页46）。在奥古斯丁看来，安提俄库斯学说的重大意义在于，世界是一个智性的整体，可以确定的是，世界并不依靠它自己的存在而存在，而是依靠神的智慧而存在，只有把这个世界看成由一个统一的规则所组织起来的"宇宙"，才可以正确地理解和分析世界。因此，人类的观念

> 很自然地试图统合它所发现的一切，直到在探索中明白了上帝的观念之中有什么才会满足。（页78）

——也就是说，直到明白了神的理念。由于造物从来没有完全符合神的典范，所以在它们的存在与神的理念所预设的存在之间有着"一定的张力"，后者必然优越于前者。这种张力并不能够通过放弃俗世、逃向永恒世界这种途径来解决，而只能够恰如其分地看待造物，将其放置在预期的关系中（比较页213）。

论述的其余部分充满了大量富有启发性的言论，它们涉及不熟悉希伯来人思想的奥古斯丁如何创造性地曲解《创世记》文本，使之与当时的科学和哲学观念一致。其余部分还包含对一个稀奇古怪的奥古斯丁式区分的清楚解释，即奥古斯丁把天使的知识分为白天的（daytime）和夜晚的（evening），前者涉及他们对造物不断的沉思，预先存在于上帝的观念之中，后者则是对存在于自身的这些同样的存在的知识（页210-211）。

当我们对这样所揭示出来的大量信息感到欣喜时，也就能够欣

赏对下述问题更为深入的探讨：为什么奥古斯丁在默默改动具有原创性的且在当时依旧被广泛接受的柏拉图学说？可能正如特塞勒所提，奥古斯丁的一些概念借鉴自瓦罗，或得到瓦罗启发。但是，因为瓦罗的文本已经佚失，我们只能猜测他的意图到底是什么。我们从奥古斯丁那里知道，瓦罗对神学问题的处理是小心谨慎或说政治化的，因为他故意避开了任何可能冒犯到传统或虔敬的言论（《上帝之城》3.4；6.2；7.17；7.23）；我们也知道瓦罗把灵魂或灵魂的理智部分等同于神性（同上，4.31；7.5；8.1；8.5）。

这两种观察开启了如下可能：如果不论其外观，那么瓦罗的学说比奥古斯丁的或前奥古斯丁式的学说更加柏拉图主义。当我们审视一篇像柏拉图的《游叙弗伦》(Euthyphro)那样的对话时，其反宗教的微言才显露出来，特塞勒引此对话可能是为了举例，虽然奥古斯丁从来没有提到《游叙弗伦》。这篇关于虔敬却并不虔敬的对话探讨的仅仅是这样一个著名问题：一件事情到底是为上帝或众神所喜所以才正当，还是由于正当所以才为众神所喜？如果前者正确的话，那么众神就是真理的终极来源，虔敬就是坚持做神所要求的事情，就是遵守启示宗教的规定。反之，上帝的意愿就由上帝所知的正义决定，在永恒的理念之光中他让人类知晓他的意愿，所以永恒的理念必然比上帝本身更优越，而当人有可能获得这些知识时，真正的虔敬就在于追求这些知识。假设可能拥有这些知识，会导致试图发现上帝意志的过度深入的尝试。由此，人类的完满或对上帝的模仿便在于做上帝自己做的事，而非做上帝命令的事。由于这两种情形似乎并不能给中间层面留有余地，所以人再一次面对选择：一边是反对者宣称启示宗教具有的至高无上，一边是自主的理性。

当然，这个问题对于《游叙弗伦》来说并不恰当，它披着柏拉图许多其他对话中出现的各种伪装，不过，《王制》(Republic)的情节核心正是这个问题，在这个情节中，关于众神的教诲对于城邦卫士的早期教育极其重要（柏拉图，《王制》，2.377e以下），后来却被所有需要学习的东西是"最好的和最恰当的"一种（《王制》，卷六，504d），那就是善的理念——尽管这并非对每一个人都有必要——悄悄取代了。①

可以推断，奥古斯丁对这整个问题的兴趣远非学术上的。柏拉图的学说在［基督教］信众面前肯定会具有极有问题的特性，但这种特性引发了奥古斯丁的兴趣。奥古斯丁把"理念"置于上帝的观念中，不仅把古典的哲学教诲结合到基督教神学之中，还同时对其进行改造，这样，他就恢复了具有神圣品质的宗教概念——热忱（enthusiasm），哲学家贬低它的地位，却也无损人类的理性；奥古斯丁进而熔合或调解了传统上敌对的、一般来讲不可调和的两个观点。莫妮卡单纯的信仰得到了维护，虽然在理解基督教的奇迹方面她的信仰与奥古斯丁的非常不同。单纯的基督徒那鸽子般的天真，至少在深谙世事的哲学家那盘蛇般蜿蜒的智慧中找到了一个同盟。②

---

① 《蒂迈欧》（*Timaeus*）（27d以下）里的创世神话支持《王制》与《游叙弗伦》中的教诲，其中创造了可见世界的造物主回忆一个永恒的模型，这个模型无疑在他之外并优越于他。特塞勒的见解有一定道理，他认为波斐利也许"恰好向奥古斯丁提供了在《蒂迈欧》里发现的元素，与圣经思想最相近"（页254）。但是在这种情况下，柏拉图的神话只有在其反宗教的寓意被净化、消除过后才可能有用。

② Theodore Kondoleon, "Divine Exemplarism in Augustine," *Augustinian Studies* 1, Villanova, 1970, pp.181–195, 该文从另一个不同的角度讨论过奥古斯丁的这个观点。有关这一理论前身的进一步详情，除了特塞勒所引用的参考文献，还可参见A. H. Armstrong, "The Background of the Doctrine 'That the Intelligibles Are Not Outside the Intellect'," E. R. Dodds et al, *Les Sources de Plotin*, Genève, 1957, pp.393–413; P. Hadot, *Porphyre et Victorinus* 1, Paris, 1968, pp. 382f.

五

以上所言很大程度上表明了一个事实：和瓦罗的神学一样，奥古斯丁的神学尽管出于不同的理由，但在写作方式的处理上也具有"政治性"，或说他在一个可以被称之为政治的语境下进行表达，很少例外。在谈论其他话题之前，也许我们应该看一看特塞勒如何评论奥古斯丁关于公民社会的观点，或在更加通常的意义上说，关于政治神学的观点。作者自己承认关于这一主题的几页分析（页268-278）过于梗概，粗略不全。这本著作涵盖这方面内容是理所应当的，因为《上帝之城》恐怕是基督教世界里最著名的一本书，在奥古斯丁任何思想的研究中均应占有一席之地。恰好，特塞勒最严厉的判断留给了奥古斯丁智识活动的这一阶段。甚至在批评大师的学说时通常具有的敬意，几乎也消失了。奥古斯丁，尽管是一个政治家，却被怀疑是懦夫，惯于向既定的秩序妥协，不能坚守自己的立场以对抗世俗社会反复不断的压力（页273-274）。奥古斯丁的理论固然值得考虑，但他滥用这些内容"给予压迫和目光短浅的政策以意识形态上的支持"（页277）。在奥古斯丁那里，基督教被兜售给了尼布甲尼撒二世（Nabuchednezzar）。投降之所以致命，不单单是因为它在那个时代造成了损害，还因为它为未来的子孙后代开了端绪。

如果不是因为特塞勒的正直——书中几乎每一页都体现了他的正直，读者可能会疑惑，他是不是由于对奥古斯丁的政治理论缺乏赞同，才暗中决定不再对其深入考察。不过，这可能仅仅是因为，特塞勒在处理这一问题时发现自己尚有不足，比如比较缺乏一流的研究材料可供参考，或者是由于我们生活的这个时代的大环境。我们的时代，正如我们最近发现的那样，是一个政治上无知的时代。这个时代最伟大的大师——胡塞尔（Husserl）、海德格尔和怀特海——与之前时代的哲学巨擘不同，他们的思想涵盖一切，单单缺少政治的维度。在我们从他们那里汲取的养分中，没有东西可以用来分析先人们所面临的政治危机，也没有东西可以用来应付我们自己的危机。这当然不意味着我们的同代人对政治不感兴趣，而只是意味着：他们试图参与政治的热情——更不用说经常抑制不住的、想要操控政治的愿望——时常伴随着一种无力理解政治的情形，而这种无能又是人为造就的死气沉沉。

尽管现代的评论家还是忍不住对奥古斯丁吹毛求疵，奥古斯丁的政治思想还是值得被更好地对待。奥古斯丁毕竟是第一个从宏观角度处理基督教与公民社会的关系这个永远棘手的难题的基督教作家。应当承认，他的理论并不完善，因为它很少深入关于政治的结构或管理事务的具体细节。奥古斯丁的政治思想的价值在别处，即对一些问题有着不同寻常的、具有穿透力的理解，这些问题隐含在基督教与关于人的古典观念的冲突之中：奥古斯丁称基督教是普世宗教，或一种救赎的普遍途径（如《上帝之城》10.32），而在古典意义上，人被认为天生就是政治的动物。不管人赞同与否，奥古斯丁的思考仍然代表了几个世纪以来少数几个富有智慧的可敬方案之一。

至于奥古斯丁的个人行为，任何最终审判最好是留给上帝，即使是像奥古斯丁有时试图证明的那个严厉的上帝。问题在于，较之在奥古斯丁自己的时代，距他近一千六百年的今天，我们是否更容易评价他了呢？不过，这与此书的主题相比毕竟是次要问题，与其在这个问题上纠缠，不如回顾和对比那些狂热或强硬的政治运动，比如多纳徒派（Donatism）、佩拉纠派（Pelagianism）（在这方面他们一致）。我们就会发现，奥古斯丁的政治神学较那些更有可取之处，而不应常遭特塞勒的冷眼。[1] 正如我们即将讨论的，不能正确评价奥古斯丁政治观念的真正价值，这也许只是末世论的良知在当代渐渐隐没的一种表现。

六

留意这些观察的同时，我们再转向本书不时让我们注意到的一个更大问题，即奥古斯丁与当代哲学和神学思想间的比较。作者在这方面的评论虽然只是几笔带过，但仍旧比较重要。这是因为，这些评论揭示出，奥古斯丁的益处不仅仅在考古学上，还与二十世纪人们的当务之急相关；这还是因为，这些评论与其他一些学者的观点相冲突，比如里奇尔（Dietrich Ritschl）和奥康奈尔，他们认为持续不断困扰当今基督教神学的诸多苦恼都要归罪于奥古斯丁。[2]

特塞勒的阐释重点在于奥古斯丁与当代思想或至少部分当代思想之间的延续而不是断裂。这些当代思想主要以怀特海为代表，还涉及一点海德格尔，也包括他们的思想所影响和塑造的神学家们。比如，我们被告之，"奥古斯丁的观点与当代很多哲学和神学流派间有显著的相似性"（页222），而且，在与恩典问题的联系上，在

---

[1] 对奥古斯丁的政治观点大体上更为赞同的新态度，可以参见 R. A. Markus, *Saeculum: History and Society in the Theology of St. Augustine*, Cambridge, 1970。

[2] D. Ritschl, *Memory and Hope: An Inquiry Concerning the Presence of Christ*, New York, 1967; R. J. O'Connell, *St. Augustines Early Theory of Man, A. D. 386-391*, Cambridge, Mass. 1968, pp.285f., and *St. Augustines Confessions: The Odyssey of Soul*, ibid. 1969, pp.186f.

与构成奥古斯丁信仰学说（Glaubenslehrer）理念的整体复杂性上，

> 实际上，在许多方面，奥古斯丁做的事与大多十九和二十世纪神学精神的创始者大为相似，正如在施莱尔马赫（Schleiermacher）、巴特（Barth）、舍本（Scheeben）、拉纳（Rahner）身上所见的一样。（页312）

与基尔克果和尼采一样，用雅斯贝尔斯的话来说，奥古斯丁属于"以其鲜血来思考"的作家之列（页190）。[①] 他的形而上学体系"主要是动态的过程，而非固定的材料"；可以近似地应用于"物质世界和人的内心世界"，而且永远不会忘记自己要从人类的经验与活动出发，这反映在特塞勒的观点里就是"某种共同的关切也激发了怀特海、德日进（Teilhard）以及他们之前的莱布尼茨"（页145）。我们可以在新托马斯主义者（Neo-Thomists）或现在所谓的先验托马斯主义者（transcendental Thomists）那里看到一种确定的奥古斯丁式性情，如马莱沙（Marèchal）、拉纳和朗尼根（Lonergan），据说他们的托马斯主义在关键方面"比起像托马斯，会更像奥古斯丁和波纳文图拉（Bonaventuran）"（页106）。甚至对于我们的思考方式来说，奥古斯丁充满精神力量的古代宇宙论也没有人们可能告诉我们的那样陌生。当今，也有相似之处，

[①] 这一说法原本在尼采《扎拉图斯特拉如是说》第一卷第7章。尼采的训谕，"以鲜血所书，你会体验到，鲜血即精神"——只有当灵魂被"自我"所取代、当自我等同于身体时，才能完全领悟尼采所言；比较《扎拉图斯特拉如是说》第一卷第4章。如果说在这一点上奥古斯丁与尼采有着亲缘关系，那奥古斯丁也肯定不会轻易承认。在尼采死后不到四十年，人们可能更倾向于忘记"血的精神"这种神秘特质在尼采自己国家的命运。

可以在"世俗主义"的先驱者身上发现,无论是有神论还是无神论,他们都强调人:人有强大的神一般的力量可以改变世界,不应该等待神的直接干预,而是必须自己承担起责任,行为果断地把世界改造得更好。(页216)

毫无疑问,特塞勒并不建议全部(en bloc)恢复奥古斯丁的神学,也没有当真想要简单、纯粹地回归奥古斯丁神学的可能性。虽然特塞勒对奥古斯丁的总体观点和态度没里奇尔或奥康奈尔那么批判,但他直言不讳地认为,奥古斯丁的理论需要由更加现代的思想智慧来补充和修正。他最不赞同且认为最需要改进的部分,除了前面所简要提到的,就是有关于一些臭名昭著的观点,比如婴儿受洗(infant baptism)、原罪(original sin)和预定论(predestination)。

和许多我们同时代的人一样,特塞勒发现,我们所遭受的恶不可改变这一观点是很难接受的(套用一位现代著名思想家的话),上帝会挑选他的拯救对象这个看法也是,但奥古斯丁显然认为上帝就会如此。这样,从作为典范的基督徒生活出发,"可能会发展出一套完全不同于奥古斯丁的对恩典和预定的理解,如果摒弃他的婴儿受洗论,如果认真对待圣经中上帝愿意拯救所有人的观点的话"(页330;强调为特塞勒原文所有)。特塞勒声称,这恰好是教会在奥古斯丁不久之后的时代所承担的任务,神学家们也试图去认真对待。而且,在奥古斯丁自己的著作中也有迹象表明,他已经开始朝着同样的方向努力(页332)。

无论如何,奥古斯丁没有理由必须为他神学中的局限性负责。本书把他生活的时代描写成一个"历史并不复杂的时代"(页188);他从前辈继承而来的神学在许多方面仍处于"相对未发展的阶段"(页227);尤其是在一开始,他接受了古代的历史学家、科学家和哲学家们呈现给他的世界图景，他不应因此受责难，"那毕竟是当时可得的最好的知识，虽然信息还很匮乏，又没经过批判性的筛选"（页343）。另一方面，我们则幸运得多，掌握了"大量关于宇宙、人类历史、上帝子民的变迁等方面的信息，还有整合、评估这些材料的远具批判性的方法"（同上）。

毫无疑问，特塞勒对此及相关问题的见解会取悦读者，他们中的大多数已有意或无意地练就了一种思维方式，这种思维方式如果不是奥古斯丁完全陌生的，也有别于奥古斯丁。他们获得我们中大多数人支持的初步（prima facie）证据在于，任何异议注定会被喧嚣的自发反对意见淹没。不可否认，现代科学的发展极大地扩充了我们关于人类以及宇宙的知识，在宇宙中，人被视为极其微小的一部分，这些知识大大地提高了我们理解与控制自然力量的能力。十分有趣的是，奥古斯丁似乎已经预料到了这种进步，当他说到人类的观念所能达到的"令人惊奇迷幻的进展"时，恐怕他比大多数同时代人都更加明确这一点（《上帝之城》22.24）。

没人会怀疑奥古斯丁对当今的神学依然有着巨大影响。如果我没有弄错的话，蒂利希（Tillich）曾经说过："如果你想称呼我什么，那就称我奥古斯丁式的人吧。"许多其他二十世纪的神学家可能曾经说出过同样的话。如同在造物中有着上帝的痕迹，奥古斯丁的印记或隐或显地遍布于当代思想的每一个角落，从施莱尔马赫到蒂利希，从康德到怀特海。但是客观的历史学家有责任敏锐地指出，奥古斯丁思想中有些内容已经从可为之辩护的思想列表中被删除，因为这些内容比起奥古斯丁的一些晚近阐释者愿意承认的内容来说，似乎对于奥古斯丁神学的内在一致性更为必不可少。

明确点说，面对近代历史事件和越来越不确定的环境，我们会不由自主地疑惑：我们用新兴的结构和动态的过程代替奥古斯丁的永恒的形式或理念，或者用现代科学的、进步的、新潮的非政治主义代替奥古斯丁复杂精深的政治神学，我们从中到底收获了什么？至少可以说，在关心现代科学事业最终胜利的那些圈子里，西方社会的现状不大可能让他们产生任何过度的热情。当我们用自己的眼睛看到对自然的征服给征服者带来了什么时，我们也许倒会发现，奥古斯丁在这些问题上的观点，比那些我们近来已经熟悉的观点更加睿智、更加切中要害。因为，如果奥古斯丁预见到人类技术和工业几乎无限的可能性，他会比他大多数日后的追随者或自诩的追随者对科技发明潜在的破坏性更为敏感，总体而言，是对人类进步所伴随的那种不安的矛盾情绪更为敏感。① 比起特塞勒高度评价的怀特海或者德日进二人的作品，他的著作反而更能被证明为伟大的奥古斯丁传统的真正代表，这一传统曾经被描述为深渊体验。

所有这些意味着追问：如果从最高原则的层面上来看，奥古斯丁的思想是否像特塞勒似乎在暗示的那样，容易与现在流行的最强势的神学思维模式和谐一致？用稍微不同的措辞表达就是：由施莱尔马赫开创的现代神学传统，是代表了奥古斯丁之地位的一个必要而又理想的发展或延伸呢，还是说，它是在他思想传统后来演变的过程中，默默地反反复复回到这个传统的最初去重新做出选择与决定呢？这一点与奥古斯丁整体思想的根本前提一样，仍旧需要我们做出批判性的考察。

关于恰当提出问题的方式，施莱尔马赫提供了一条可能的线索，

---

① 在这一主题上尤其可以参见 H. I. Marrow, *L'ambivalence du temps de l'histoire chez saint Augustin*, Montreal, 1950。T. E. Mommsen, "Orosius and Augustine", *Medieval and Renaissance Studies*, New York 1959, pp.325-348; "St. Augustine and the Christian Idea of Progress," *Journal of the History of Ideas* 12, 1951, reprinted in *Medieval and Renaissance Studies,* pp.265-298。

虽然他不可能使问题最终得到解决。施莱尔马赫是"新神学"的创制者,是第一个着手在传统基督教与启蒙的鸿沟上搭桥的人,他自己本身在很大程度上也是启蒙的产物。施莱尔马赫恰巧也是第一个对古代作家的作品中存在的隐微教诲提出疑问的人。[①]他与受到启蒙的同时代人一样,相信在科学与社会之间存在着根本的和谐,因此,他相信随着科学知识不受限制的传播,一个完美的理性社会将会成为现实。他深信科学必须具有宽容仁慈的品质,而这种含蓄的、典型的现代信仰,使他没有能够对这个原本应该被重视的问题及其与人类社会之间的模糊关系给予最严肃的反思,且这又使得他几乎不可能设想,我们本可以保留古人最伟大的思想,不是因为个人兴趣,而是因为不明智或不友好的读者会误解或误用朴素的审慎和特定的真理(比较《王制》5.450d)。然而,在这方面,他也不能说有什么创新。

施莱尔马赫的独创性,与其说在于重述了启蒙运动关于科学与公民社会之间最终能够和谐一致的观点,还不如说在于,他认为基督教信仰的基本原则与现代哲学思想的最深层意图之间有着类似的前定和谐。只有通过假定人与宗教中的人是同一的,并把上帝的国融入十八世纪哲人设想的天堂般的城市中去,他才能使得这种和谐显得合理可信。

奥古斯丁对于人类科学的能力和人类的天性总体上确实不那么乐观。但是,他对大多数人要求更多,期望更少,由此获得的结果看起来也不亚于他的现代批评者们,后者只是通过故意降低人类活动的目标来增加其实现的几率。奥古斯丁从他的异教导师那里学来的科学和哲学,虽然可能是"没有批判性的",但经证明,他展示出

---

① F. Schleiemacher, *Platons Werke 1*, Berlin, 1804, pp.11f..

了对人类状况更为清醒理智的认识。这至少使他既避免了施莱尔马赫天真的乐观主义,也避免了施莱尔马赫由于虚幻的希望无法实现而最终导致的幻灭。倘若如此,奥古斯丁与他二十世纪的门徒之间的分歧,可能就比一般所想的更大。

不过,也有人指出,奥古斯丁作为西方神学的首要设计者,似乎在一点上对现代思想有着深远的影响,即以某种迂回的方式为其最新、最极端的表现形式提供了基础,这一点就是他对上帝自由意志的强调,尤其反映在他的创世、神意、自然法这些教诲之中。但是,对此问题的现行讨论并未怎么触及这种影响。

以上的评论是为了谦逊地尝试一种可以起到激励作用的反思,而不是批驳特塞勒丰富而又博识的论文。毫无疑问,这部作品超越了迷雾的阴翳,它表明,奥古斯丁的神学在十五个世纪以后,仍然能够给基督教思想史提出无与伦比的挑战。伴随着这一挑战在实际进程中的遭遇,本书的成功不能只从所赢得的赞誉来衡量,还要看它引发的分歧。无论采取什么样的标准来评判,这部作品的整体价值都不会逊色,即使我们认识到,还有其他阅读奥古斯丁和揭示其与现代思想关系的方法,那些方法虽不流行,却仍然有道理。

评卢斯的两部《马太福音》注疏

哈格纳（Donald A. Hagner） 撰
李旺成 译

卢斯（Ulrich Luz），《〈马太福音〉一至七章注疏》（*Matthew 1-7: A Commentary*），Trans. Wilhelm C. Linss. Minneapolis, MN: Augsburg, 1989; *Das Evangelium nach Matthiius*, 1. Teilband, Mt 1–7, EKKNT I/1; Zurich: Benziger Verlag; Neukirchen-Vluyn: Neukirchener Verlag, 1985。

卢斯（Ulrich Luz），《〈马太福音〉八至二十章注疏》（*Matthew 8-20*），Trans. James E. Crouch. Hermeneia. Minneapolis: Fortress, 2001。

《〈马太福音〉一至七章注疏》

卢斯是瑞士伯尔尼大学的新约学教授。近来，《马太福音》注本付之剞劂者日益增多。其中，卢斯的注本显然绝对会被尊为领军之作。英译者与奥格斯堡大学（Augsburg university）都应该受到称赞，[因为他们的努力]，这么快就出版了第一卷的英译本。凭借这个英译本，英语世界才能读到卢斯的注本（"新教－天主教新约注疏"系列新出的其他注本亦不逊色，可惜尚未迻译）。译者做得出类拔萃，将德文译成流利地道的英文。英文本将注疏的副标题从页边挪到了正文部分，因此版式也较德文本清晰。另一更方便使用者的特征是，英文本内附《〈马太福音〉注疏》所引文献的缩略词一览表；而在德文本中，重要词汇以箭头标出，置于最后一卷卷末；读者要[先]查索引，[然后按图索骥]，到全书中查找这些词汇。

本卷是原计划三卷（尽管从已出的德文本第二卷前言来看，可能是四卷）中的第一卷，包含一篇长篇导言，长达99页。卢斯提出了一些通常会在导言中出现的问题（如"《马太福音》的神学"），却把这些问题放到最后一卷才讨论。这篇导言清晰明透，依次讨论以下内容：（1）体裁结构；（2）材料来源；（3）写作风格——附《马太福音》专用词汇表，即编撰福音书所使用的词汇表，长达19页，非常好用；（4）福音书作者与原始材料的关系；（5）福音书的背景，包括与犹太教的关系、发源地、日期和作者；（6）"效果历史"（Wirkungsgeschichte）[①]章节在《注疏》中

[①] [译注]英译者将卢斯原文中的复合词Wirkungsgeschichte译为history of influence，本文据英译者的理解，译为"效果历史"。需要指出的是，德文Geschichte

的地位。

  导言提出的诸多结论十分有意思，其中有一点值得注意。卢斯强调，《马太福音》首先是一本叙事书，这意味着，应该从头至尾地读。[如此一来]，就把耶稣的道德教训置于上帝在耶稣的事工中行动的语境内，由此也就使耶稣的道德教训成为恩典的宣告。据卢斯说，这首先是因为，马太决意在《马可福音》的基础上创作自己的福音书。此外，马太还采用了Q底本。但卢斯并不认为，马太采用了特殊写成的材料M底本。卢斯认为，与之相反，《马太福音》采用的特殊材料可由新近的口传材料①得到解

不等同于history（历史），而是"发生史"，意为"当前的、或然的发生事件"。"历史"与"发生史"的差别在于，"前者是客观的、类似于自然事件的事件关联及其描述，后者则是与人的参与其中的活动直接相关的事件的发生。前者不必涉及人的自我理解问题，后者则必然涉及人的自我理解问题，必须询问对我来说为什么有如此事件发生，在人的世界中发生如此事件究竟有何意义"。布尔特曼曾借助这两个概念的区分来解决所谓的"历史上的耶稣问题"：历史上是否真有耶稣其人并不重要，因为，"耶稣的死而复活不是一个历史性（historisch）客观事件，而是一个发生史（geschichtliche）意义上的事件，与个人的生存意义直接相关"。关于"历史"（history）和"发生史"（geschichte）神学语义的辨析，参刘小枫，《走向十字架上的真》，上海：华东师范大学出版社，2011，页119-123。

  ① [译注]据现代圣经学者研究，《马太福音》的成书主要采用了三种材料：（1）《马可福音》，最主要材料来源。（2）Q底本，由于耶稣大多数讲道的内容都出现于《路加福音》而非《马可福音》，学者们猜测马太可能引用了一个已经失传的来源，将其命名为Q（德文单词Quelle的首字母，意为"来源"）。Q底本强调耶稣的"教师身份"，记载着耶稣的教导，类似"语录"。（3）M底本，指唯《马太福音》才有的特殊材料，尤指耶稣的教导，又称为Special Matthew。参卢龙光主编，《基督教圣经与神学词典》，"四源假说"词条，北京：宗教文化出版社，2007，页217。亦参米勒、休柏，《圣经的历史——圣经的成书过程及历史影响》，黄剑波等译，北京：中央编译出版社，2013，页112。亦参福斯特，《今日如何读新约》，冷欣等译，上海：华东师范大学出版社，2011，页178-179。

释。此外，社群（community）①及其崇拜在根本上影响了福音书的措辞。

尽管卢斯不遗余力地强调《马太福音》的叙事性，但他避免严格的叙事批评路径。从一个注释中可以明显看出：

> 停留在文本层面的叙事分析存在风险：现代读者会有某些先见（prior knowledge），也会带入一定的分析范畴。他们获取叙事［的方式］与作者原来预设的读者不同。（页34）

在卢斯看来，马太在性格上具有显著的犹太基督徒特征。这一观感在关键文本的解释中自然极其重要。卢斯总结道：马太社群已经与犹太会堂决裂；对犹太人的宣教已经失败，走到了头；现在，外邦人的宣教（Gentile mission）需要得到捍卫；②社群视耶路撒冷的陷落为上帝审判犹太人的神迹。卢斯并未明确提及社会学路径，然而，他小心翼翼地阐明马太社群的境遇，然

---

① ［译注］community 一词本文统一译作"社群"，指早期基督教团体。区别于"团契"（communion），源于希腊文 κοινωνία ［相交］，表示属灵共同体。参卢龙光主编，《基督教圣经与神学词典》，"社群建构"词条，前揭，页147。

② ［译注］对外邦人的宣教问题讨论得最多的是《罗马书》，可与此参证："神的名在外邦人中，因你们（指犹太人）受了亵渎"（罗2：24）；"以赛亚指着以色列人喊着说：以色列人虽多如海沙，得救的不过是剩下的余数"（罗9：27）；"却将荣耀、尊贵、平安加给一切行善的人，先是犹太人，后是希腊人"（罗2：10）；"使我为外邦人作耶稣基督的仆役，作神福音的祭司，叫所献上的外邦人，因着圣灵，成为圣洁，可蒙悦纳"（罗15：16）。［译按］文中凡涉圣经之处随文附注，圣经引文统一采用和合本译文。原文用斜体表示强调处，译文均以楷体标出。凡译者所加，均标以方括号。凡译者所注，均以［译注］脚注。原文以方括号补足处，译出中文，括号仍之。

后使这种重构作用于解经（exegesis），由此给出有意的社会学分析本该给出的某些东西。卢斯的结论是，我们既不知道作者是谁，也不知道他的社群位于何处，《马太福音》写于"公元80年后不久"。

在导言中，卢斯着手处理的议题得到了有意义而激动人心的讨论。整个讨论中既渗透着一位大师学人的透彻与权威，同时也有着对这个主题的高妙的新奇之见与热忱——正式注疏中同样如此。

注疏逐章展开，大致上沿用文献列表的格式：（1）文本新译（英译德）；（2）分析，包括结构、校订、材料来源等；（3）解释（explanation），即逐节加注，讨论其效果历史，然后总结。这种解释有时又叫"诠释"（interpretation），尽管在德文版中，Erklärung［解释］一词保持不变。卢斯采取这种注疏的方式，通常要求读者读完每章的全部内容，避免读者实际上只读具体某节的注——这一节通常会短得出奇。书中给出三个附录：（1）"《马太福音》的背景：至尊之子（Royal Child）遭受逼迫，然后得救的故事"，①由一个图表构成，在德文版中呈现为一张大的折页表格；（2）"引证法则"；（3）"《马太福音》中的宣讲、教训和教义"。

卢斯从不沉闷乏味，其实，他常常妙趣十足。举个例子，读

---

① 在圣经中指耶稣降生于马槽，受希律王迫害下到埃及，在加利利传教，最后被钉十字架，死后复活升天。参《以赛亚书》："因有一婴孩为我们而生，有一子赐给我们，政权必担在他的肩头上，他名称为奇妙、策士、全能的神、永在的父、和平的君"（赛9：6），"哪知他为我们的过犯受害，为我们的罪孽压伤。因他受的刑罚，我们得平安；因他受的鞭伤，我们得医治"（赛53：5）。

者会意外地看到，书中引用萨莱（Friedrich von Sallet）[①]的幽默三行诗（不幸原诗的韵味在翻译中损失惨重），来批评耶稣基督家谱（genealogies）[②]的荒谬（页112以下）。[此外]，读者读到过，路德说，如果《以赛亚书》七章14节指的是"年轻女子"（young women）而非"处女"（virgin），[③]自己就心甘情愿付给犹太人一百块钱。[④]对此，卢斯顶嘴说——"路德欠债了"（页124）。

至于《马太福音》前两章，卢斯赞同各种公认的批判性结论。比如，耶稣基督的家谱、前两章中提到的童女生子等事件都并非史

---

① [译注] 萨莱（Friedrich von Sallet），1812—1843，德国作家，以政治和宗教批评诗著称。

② [译注] 太1：1–17，"亚伯拉罕的后裔、大卫的子孙、耶稣基督的家谱"以下。

③ [译注] 太1：23引赛7：14：必有童女怀孕生子，人要称他的名为以马内利（"以马内利"翻出来就是"神与我们同在"）。原文为：אוֹת יִתֵּן אֲדֹנָי לָכֶם לָכֵן׃ לָאוֹת עִמָּשׁ וְקָרָאת בֵּן וְיֹלֶדֶת הָרָה הָעַלְמָה הִנֵּה הוּא סָכֵל，整句话直译为：为此我主要给你们一个标记，看哪，这个年轻的女子怀了孕，要生个儿子，她（或你们）要称他的名字为以马内利（神与我们同在）。在希伯来文中，הָעַלְמָה（almah）本意指"年轻女子"，在圣经中凡几见（创24：43、出2：8、诗68：26、箴30：18–19、雅1：3、雅6：8等），均宜理解为"年轻女子"。圣经七十子译本中将הָעַלְמָה（almah）译为 παρθένος〔处女〕，遂成为基督教信仰中"童女怀孕"的经文根据。不过，据有的学者研究，即便希腊文 παρθένος 一词在圣经中也不尽指"处女"。一个明显的内证是，创34：3用这个词称呼已遭奸污的底拿，不可能是"处女"之意。现代新译本如英文的《新标准修订本》（NRSV）在正文中译作"年轻女子"（young women），旁注希腊文译本作"童女"（virgin）。显然，新教神学家路德坚信此处经文就是指"处女"，以此作为先知以赛亚对耶稣出生的预表。参张晓梅，《旧约笔记》，上海：上海人民出版社，2009，页208。

④ [译注] 原文为 guilder [金币]，即德文 gulden（中高地德语 goldin pfenninc 的简写）的英译，又叫 florin，旧时在神圣罗马帝国西部和南部（德国、奥地利）流通。

实。然而，令人困惑的是，他将童女生子称作"帮助［马太］理解耶稣是'以马内利'的观念基础"，以此保持童女生子的重要性。同样令人费解之处在于，卢斯提到，童女生子"有助于非常具体地思考'上帝与我们同在'，他将童女生子作为上帝在历史中对耶稣的真实行动（a *real* acting of God with Jesus *in* history），而非简单地作为一种抽象信念"（页127，斜体字部分）。可是，如果童女生子曾有助于马太用这种方式思考，那么，它现在能帮助其他人这样想吗？这些人或许已不再相信童女生子。

卢斯发现，登山宝训（［译注］太5：1-7：29）使用了交错配列结构（chiastically structured），[①]主祷文（［译注］太6：9-13）居中。卢斯并未视"八福"（［译注］太5：3-12）为登山宝训的命令之前的恩典宣告（不如说是插入部分[②]），称登山宝训是在制定进入上帝国的各种"入场要求"（页127）。不过，他强调，登山宝训位于有关上帝在耶稣的位格中的恩典教义中间，而且，登山宝训最终要从基督论出发来理解。卢斯认为，《马太福音》五章17节指的是耶稣的事工，尤其指耶稣对律法的顺服，而非耶稣的教训。

---

① ［译注］交错配列结构（chiastic structure），古典文本中常用的修辞结构，在古希伯来文和古希腊文圣经中尤其常见。chiastic 源于拉丁文 chiasmus，希腊文 χίασμα〔木叉〕，喻指句子中相对的字句交叉排列。常见的结构如 ABB'A'式：A 神啊，怜悯我 / B 按你的慈爱；B' 按你丰盛的慈悲 / A' 涂抹我的过犯（诗51：1）。参卢龙光主编，《基督教圣经与神学词典》，"交错配列结构"词条，前揭，页136。

② ［译注］原文 parenesis，未详何意，疑似 parenthesis［插入语，插入成分］之讹，今刊改。

毫无疑问，这篇注疏最突出和最有价值的贡献在于"效果历史"（包括解释史在内）部分。这个部分涵盖了数量绝对庞大的各种文献。尽管卢斯承认，他感到这些章节"浅薄得无可救药"（页96），但是，卢斯展示给读者各种各样解经选择的含义，从而实际上使解经更精确，［这样一来］，这些章节反倒丰富了这篇注疏。更重要的是，卢斯在页95-99阐明了这些章节的释经学含义（hermeneutical implications），[①]意义非常重大。这些释经学含义将会有助于解释者理解：除了别的以外，自己还把什么归于文本；对文本的前理解可能是什么，这种前理解可能来自何处，如何影响自己的诠释；文本如何与信仰和圣经见证的整体发生联系，如何与"对圣经文本的理解不仅仅通过阐释文本的陈述，除此外，还通过实践受苦、唱歌颂诗、祈祷盼望"（页98）联系起来。在此，卢斯采纳了一些读者响应批评［理论］[②]的合理洞见。

在前言中，卢斯指出，撰写这篇注疏并无负担。而正相反，"文本自证"是自己"反复［用到］的经验。这一经验起到了支撑作用，让我投入注疏工作却毫不费力，真是妙不可言"（页9）。当然，读者会和我一样，在方方面面与卢斯看法不一。但我相信，读者将会发现，虽然卢斯的注疏充满深厚的学术性，但融入其中却毫不费力。而且，我毫不诧异，许多读者会和我一样，视之为自己最青睐的

---

① ［译注］Hermeneutics［释经学］，指解释圣经的语言、传统、动机、读者、内容、主题，以便翻译、解释及阐明圣经的信息。与exegesis［解经］不同，解经通常指解释经文的行动；而释经学更偏重解经的原理。参卢龙光主编，《基督教圣经与神学词典》，"释经学"词条，前揭，页262。

② ［译注］"读者响应理论"是一种解释学理论。该理论认为，文本的意义不在于作者想要表达的信息，而在于读者读该文本时的思想和感受。参卢龙光主编，《基督教圣经与神学词典》，"读者响应理论"词条，前揭，页452。

《马太福音》注本。

《〈马太福音〉八至二十章注疏》

卢斯的杰作《〈马太福音〉注疏》终于有了更多的英译。迻译过程稍微有些复杂：前七章的英译本1989年（德文本1985年）早已由奥格斯堡大学出版，不久之后，《〈马太福音〉注疏》才增选入经解系列丛书（Hermeneia series）。在本卷开头的编者注中，柯斯特（Helmut Koester）保证，经解系列丛书的卷三（包括二十一至二十八章）出版之后，会推出卷一的新版（一至八章）。新版卷一将会是"修订版……以呈现作者的变化。包含所有的文献目录信息，附全书索引"（页37）。

本卷包含德文版"新教–天主教新约注疏"（Evangelisch-Katholischer Kommentar zum Neuen Testament）的整个第二卷，以及卷三的三分之一左右（包括十八至二十五章）。尽管德文版1990年就已付梓，距今已十二年之久，但可惜本卷［仍然］没有得到更新，其中的文献目录已过时十余年。曾经有过合适的时机，本卷可以用自己的版式编入经解系列丛书。未能如此，殊为遗憾。不过，这也许正好反映出，在本卷付梓之际，卢斯仍然在忙着写作第四卷。德文版的卷三1997年出版，因此，本卷十八至二十章的文献目录也不是那么过时。卷四最近刚刊布于世，包括二十六至二十八章的注疏。新出的卷四现在还补充了另一个维度，即进一步处理在艺术史中（包括绘画史，甚至音乐史），《马太福音》所叙述的耶稣受难与复活产生了什么影响。

毫无疑问，《〈马太福音〉注疏》最不同凡响之处在于，给"效果历史"（Wirkungsgeschichte）留出了广阔的空间。所谓"效果历史",就是考究每章每节在整个教会历史中怎样解释,早期解释如何对之后的解释产生层积影响(cumulative effect)。这种方式提供了格外丰富的视角,以洞察何为一篇文章的解释潜力。事实上,卢斯在爬疏文本时,正是受到《〈马太福音〉注疏》的这一层面最为重大的影响。在"效果历史"的研究中,卢斯愈加明确,文本是开放或多义的。在文本诠释中,诠释者自己的背景和预设扮演一定程度的角色。卢斯的《〈马太福音〉作为历史:诠释、影响与效果》[1]可视为《〈马太福音〉注疏》的姊妹篇。在书中,卢斯详细阐述了传统历史批评(historical-critical)解经法[2]的革命性意义。这种解经法探求单一客观的意思,即作者的意图。诠释史表明,文本在不同的语境中有不同的意思。实际上,建构使用每个章节的范围几乎是无限的。

然而,这并不意味着卢斯接受每种文本诠释,或所有的文本诠释。他提出两个标准,以区分有效的解释与错误解释。其一,是否与耶稣的历史核心要素一致;其二,是否与爱的表达(an expression of love)一致。读者终究不能对任何文章有最终的、确定的解释,

---

[1] *Matthew as History: Interpretation, Influence and Effects*, Minneapolis: Fortress, 1994.

[2] [译注]历史批评法,《基督教圣经与神学词典》中译为"历史鉴别法",《圣经百科辞典》中译为"历史考证法"。研究经文本身的历史,从经文中揭示经文产生的过程,探索谁是经文的作者、编撰者和传递群体;包括使用历史文献和考古学发现来解释圣经经文的人物和事件。主要处理的课题有:(1)确定经卷的成书年代;(2)确定圣经所述事件的历史价值;(3)描述古代以色列民族和早期基督教的历史。参卢龙光主编,《基督教圣经与神学词典》,"历史鉴别法""历史鉴别学"词条,北京:宗教文化出版社,2007,页266-267;亦参梁工编,《圣经百科辞典》,"历史考证法"词条,沈阳:辽宁人民出版社,2015,页430-431。

正因如此，卢斯坚持谦逊与对话的重要性。

卢斯关注"效果历史"及其诠释的重要性，其分量［之大］，使得这篇注疏独一无二。涵泳其中，我一再为其与众不同之处震撼。与一般的注家不同，卢斯并未觉得有必要以同等深度注解文本的每个细节。因此，在某些具体的地方，其处理之薄弱可能会令人诧异甚至失望。然而，以如此发人深思、富有成效的方式，快速直捣文章核心，这会使读者得到莫大的补偿。此外，在讨论文本中提出的关键问题时，卢斯常常大书特书，［所耗笔墨之多］，无异于一篇微型论文。

毫不夸张地说，卢斯的注疏绝对是已有《马太福音》注疏中最有意思的一篇，其他的都不免相形见绌。但它绝非只写给学者看的，尽管其中不少细节看起来无疑很学术。比如，书中用了三种大小的字体，充斥着大量的附录、脚注和细节讨论。不过，对于所有的布道传道，对于文本的古为今用，这篇注疏都将首先是一个福利。

称道看重这篇出色的注疏的同时，我也必须提出两个疑虑。第一，在讨论福音书神迹这一主题时（页52-58），卢斯的结论是，神迹意味着打破自然法则，不能理解为实际发生之事。在我看来，他的讨论篇幅虽然不小，但没有说服力。卢斯认为，神迹应该理解为"让某些事发生"在我们身上的"安排"（页58）。不可否认，后面这个观察很有道理，然而，我们最终会如何理解这些叙事本身呢？卢斯似乎陷在了一个原因-结果的封闭系统中，这一启蒙概念不接受超验的或超自然事件。因此，他总结道，尽管

> 对观福音中所有的医病和驱鬼神迹都是可信的（不是指历史上发生过）……也与自然奇迹、死人复活不是一回事，现在这些神迹或许必须描述为不可信（不再可信？）。（页58）

卢斯指出，如此一来，我们就会受到类比原则[1]的限制。结果是，凡与我们的经历类似之物，无不可以视为历史。这种看法让人想起从前的现代主义视角。在后牛顿时代，现代主义的视角已不再像当时那么有说服力。不过，这种视角几乎无助于理解著名的耶稣故事。耶稣的故事记载于《马太福音》中，[要知道]，从多方面来看，《马太福音》都不含类比。卢斯结束讨论这一点时所用的方式特别像布尔特曼（R. Bultmann），他最终认为，福音书就相当于一则神话或象征的故事，以某种方式和我们现在的经历联系起来。用卢斯的话来说，"那些事件想要再次发生在我们的理解中"（页58）。

第二，我担心的是，《〈马太福音〉注疏》过于强调诠释史与文本影响。卢斯对"效果历史"的着迷本无可厚非，正是这种着迷推进行文。但它最终占据了文中讨论的大头，超过对《马太福音》经文实际的文本解释。[不过]，鉴于卢斯评论说，"文本的原意具有权威作用，效用历史（the history of effects）的原则似乎使之不再权威"（《〈马太福音〉作为历史》，前揭，页76），这也不难理解。

卢斯的理论清晰体现在对《马太福音》十六章13节至20节的讨论中，他写道：

> 我是新教教徒，争取以"唯独圣经"[原则]主导[解经]。

---

[1] [译注]类比原则（the principle of analogy）。所谓类比，指借助两物之间的相似性来推知其中未能辨明的事物，例如在《哥林多前书》中，保罗用"当兵自有粮饷"，类比"传福音的靠着福音养生"（林前9：7-15）。后来的神学中有"存在的类比"（可以从受造界的已知事物中推知神）和"信仰的类比"（受造物与神的任何关联都只能基于神的自我启示）。参卢龙光主编，《基督教圣经与神学词典》，"类比""存在的类比""信仰的类比"词条，前揭，页42。

在这篇注疏中，我倡导一种描述圣经文本"轨迹"（trajectory）的释经学，一再让自己成为新发现的倡导者，去发现新情境中圣经文本的潜力。对我而言，圣经文本的意义不仅在于其原意的**再次展现**（reproduction），还在于，在文本轨迹的引导下、在整全的基督信仰支持下，去**展现**（production）新情境中新的意思。（页372）

令人担忧的是，卢斯将文本的"新意"与"原意"等量齐观。如此一来，作者的意图（更确切说，作者在文本背后试图说什么）就失去了特殊的重要意义，变成了诸多文本诠释中的一种选择而已。如同一件艺术品，有自己的生命和意义，与作者分离。为了保持这种后结构主义视角，[①]卢斯混淆了文本的意思（meaning）与意义（significance），亦即，混淆了文本过去的意思与现在的意思、诠释（interpretation）与含义（application）。这些不同的概念对他来说都是同一个。卢斯让我们看到，文本诚然有不止一种解读方法。然而，在我看来，在所有公认的问题上，明确文章的原意仍值得一试。然后，再讨论文本的含义在何种程度上不同（之后，情境也许有效，也许无效），以及文本会在多大范围内对我们的当下理解保持多义。

认为任何解释者能中立地接触文本固然天真，而否认文本的意

---

① ［译注］后结构主义（poststructuralist）：在圣经研究中，结构主义认为，所有的文字表达和叙述，背后都有一个"深层结构"，决定思想表达的方式。只要明白这个"深层结构"，读者就能明白其"真正意思"。后结构主义是对结构主义的反动，否认这种结构的自足性，认为文本的意思并非单一的，不同的个体可以创造不同的文本意思。参卢龙光主编，《基督教圣经与神学词典》，"结构主义"词条，前揭，页507。

思在某种程度上正形成于文本解读本身，亦不切实际。尽管承认这些重要的提醒，但很遗憾，我们也没法进入文章的原意。即便进入，作者暗含之意也不见得在文本诠释中占多大优势。在一篇注疏中，首要的不应该是试着去解释文本原来的历史含义（而非文本在过去两千年的教会历史中得到怎样的理解）吗？这种看法不应该尽量丰富吗？[有的]读者期望注疏去疏解文本本身，而非探究文本的诠释史，因此，这些读者会不时对卢斯感到失望。所以，悖论之处在于，也许正是《〈马太福音〉注疏》的这一优势同时成了它的"阿喀琉斯之踵"。

卢斯的注疏着重强调"效果历史"，因而具有革命性。但这并不是说，《注疏》实质上——并重新定义了注疏的类型。不过，与此同时，这本书观点精辟，内容详实，文字风趣怡人，且饱含智慧和成熟的洞见，满怀对基督信仰的尊敬，一如几百年来所显明的那样。总之，这是一篇杰作，无疑会在《马太福音》的研究中占据不可或缺的地位。

评卢斯的《〈马太福音〉的神学》

卡特（Warren Carter） 撰

李旺成 译

卢斯（Ulrich Luz），《〈马太福音〉的神学》(The Theology of the Gospel of Matthew), New Testament Theology. Cambridge/New York: Cambridge University Press, 1995。

在卢斯的新约神学系列中，本卷为《马太福音》研究做出了又一重大贡献。卢斯着手研究《马太福音》的神学，并非"按照主题来系统组织"，而是跟随《马太福音》的叙述，意在叙写"《马太福音》中的耶稣故事"——这一点令人称道。他穿插了（以《马太福音》的风格）几个"更为系统的部分"到这个叙述样式中。

全书分为九章。首章论及促使福音书连贯一致的文学技巧，还涉及了若干历史问题（包括《马太福音》的材料来源；社群不久前与犹太会堂的分裂；社群可能有的历史）。第二章专门讨论《马太福音》一章至四章22节。卢斯强调，"从大卫之城到外邦人的加利利"的地理移动预示着福音书将涉及更广的内容。《马太福音》一章18至25节是基督论的关键文本。此外，这个部分有五处证明被应验的引文，①显明上帝信守其应许。第三章转而讨论"登山宝训"（五至七章）。登山宝训把耶稣传道的内容向整个世界宣告，而非局限于教会内部。其可行之处在于，讲明了可仿效的东西，人们在生活中可以具体实行。诫命与应许、怜悯与顺服彼此交织，造就一种正当行事和祷告的道路或生命。这种道路或生命因上帝的临在而得以维持，在按个人所行而施行的审判中，承负那位世界审判者［的审判］。

第四章（对应太8∶1-11∶30）处理耶稣医治病人的事工，结果，耶稣与犹太领袖冲突愈演愈烈。这一冲突反映出社群与犹太会堂的冲突。耶稣是大卫的子裔，与社群在一起，他行的神迹详细阐明了自己的社群经历。［在这一点上］，这些神迹既可以开放解释，也显得明白易懂。门徒社群奉耶稣差遣，背负使命，仿效耶稣［医病驱鬼］（十章）。第五章（对应太12∶1-16∶20）强调耶稣与宗教领袖之间的敌对愈演愈烈，另一方面，门徒社群开始形成。这一社群承认、学习、亲历上帝在耶稣身上的启示，相反，犹太人则未能理解。第六章（对应太16∶21-20∶34）发掘出社群生活更深的层面：受苦、饶恕、②放

---

① ［译注］五处表示应验的引文指，太1∶23（童女怀孕），太2∶6（耶稣生在伯利恒），太2∶15（耶稣出埃及），太2∶18（希律屠杀婴儿），太4∶15（耶稣在加利利传道）。

② ［译注］参《马太福音》："你们饶恕人的过犯，你们的天父也必饶恕你们的过犯；你们不饶恕人的过犯，你们的天父也必不饶恕你们的过犯"（太6∶14-15）；"你们各人若不从心里饶恕你们的弟兄，我天父也要这样对待你们了"（太18∶21-35）。

弃财产、①见证上帝的荣耀。门徒社群意识到,人子如今卑微,将来却要荣升。第七章(对应太21：1–25：46)涉及的问题有,"对犹太人的末后清算"(二十一至二十三章)、②世界将来面临审判、在爱的行动上建立教会(二十四至二十五章)。③第八章(对应二十六至二十八章)把耶稣的受难视为世人的弃绝,明确门徒们展现出的信心摇摆、怀疑不定、顺服和失败。第九章给出了一些结论性的想法,有关《马太福音》对教会历史的贡献,以及对现今的裨益(顺服、受苦、体验上帝临在)。

这份研究中有很多值得称道的地方。卢斯仅用150页书就涉及了很大范围的研究领域。他的洞见和研究处处都有理有据,所选择的重点通篇安排精当,论证自始至终都小心谨慎,而且文字清晰明了。然而,这本书却并非只是简单的导论。不止一次,卢斯娴熟地处理《马太福音》学术研究中的核心问题和难题,简明扼要地理出几条不同的路径,然后坚持自己的那条路径。在所有主题中,富有洞见的是:④(1)登山宝训的可实现性;(2)在审判中,行动、恩典与对耶稣的委身之间的关系;(3)律法的持续重要性;(4)犹太人

---

① [译注]参《马太福音》中"青年财主"的故事,"你若愿意做完全人,可去变卖你所有的,分给穷人,就必有财宝在天上,你还要来跟从我"(太19：16–30)。

② [译注]参《马太福音》,"所以我告诉你们,神的国必从你们(指犹太人)夺去,赐给那能结果子的百姓"(太21：43)。

③ [译注]"王要向那右边的说:'你们这蒙我父赐福的,可来承受那创世以来为你们所预备的国,因为我饿了,你们给我吃……',义人就回答说:'主啊,我们什么时候见你饿了,给你吃,渴了,给你喝?'……王要回答说:'我实在告诉你们,这些事既作在我这兄弟中一个最小的身上,就是作在我身上了。'"(太25：34–41)

④ [译注]原文此处并无序号,序号为译者所加。

似乎缺失了爱，对耶稣的严厉弃绝；（5）十八章提及的赦免与拒绝（exclusion）；（6）"人子"一词的用法；（7）门徒身份的真实性。这卷福音书可能的写就之地与当时的门徒社群绝不会相隔太远。

当然，卢斯所持的一些立场会引起争议：（1）聚焦于审判中的行动，却低估了委身耶稣的重要程度；（2）强调登山宝训中的诫命、顺服与应许，却忽视了头四章的首创性和对上帝恩典的论述（见页150-151）；（3）将"义"（righteousness）理解为上帝的诫命（而非上帝对人的拯救行动）、将"天国"理解为未来（而非现在与未来），殊为可疑；（4）对耶稣之死及其宣教（"拯救世人脱离罪"）的联系讨论不足，令人费解；（5）几处章节划分依据似乎不充分，比如，四章17节是福音书的第二部分的开始，已经有大量的论证，鉴于此，四章22节之后不可能再分段；（6）集中讨论"犹太人中门徒社群的起源"（太12：1-16：20），却忽略了呼召门徒（太4：17-25、太9：9）、教导（五至七章）与命令（十章）；（7）未能将《马太福音》十九章至二十章看作由彼此相反的家庭模式①合成的整体，以此来详尽阐释十六章21节至二十章34节中的"社群生活"。

卢斯从"耶稣的故事"进入"《马太福音》的神学"，广泛些看，这种研究路径引出了一些值得注意的问题。卢斯认为这种路径就是"文学批评"（literary criticism）。他行文基本上也遵照福音书的顺序。然而，书中却几乎没有用到文学研究。尽管福音书的情节（卢斯明显更喜欢用"设计"）似乎很重要，但是，卢斯却并未［以

---

① ［译注］《马太福音》十九章至二十章呈现出两种截然不同的家庭模式。比如，耶稣关于离婚的教导。犹太人有休妻的律法，耶稣却说："摩西因为你们心硬，所以允许你们休妻，但起初并不是这样。我告诉你们，凡休妻另娶的，若不是为淫乱的缘故，就是犯奸淫了；有人娶那被休的妇人，也是犯奸淫了。"（太19：1-12）

此] 支撑自己的分析, 或论及最近的《马太福音》情节研究 (诸如 J. Kingsbury、F. Matera、M. Powell、W. Cater [的研究]) ——这着实令人惊讶。卢斯自始至终都认为马太社群的处境在文本中清晰可见, 却未曾讨论这个想法面临的质疑。文中卢斯几处提及福音书的读者, 但对读/听的时候发生了什么毫不关心, 更没有停下来定义这些读者 [的内涵]。在文中某些地方, 读者似乎是马太社群, 但在其他地方, 又似乎指隐含的读者, 或指同时代那些有血有肉的读者。而且, 令人觉得奇怪的是, 对于《马太福音》的神学, 卢斯竟然没有明确讨论有关 [福音书] 情节的那些意识形态观点。

卢斯的研究是精彩的。他讨论马太的福音书, 洞若观火, 内容详尽, 予人启发。然而, 其研究路径也引出了重要的问题: 当前的叙事, 或读者导向的作品会怎样促成 "一种《马太福音》的神学"? 这卷福音书的 "神学" 是什么? 如何完成? 怎样进入其中? 因为上述学术贡献, 我们要感谢卢斯教授。

图书在版编目（CIP）数据

奥古斯丁与罗马帝国 / 刘小枫主编. -- 北京 ：华夏出版社有限公司，2024. -- （经典与解释）. -- ISBN 978-7-5222-0785-8

Ⅰ．B503.1

中国国家版本馆CIP数据核字第2024811W6F号

奥古斯丁与罗马帝国

主　　编	刘小枫
责任编辑	李安琴
责任印制	刘　洋
出版发行	华夏出版社有限公司
经　　销	新华书店
印　　装	北京汇林印务有限公司
版　　次	2024年12月北京第1版
	2024年12月北京第1次印刷
开　　本	880×1230　1/32
印　　张	10.25
字　　数	249千字
定　　价	59.00元

华夏出版社有限公司　地址：北京市东直门外香河园北里4号　邮编：100028
网址：www.hxph.com.cn　电话：（010）64663331（转）
若发现本版图书有印装质量问题，请与我社营销中心联系调换。

经典与解释辑刊

1. 柏拉图的哲学戏剧
2. 经典与解释的张力
3. 康德与启蒙
4. 荷尔德林的新神话
5. 古典传统与自由教育
6. 卢梭的苏格拉底主义
7. 赫尔墨斯的计谋
8. 苏格拉底问题
9. 美德可教吗
10. 马基雅维利的喜剧
11. 回想托克维尔
12. 阅读的德性
13. 色诺芬的品味
14. 政治哲学中的摩西
15. 诗学解诂
16. 柏拉图的真伪
17. 修昔底德的春秋笔法
18. 血气与政治
19. 索福克勒斯与雅典启蒙
20. 犹太教中的柏拉图门徒
21. 莎士比亚笔下的王者
22. 政治哲学中的莎士比亚
23. 政治生活的限度与满足
24. 雅典民主的谐剧
25. 维柯与古今之争
26. 霍布斯的修辞
27. 埃斯库罗斯的神义论
28. 施莱尔马赫的柏拉图
29. 奥林匹亚的荣耀
30. 笛卡尔的精灵
31. 柏拉图与天人政治
32. 海德格尔的政治时刻
33. 荷马笔下的伦理
34. 格劳秀斯与国际正义
35. 西塞罗的苏格拉底
36. 基尔克果的苏格拉底
37. 《理想国》的内与外
38. 诗艺与政治
39. 律法与政治哲学
40. 古今之间的但丁
41. 拉伯雷与赫尔墨斯秘学
42. 柏拉图与古典乐教
43. 孟德斯鸠论政制衰败
44. 博丹论主权
45. 道伯与比较古典学
46. 伊索寓言中的伦理
47. 斯威夫特与启蒙
48. 赫西俄德的世界
49. 洛克的自然法辩难
50. 斯宾格勒与西方的没落
51. 地缘政治学的历史片段
52. 施米特论战争与政治
53. 普鲁塔克与罗马政治
54. 罗马的建国叙述
55. 亚历山大与西方的大一统
56. 马西利乌斯的帝国
57. 全球化在东亚的开端
58. 弥尔顿与现代政治
59. 拉采尔与政治地理学
60. 斯威夫特的鹅毛笔与墨水谜语
61. 欧洲历史上的永久和平愿想
62. 亚当·斯密：商业生活的立法者
63. 施特劳斯与回归古典：
    施特劳斯逝世五十周年祭
64. 欧洲历史上的世俗化之争
65. 奥古斯丁与罗马帝国